세월을 아끼라[Redeeming the time, NKJV]
때가 악하니라.
에베소서 5장 16절

경기에 참가하는 사람은 누구나 모든 일에 절제합니다.
그들은 썩어 없어질 면류관을 얻으려고 절제하지만
우리는 썩지 않을 것을 얻으려고 절제합니다.
고린도전서 9장 25절, 우리말성경

시간 관리도 영성이다

지은이 | 조던 레이너
옮긴이 | 정성묵
초판 발행 | 2024. 1. 24
등록번호 | 제1988-000080호
등록된 곳 | 서울특별시 용산구 서빙고로65길 38
발행처 | 사단법인 두란노서원
영업부 | 02)2078-3333 FAX | 080-749-3705
출판부 | 02)2078-3330

책값은 뒤표지에 있습니다.
ISBN 978-89-531-4770-6 03230

독자의 의견을 기다립니다.
tpress@duranno.com www.duranno.com

두란노서원은 바울 사도가 3차 전도 여행 때 에베소에서 성령 받은 제자들을 따로 세워 하나님의 말씀으로 양육
하던 장소입니다. 사도행전 19장 8-20절의 정신에 따라 첫째 목회자를 돕는 사역과 평신도를 훈련시키는 사역,
둘째 세계선교™와 문서선교단행본·잡지 사역, 셋째 예수문화 및 경배와 찬양 사역, 그리고 가정·상담 사역 등을 감
당하고 있습니다. 1980년 12월 22일에 창립된 두란노서원은 주님 오실 때까지 이 사역들을 계속할 것입니다.

REDEEMING YOUR TIME

목적과 의미가 충만한 시간을 사는
예수의 원칙

시간 관리도
영성이다

조던 레이너 지음
정성묵 옮김

두란노

이 책을 권하며

성경의 사복음서는 예수님이 어떻게 사셨는지를 보여 주는 전기다. 우리는 전기를 왜 읽는가? 잘 사는 법을 배우기 위해서다. 사는 법을 보고 배우기에 예수님보다 더 좋은 본이 있을까? 조던 레이너가 말하는 목적, 집중, 생산성의 패러다임은 실로 훌륭하다. 그런데 이 좋은 것을 예수님에게서 배운다? 그야말로 금상첨화가 아닌가!

존 마크 코머 —《슬로우 영성》(The Ruthless Elimination of Hurry) 저자

조던 레이너는 신학과 전술을 적절히 섞어 시간 관리, 바쁨, 의미 있는 삶을 향한 인간 욕구에 관해 매우 독창적이고도 실천적인 해법을 제시했다.

칼 뉴포트 —《딥 워크》(Deep Work) 저자

지혜에 무게가 있다면 이 책은 족히 천 근은 나갈 것이다. 조던 레이너는 지혜를 얻은 게 분명하다. 그가 지혜롭게 행하기 때문이다. 이제 그는 우리 모두가 지혜롭게 행할 만한 방법을 보여 준다. 이 책은 더없이 솔직하다. 누구나 따라서 실천할 수 있는 실용적인 책이다.

존 에이커프 —《생각도 생각이 필요해》(Soundtracks) 저자

이 책을 써 줘서 정말 고맙다. 그리스도의 삶에서 현대인의 시간 관리에 대해 이토록 배울 게 많았다니!

재닌 우젤 — 위키피디아(Wikipedia) COO(최고운영책임자)

너무도 많은 이들이 시간을 의미 없이 보내며 산다. 의미 있는 순간을 좀체 찾아보기 힘들다. 이 책에서 저자는 우리를 더 좋은 길로 이끄는 길잡이 역할을 한다. "시대가 악하니 시간을 구속하라"는 성경의 명령(엡 5:16, NKJV)에 순종하기 위한 매우 실용적인 로드맵이다.

마크 배터슨 ― 내셔널커뮤니티교회(National Community Church) 담임목사

이 책은 우리의 시간을 구속해 더 효과적이고 생산적이며 만족한 삶을 살게 해 주는 시간 관리에 관한 탁월한 지침서다. 시간은 하나님이 주신 선물이며, 우리는 이 시간의 충성스러운 청지기로 부름받았다. 이 책은 시간이라는 선물을 잘 관리하고 가장 효율적으로 사용하기 위한 영감과 도구와 팁을 제공해 준다. 저자의 통찰은 시간을 바라보는 우리의 시각을 변화시켜 인생의 최우선 사항에 집중하도록 도와준다.

디 앤 터너 ― 전 칙필레(Chick-fil-A) 인재 및 지속 가능성 부문 부사장

균형은 단순히 우리가 성취하는 것이 아니라, 설계해야 하는 것이다. 이 책에서 조던 레이너는 우리에게 딱 맞는 단순한 일정을 설계하는 법을 보여 준다.

에밀리 레이 ― *A Simplified Life*(단순해진 삶) 저자

조던 레이너는 생산성 책임자로 최고다. 이 책에서 그는 그리스도인으로서 진정 생산적 삶을 사는 것에 대해 한 차원 더 높은 의미를 제시한다. 이 책은 당신의 일하는 방식을 바꿔 놓을 뿐 아니라, 생산성 자체를 바라보는 시각을 변화시킬 것이다.

존 브랜든 ― 〈포브스〉(*Forbes*) 칼럼니스트

복음을 만난 그리스도인의 반응은 자신의 시간을 지혜롭게 관리해 다른 사람을 잘 섬기는 모습으로 나타나야 하리라. 이 책은 그 방법을 잘 보여 준다.

호스트 슐츠 ― 리츠칼튼(the Ritz-Carlton) 공동 창립자

이 책은 당신이 시간을 구속하도록 돕기 위해 신학과 과학과 실천적인 전술을 독특하게 결합한 책이다!

캐롤라인 리프 ─《뇌의 스위치를 켜라》(*Switch On Your Brain*) 저자

시간 관리에 관해 수많은 책을 읽었지만 조던 레이너가 하나님께 받은 통찰로 쓴 《시간 관리도 영성이다》만큼 나를 변화시킨 책은 일찍이 없었다. 이 책을 읽기 시작한 지 불과 5분 만에 내 삶에 즉시 적용할 수 있는 파격적인 개념들과 실용적인 팁들을 얻었다. 강력히 추천한다.

밥 로티치 ─ *Simple Money, Rich Life*(단순한 돈, 풍요로운 삶) 저자

조던 레이너는 내가 가장 좋아하는 저자 가운데 한 사람이다. 그가 쓴 글은 항상 독특한 통찰과 더없이 실용적인 지혜로 가득한 동시에 철저히 성경적이다. 나는 지금까지 생산성 관련 책을 숱하게 읽었다. 조던 레이너가 이 책을 조금만 더 빨리 썼으면 얼마나 좋았을까? 이 책을 읽으면 하나님의 목적을 이루면서 흔한 함정에 빠지지 않는 놀랍도록 생산적인 삶에 관한 비전을 얻게 될 것이다. 인생이 꽃피고 열매 맺기를 원한다면 이 책을 놓치지 말라!

다니엘 푸스코 ─ 크로스로드커뮤니티교회(Crossroads Community Church) 목사

돈은 더 많이 벌고 물건은 더 많이 살 수 있지만 시간을 더 벌거나 사는 것은 불가능하다. 사람들이 덜 중요한 것에 점점 더 많은 시간을 사용하는 이 시대에 조던 레이너의 책은 진정으로 중요한 것에 다시 집중하라고 촉구하고 매 순간을 소중히 여기도록 도와준다.

노나 존스 ─ 페이스북(Facebook) 신앙 기반 파트너십 책임자

이 책에서 조던 레이너는 시간 관리에 관한 최고의 개념들을 하나의 일관된 복음 중심 접근법으로 연결해 냈다. 시간 관리라는 분야 전체에서 큰 진전이 이루어졌다. 이런 책이 나와 줘서 너무나 감사하다!

매트 퍼먼 ─ 킹스칼리지(King's College) 커리어 개발 책임자

조던 레이너는 깊고도 설득력 있는 신학을 데이터에 근거한 강력한 통찰과 결합하는 놀라운 능력의 소유자다. 이는 이 책의 메시지를 단단하게 하고 손에서 놓기 힘들게 하는 원투펀치다. 세상에 참으로 필요했던 메시지다!

제퍼슨 버스케 — _Take Back Your Family_(당신의 가족을 되찾으라) 저자

조던 레이너는 복음이 어떻게 우리 쉼과 포부의 원천인지를 분명하게 보여 준다. 생산성 향상을 위한 그리스도를 닮은 접근법을 찾고 있는가? 이제 더 이상 찾을 필요가 없다. 바로 여기에 있으니까.

브레드 로메닉 — _H3 Leadership_(H3 리더십) 저자

예수님의 삶에서 얻는 진정한 삶의 운영체제. 조던 레이너가 쓴 이 책이 바로 그 운영체제다. 그 점에서 이 책이 목적, 집중, 더 큰 생산성을 낳는 것도 무리가 아니다.

제프 핸더슨 — 그위넷교회(Gwinnett Church) 담임목사

이 책은 성경적 지혜와 상식으로 가득하다. 내가 사업을 처음 시작했을 때 누군가 내게 이 책을 주었다면 얼마나 좋았을까?

휴 웰첼 — 신앙·일·경제 연구소(Institute for Faith, Work & Economics) 대표

신학적 풍부함과 실용성이 균형을 잘 이루고 있는 책이다. 예수 그리스도가 성공적인 시간 관리의 본보기일 뿐 아니라 시간 관리의 이유가 되신다는 사실을 깨달을 때 우리 삶의 모든 것이 제자리를 찾아가기 시작한다. 방해 요소들이 우리 시간의 주인 노릇을 그만두게 되고, 우리의 신앙이 진정한 주인이신 분을 향해 자라난다.

웬디 스피크 — _The 40-Day Social Media Fast_(40일 소셜 미디어 금식) 저자

하나님께 내 시간을 더 잘 관리하는 법을 알려 달라고 지금껏 자주 기도했다. 종이에 해야 할 일 목록을 얼마나 많이 썼는지 모른다. 더 일찍 일어나고, 더 늦게 잠자리에 들고, 거절하는 기술을 익히고, 물건을 팔아 버리는 식으로 온갖 노력을 해 봤지만 내가 찾는 자유는 찾아오지 않았다. 그러다 이 책을 읽고 나서 시간 관리를 완성해 주시는 분이 예수 그리스도이심을 깨달았다. 예수님은 하나님을 영화롭게 하는 동시에 배우자, 자녀, 일터, 몸 담은 다양한 공동체를 섬기기 위해 우리가 일상에서 할 수 있는 일을 본보기로 보여 주셨다. 이제 나는 내 시간을 구속하기 위한 성경적 원칙과 증명된 전술을 얻었다. 나는 이 책을 진심으로 사랑하게 됐다. 당신도 그렇게 되리라 확신한다!

데이비드 레이건 ― NASCAR(미국개조자동차경기연맹) **선수**

성과의 열쇠는 의도성이다. 이 책에서 조던 레이너는 예수님의 의도성을 본받아 목적으로 충만하고 현재에 집중하며 더없이 생산적인 삶을 사는 법을 보여 준다. 하나님이 부르신 일에서 두각을 나타낼 길을 찾는다면 이 책에서 그 길을 발견할 것이다.

타미카 캐칭 ― 전 농구 선수(네 번의 올림픽 금메달리스트, WNBA 올스타 10회 선정,
WNBA 정규시즌 MVP)

이 책은 현대인의 일이라는 풍랑 이는 바닷속에 던져진 구명 튜브와도 같다. 이 책 덕분에 나는 그토록 필요했던 숨 돌릴 틈을 얻었다. 꽉 찬 일정, 운영해야 할 회사, 돌봐야 할 가족, 감당해야 할 온갖 개인적인 일로 정신이 없는 나는 끊임없이 변하는 일의 세계에서 일꾼들이 겪는 고통을 누구보다 잘 알고 있다. 그런데 놀랍게도 조던 레이너는 나보다 훨씬 더 꽉 찬 일정 속에서도 그저 부러워할 수밖에 없는 평온과 집중력으로 그 많은 일을 너끈히 해내고 있다. 이 책에서 그는 우리 모두가 시도했다가 버린 피상적인 시간 관리법보다 훨씬 더 깊이 들어간다. 그의 목표는 단순히 우리가 더 많은 시간을 찾도록 돕는 것이 아니라 우리 문제의 뿌리를 드러내고 우리의 가장 귀한 것 중 하나인 이 땅에서의 시간을 구속하도록 도와주는 것이다.

샘 에이첸 ― 스냅바(Snapbar) **공동 창립자**

시간에 관한 책을 읽을 시간이 없더라도 이 책을 읽을 시간은 꼭 내라. 페이지마다 당신과 마찬가지로 바삐 사는 복음 중심의 멘토와 나누는 솔직한 대화가 담겨 있다. 조던 레이너는 당신과 대화하면서 신학적인 지혜와 기술적인 팁 사이를 솜씨 좋게 오간다. 그래서 이 책을 읽고 나면 하나님이 주시는 시간을 최대한 활용해야 하는 이유와 매일 시간을 관리하는 방법 둘 다를 얻을 수 있다.

미셸 마이어스 ― 쉬웍스히즈웨이(she works His way) **설립자**

조던 레이너는 시간을 소비하지 말고 투자하라고 가르친다. 아인슈타인의 상대성 이론에서 말하는 것처럼 시간이 늘어나거나 줄어들고 굽을 수 있다. 시적 표현을 쓰자면, 조던 레이너는 영원한 것을 만나기 위해 시간을 빚는 법을 가르쳐 준다. 그는 이 시대를 위해 태어났다.

벤 코슨 ― 호프제너레이션(Hope Generation) **설립자**

우리 모두는 목적으로 더 충만하고 현재에 더 집중하며 보다 생산적이기를 원한다. 하지만 안타깝게도 우리 대부분은 어디서 시작해야 할지를 도무지 모른다. 이 책은 이를 알려 주는 최종 로드맵이다!

패트라이스 워싱턴 ― 〈리디파이닝 웰스〉(Redefining Wealth) **팟캐스트 진행자**

이 책은 게임 체인저다. 단순 명쾌하다. 이 책에 나온 원칙들을 마음에 새기고 열심히 실천하면 당신의 삶과 시간을 관리하는 모습이 극적으로 바뀔 것이다. 메모를 하고, 문장에 밑줄을 긋고, 추가 자료들을 꼭 확인하라. 이 책을 책상 위에 놓고서 시간 사용에 관해 미세 조정을 해야 할 때마다 다시 읽어야 할 책이다.

한나 브렌처 ― *Fighting Forward*(싸우며 나아가라) **저자**

앉은자리에서 처음부터 끝까지 단숨에 읽었다. …… 도저히 손에서 놓을 수 없었다! 대부분의 사람이 140자 이상의 글을 읽을 만큼의 삶의 속도조차 늦추지 못하는 시대에 이러한 내 행동은 이 책이 얼마나 지혜롭고 중요하고 시의적절한지를 보여 주는 확실한 증거다. 조던 레이너의 글은 "철이 철을 날카롭게 하는 것같이"(잠 27:17) 믿을 만한 친구가 무딘 나를 날카롭게 단련시키기 위해 건네는 소중한 조언이다. 이 책은 우리의 시간이 얼마나 짧은지를 부드럽게 일깨워 주면서 우리가 사는 진정한 목적으로 돌아가라고 촉구한다. 자신의 재능, 이야기, 시간으로 하나님 나라를 위해 세상에 큰 영향을 미치고 싶지만 점점 더 시끄럽고 정신없는 세상에 갇혀 있는 모든 이에게 이 책은 하나님이 우리를 위해 예비하신 '선한 일'을 되찾아 주는 귀한 안내서다. 이 책은 너무 많은 일에 치여 사는 디지털 세대가 기다려 온 경종이다!

메리 메런츠 ― 〈더 메리 메런츠 쇼〉(The Mary Marantz Show) **진행자**

이 책을 쓰는 데 도움을 준 거인들,
존 마크 코머, 칼 뉴포트, 데이비드 앨런, 매트 퍼먼,
케빈 드영, 젠 윌킨, 에밀리 P. 프리먼,
팀 켈러, N. T. 라이트에게.

Contents

프롤로그.

당신의 시간을 구속하라,
하나님의 영광을 위해

"너무 바빠서 정신이 하나도 없어."

나도 해 본 말이고 당신도 해 본 말이다. 살다 보면 누구나 이런 말을 할 때가 있다. 너무 바빠서 정신 없는가? 잠을 충분히 못 자서 아침마다 겨우 일어나는가? 휴대폰을 볼 때마다 춤추는 강아지 그림 같은 우스꽝스러운 이모티콘부터 시작해서 "이따 밤에 집에 올 때 교회에 들러 클로이를 좀 데리고 와 줄 수 있나요?" 하는 사소한 부탁까지 온갖 메시지가 잔뜩 와 있는가? 겨우 몇 분간의 '큐티'할 시간을 내자마자 오늘 오후 회의를 알리는 휴대폰 알림에 정신이 번쩍 든다. 지금부터 회의 준비를 해도 시간이 빠듯하다.

일터에서도 정신없는 바쁨은 이어진다. 하면 할수록 해야 할 일이 점점 더 느는 것만 같다. 하루 종일 숨 돌릴 틈도 없이 몰아치는 회의…… 무언가를 생각할 짬이란 없다. 마침내 '진짜 일'에 집중

16

할 시간을 낼라치면 저만치서 익숙한 불안감이 스멀스멀 피어오른다. '이 일이 정말로 이 순간에 몰두할 만큼 중요한 일인가' 하는 의문이 든다.

일이 끝나기가 무섭게 곧장 가족이 기다리는 집으로 달려가거나 친구를 만나러 간다. 몸은 가장 소중한 사람과 마주하고 있어도 정신은 온통 다른 데 가 있다. 머릿속은 낮에 처리하지 못했던 것을 생각하느라 여전히 바삐 돌아가는 중이다. 저녁 식사를 마치면 하루 중 가장 바쁜 시간이 찾아온다. 집 안 청소, 아이들 숙제 봐 주기, 다음 씻을 사람 위해 재빨리 샤워하고 나오기 등등. 그 밖에 좋아하는 드라마를 보거나 시험공부를 하거나 억지로 짬을 내서 책 몇 줄을 읽고 나서는 마지막으로 소셜 미디어를 한 번 더 확인하고 그제야 잠자리에 든다. 그리고 다음 날, 같은 시간에 일어나 처음부터 똑같이 반복한다.

제법 익숙한 풍경 아닌가? 물론 이 하루는 바쁜 삶을 극단적으로 묘사했다. 하지만 우리의 현재 삶이 이런 모습에 생각보다 가깝지 않나 싶다. 우리는 마치 시간에 끌려다니는 것처럼 보인다. 이길 수 없는 경주를 하는 것만 같다. 달력, 시계, 해야 할 일 목록(to-do list; 혹은 '할 일 목록') 등 '삶을 좀 더 효율적이고 생산적으로 만들 거라고 약속하는' 도구들을 잘 다스리는 게 아니라, 도리어 이런 것들에 묶여 사는 것처럼 보인다. 해야 할 일은 많은데 그 모든 일을 할 시간은 항상 부족하다. 한마디로 우리는 정신을 차릴 수 없을 만큼 바쁘다.

　성경을 보면 약 2천 년 전에 예수님의 제자들도 '정신을 못 차릴 만큼 급박한' 상황에 처한 적이 있었다. 누가복음 8장 22-23절은 그 상황을 다음과 같이 기록한다.

> 하루는 제자들과 함께 배에 오르사 그들에게 이르시되 호수
> 저편으로 건너가자 하시매 이에 떠나 행선할 때에 예수께서 잠이
> 드셨더니 마침 광풍이 호수로 내리치매 배에 물이 가득하게 되어
> 위태한지라.

　제자들은 예수님과 함께 호수로 나가 배에 올라 잔잔한 항해를 즐기고 있었다. 그런데 갑자기 풍랑이 주체할 수 없을 만큼 거세게 몰아치기 시작했다. 사방에서 높은 파도가 들이닥치자 제자들은 놀라서 물을 배 밖으로 퍼냈다. 하지만 이내 '더 많은' 물이 배 안에 들이닥쳤다(마치 끝없는 할 일 목록처럼 들리지 않는가). "배에 물이 가득하게 되어" 제자들은 더는 무언가를 해 볼 도리가 없었다. 자기 힘으로는 미쳐 날뛰는 풍랑을 잠재울 수 없음을 깨달은 제자들은 서둘러 예수님을 깨워 도와 달라고 간청했다.

　24절은 다음 상황을 이렇게 기록한다. "예수께서 잠을 깨사 바람과 물결을 꾸짖으시니 이에 그쳐 잔잔하여지더라."

　이 구절은 이 책을 관통하는 핵심 전제를 완벽하게 보여 준다.

즉 제자들이 바람과 파도에 휩싸여 정신 못 차리는 상황에 대한 해법은 해야 할 일 목록과 **빽빽**한 일정으로 정신 못 차리는 상황에 대한 해법과 정확히 일치한다. 우리가 시간 관리에 계속해서 실패하는 상황에 대한 해법은 바로 예수 그리스도 안에 있다. 두 가지 이유로 그렇다.

첫째, 예수님은 우리가 아무 일도 하기 전에 먼저 평안부터 제시하신다. 거의 모든 시간 관리 전문가는 '자신이 알려 주는 처방대로 실천하기만 하면' 평안과 생산성을 얻을 수 있다고 장담한다. 이는 '행위 기반의 생산성'이다. 당신이 이것저것 하기만 하면 평안을 얻으리라고 주장하는 것이다. 하지만 이 책은 정반대 전제로 시작한다. 바로 '은혜 기반의 생산성'이다. 우리는 예수 그리스도를 통해 '이미' 평안을 얻었고, 그에 대한 예배의 반응인 이런저런 행위로 시간을 관리한다는 것이다.

물이 들이닥치는 배 안에 있는 제자들에게 다시 가 보자. 풍랑을 잠재우기 위해 그들이 할 수 있는 일이란 없었다. 단지 예수님이 풍랑을 잠재우실 줄 믿었을 뿐이다. 우리도 이렇게 할 수 있다. 우리는 예수님이 죄를 용서해 주실 줄 믿음으로써 "하나님과 화평"을 얻었다(롬 5:1). 우리가 얼마나 생산적인 사람인지 혹은 시간을 얼마나 잘 관리하는지와 상관없이 이 화평이 이미 확보돼 있다. 전에 존 파이퍼의 사역 팀에서 사역했고 베스트셀러 *What's Best Next*(차선은 무엇인가)를 쓴 매트 퍼먼은 그리스도인에게 "평안은 두 번째가 아니라 첫 번째다. 우리가 혼히 하는 실수는 '원천'에서 마음의 평안을 얻으려 하지 않고 '자기 행위'에서 평안을 얻으려는 것이다"라고 말했다.[1]

오해하지는 말라. 이 책에서 우리는 정신없이 바쁜 삶을 평안하고 생산적인 삶으로 바꾸기 위한 '많은' 실천적 해법을 배울 것이다. 하지만 이 책에서 소개하는 전술은 '결코' 당신의 평안을 위한 가장 궁극적 원천이 될 수 없다. 이런 전술을 원천으로 삼으려 들면 반드시 실패할 수밖에 없다. 그리스도인인 우리는 평안의 궁극적 원천, 정신없는 삶의 근본적 해법을 풍랑 속에서 주무신 예수님에게서 찾을 수 있다.

둘째, 예수님은 '하나님이라면 시간을 어떻게 관리하실지'를 보여 주신다. 이는 가히 상상이 가지 않는 개념이다. 1장에서 이를 자세히 풀어놓겠다. 사복음서는 해야 할 일 목록이나 일정표, 스마트워치로 시간을 관리하시는 예수님을 보여 주지 않는다. 다만 어디서 시간을 보낼지 우선순위를 정하고(막 1:38), 일터에서의 방해 요소를 다루고(마 12:46-50), 조용한 시간을 사수하고(마 14:13), 아무리 바빠도 서두르지 않는(막 11:11) 예수님을 보여 준다. 다시 말해, 사복음서는 오늘날 우리가 겪는 시간 관리의 어려움을 똑같이 겪으신 예수님을 보여 준다. 하지만 예수님은 오류가 없는 하나님이시기에 시간을 '완벽하게' 관리하셨을 것이다. 따라서 예수님은 우리가 따라야 할 시간 관리의 이상적인 롤 모델이다.

왜 이 책인가

지금까지 나는 시간 관리와 생산성 관련 책을 40권 넘게 읽었다. 이 분야 역대 최고 베스트셀러도 여러 권 독파했다. 하지만 이 주제에 관해 출간된 '수천 권'의 책을 다 읽으려면 아직도 멀었다. 시간 관리에 관한 책이 시중에 이토록 널려 있는데 내가 왜 이 책을 썼을까?

첫째, 이 책은 '시간의 창조주'가 시간을 어떻게 관리하셨는지를 파헤쳤다. 예수님은 지금껏 이 땅을 밟았던 사람 가운데 가장 생산적이었다. 하지만 그분이 이 땅에서 시간을 어떻게 보내셨는지를 다룬 책은 찾아보기 힘들다. 시간 관리를 고민한다면서, 그토록 목적으로 충만하고 현재에 집중하며 더없이 생산적이었던 분의 생활양식과 습관을 연구하지 않는다면 얼마나 어리석은 일인가. 혹시 사복음서가 예수님이 시간을 어떻게 관리하셨는지에 관해 그리 많은 말을 하지 않았으리라고 생각하는가? 전혀 그렇지 않다. 1장에서 이 이야기를 더 해 보겠다.

둘째, 대부분의 시간 관리 책과 달리 이 책은 시간 관리라는 퍼즐에서 이전까지 서로 연결되지 않았던 퍼즐 조각들을 서로 연결해 보려고 시도한다. 전에 사람들이 내게 시간 관리에 관한 조언을 구하면 나는 10여 권의 책을 추천해 주었다.[2] 물론 이 책들은 정신없이 바쁜 사람들이 가장 원치 '않는' 조언이다. 정신없이 바쁜 사람에게는 단 한 권의 책을 읽을 시간조차 없다! 그렇다면 나는 왜 그토록 많은 책을 추천했을까? 그 훌륭한 책들 하나하나가 시간 관리 퍼즐의 중요한 조각들을 다루고 있기 때문이다. 하지만 이 모든 조각을 하나로 연결해 완성한 책은 (내가 알기로는) 없다. 이런 책들에서 내가 실제로 도움을 받은 방법들을 하나씩 뽑아 하나의 일관된 전체 그림으로 연결하는 것이 내 대담한 목표다.

　마지막으로, 이 책은 신학, 이론, 전술 사이에서 독특한 균형 잡기를 시도한다. 내 경험으로 볼 때 대부분의 시간 관리 책은 이 세 극단 중 어느 한쪽으로 치우쳐 있다. 너무 뜬구름 잡는 듯한 소리만 해서 실질적으로 뭘 해야 할지 알 수 없는 책이 있다. 그런가 하면 너무 무미건조해서 마치 모래를 마시는 것 같은 느낌이 드는 책도 있다.[3] 이 책에서 나는 적절한 중간 지점을 찾고자 했다. 하지만 그것을 '어떻게' 할 것인가를 말하기 전에 먼저 중요한 질문을 짚고 넘어가고 싶다.

복음의 시각,
하나님이 부어 주신 생산성

　시간 관리 분야에서 박사 학위 같은 건 없다. 그렇다면 소위 전문가 중에서 누구를 신뢰할지 어떻게 결정하는가? 가이드를 선택할 때는 올바른 '시각'과 뛰어난 '생산성'을 고려해야 한다.

시간 관리에 관한 내 시각은 '예수 그리스도의 복음'으로 형성됐다. 복음은 우리의 포부에도, 쉼에도 궁극적 원천이 된다. 그리고 이 진리는 실제로 우리의 시간을 어떻게 구속할지에 지대한 영향을 미친다. 하지만 내 시각만으로는 당신이 이 책을 신뢰해야 할 충분한 이유가 될 수 없다. 내가 당신이라면 이 책을 쓴 저자가 이 책에서 제시하는 방법으로 생산성을 얼마나 끌어올렸는지를 반드시 확인할 것이다.

지난 5년간 하나님이 나를 통해 하신 일을 간단히 정리해 보겠다. 기업가로서 나는 꽤 큰 규모의 사업체 두 곳을 일구어 냈고, 그로 인해 100개 이상의 일자리를 창출했다. 일곱 권의 책 출간 계약을 맺어 전 세계적으로 300만 명이 넘는 그리스도인이 복음과 자신의 일을 연결하도록 도왔다. 또 몸무게를 20킬로그램 이상 빼고 유지했으며, 여섯 살, 네 살, 한 살짜리 세 딸아이를 키우고 있고, 사랑스런 아내와 아름다운 가정을 꾸려 왔다. 나는 5년 내내 꽤 생산적인 삶을 살아왔다고 자부한다.

하지만 한 가지만은 분명히 해 두고 싶다. 이 모든 이야기의 주인공은 내가 아니다. 주인공은 바로 하나님이시다. 신명기 8장 18절은 하나님이 성과와 "재물(부, 재산) 얻을 능력을 주셨"다고 분명히 말한다. 지난 세월 동안 은혜로우신 하나님은 내게 시간을 잘 관리하기 위한 어마어마한 지식과 경험이라는 재산을 주셨다. 이제 당신도 그런 부를 얻도록 도와주고 싶다. 당신도 시간을 구속하도록 돕고 싶다.

시간을 구속한다는 것의 의미

이 책의 중심에는 '복음'이 있다. 시간을 구속한다(redeeming)는 개념을 처음 사용한 책인 에베소서의 중심에도 '복음'이 있다. 사도 바울은 에베소서 1-4장에서 은혜의 복음을 자세히 풀어낸 후에 에베소서 5장 1절에서 하나님의 "사랑을 받는 자녀"라는 우리의 지위를 상기시켜 준다. 하나님의 아들과 딸로 입양된 우리는 어떤 반응을 보여야 하는가? 바울은 몇 절 뒤에서 이 질문에 답해 준다.

> 그런즉 너희가 어떻게 행할지를 자세히 주의하여 지혜 없는 자같이 하지 말고 오직 지혜 있는 자같이 하여 **세월을 아끼라**(시간을 구속하라, **NKJV**) 때가 악하니라 그러므로 어리석은 자가 되지 말고 오직 **주의 뜻이 무엇인가 이해하라**.
> 에베소서 5장 15-17절

여기서 바울은 복음에 대한 우리의 반응에는 우리의 시간을 구속하는 것이 포함돼야 한다고 말하고 있다. 우리의 시간을 최대한 신중하고 지혜롭게 관리해야 한다. "세월을 아끼라(시간을 구속하라, NKJV)"에서 "아끼다"로 번역된 헬라어 단어 "엑사고라조"는 문자적으로 "모조리 사다" 혹은 "구속하다, 즉 값을 치르고 되찾다(자유롭게 하다)"를 의미한다.[4] "시간을 더 살 수 있으면 얼마나 좋을까?"라는 말을 해 본 적이 있을 것이다. 바로 그 개념이다. 그리스도인으로서 우리는 할 수 있는 한 많은 시간과 시간이 제공하는 기회를 '사야' 한다. 팀 켈러 목사는 이 구절과 관련해 이런 말을 했다. "그리스도인에게는 시간을 허비하지 말아야 할 중대한 의무가 있다. 시간 관리는 명령이다!"[5]

우리는 시간을 구속하라는 명령을 왜 받았는가? 이기적인 욕망 추구에 쓸 시간을 더 많이 얻기 위해서가 아니다. 우리가 시간을 구속하라고 부름받은 것은 "때가 악하"고 "주의 뜻"을 행할 시간이 점점 줄고 있기 때문이다. 내가 정말 좋아하는 성경 교사인 젠 윌킨은 이런 표현을 쓴다. "우리는 쓸모없는 추구에서 우리의 시간을 되찾아 하나님의 영광을 위해 사용하는 시간 구속자가 되라는 명령을 받았다."[6] 아멘.

우리는 '더 성공하기 위해' 시간을 구속해야 하는 게 아니다. 그것이 이 책이 추구하는 목표라면 당장 이 책을 내던져도 좋다. 성공은 우리의 주목표가 아니다. 섬김, 더 구체적으로는 우리 주님과 그분 뜻을 섬기는 것이 목표다.

그렇다면 "주의 뜻"은 무엇인가? 우리가 왜 우리의 시간을 구속하는 데 신경 써야 하는가? 더욱 "착한 행실"을 하고(마 5:16), 그분의 영원한 나라를 세우고(고전 15:58), 사람들을 "제자로 삼으며"(마 28:19), 하나님의 명령을 자녀의 마음에 새겨 주고(신 6:6-7), 하나님과 그분의 좋은 복들을 누리기 위해서다(빌 4:4).

자, 우리는 "주의 뜻"을 행하기 위해 값을 치르고 시간을 되찾아야 한다. 하지만 구체적으로 어떻게 해야 하는가? 바로 이것이 이 책에서 다루려는 내용이다.

이 책의 두 기둥

이 책의 1-7장은 모두 '원칙'과 '실제'라는 두 부분으로 나뉜다.

시간 관리의 원칙, 반드시 사수하라

이 책은 목적으로 충만하고 현재에 집중하며 더없이 생산적인 삶을 살기 위한 일곱 가지 성경적 원칙을 제시한다. 장마다 처음 부분에서 이 일곱 가지 원칙을 하나씩 소개할 것이다. 모든 기본 원칙은 예수님 삶과 명령에서 나왔다. 이 책을 쓰기 전에도 나는 이 일곱 가지 원칙을 가르쳐, 50만 명 이상의 그리스도인이 자신의 시간을 되찾는 것을 지켜보았다. 당신도 그럴 수 있으리라 확신한다.

이 원칙들은 시간을 구속하기 위한 열쇠가 우리의 구속자

(Redeemer; 구주) 예수님께 있음을 볼 수 있게 해 주지만, 그 효과는 예수님의 삶에서만 나타난 게 아니다. 그 열쇠로 다양한 사람의 삶이 달라졌다. 각 장에는 C. S. 루이스, 타미카 캐칭, 윌리엄 윌버포스, 마틴 루터 킹 주니어, 셰이 코크레인, 프레드 로저스의 일화가 펼쳐지고, 예수님의 시간 사용 습관에 담긴 지혜와 과학적 사실이 풍부하게 곁들여 있다.

시간 관리의 실제, 개개인에 맞게 적용하라

시대를 초월한 원칙을 소개한 뒤에는 그 원칙을 현대 시점에서 적용할 수 있게 해 주는 몇 가지 활용 방안을 추천할 것이다.

각 실습 활동은 수년간의 연구, 세상에서 가장 생산적인 그리스도의 제자들과 함께 진행한 100번 이상의 팟캐스트 인터뷰, 수많은 개인적 실험을 통해 개발된 것이다. 이는 내가 지난주에 갓 시작한 활동이 아니다. 나를 비롯한 많은 사람이 시간을 구속하기 위해 '수년간' 꾸준히 실천해 온 습관이다.

다만 한 가지를 분명히 밝히고 싶다. 이 책에서 소개하는 시간 관리 원칙은 성경에 뿌리를 두고 있지만 실습 활동 부분은 그렇지 않다. 이 책에서 소개하는 실습 활동들은 예수님의 시간 관리 원칙을 현대 환경에서 가장 잘 실천하는 방법에 관한 순전히 내 의견이다. 그래서 더러 당신에게 맞지 않는 내용도 있을 것이다. 이 중 '많은' 실습 활동이 당신에게 도움이 될 테지만 '모든' 실습 활동이 그러하다고 말할 수는 없다. 당신이 현재 하는 일과 현재 처한 인생의 상황에 따라 결과는 매우 달라질 수 있다.

그런 의미에서 두 가지를 당부하고 싶다. 첫째, 자신에게 잘 맞지 않는 실습 활동은 편하게 건너뛰어도 좋다. 읽다 보니 이미 알고 있거나 너무 기술적이라는 생각이 들면 과감히 건너뛰라. 각 장에는 적게는 두 가지에서 많게는 아홉 가지 실습이 포함돼 있으며, 모든 실습을 합치면 총 서른두 가지가 된다. 당신의 시간을 구속할 실질적인 기회가 그만큼 많다. 당신이 이 서른두 가지 활동 중 단 하나의 습관만 들여도 이 책에 시간을 투자한 가치가 있으리라 확신한다.

둘째, 한 번에 너무 많은 실습을 하려고 하지 말라. 많은 시간관리 책이 "이 모든 것을 지금 바로 하지 않으면 소용이 없다"라는 접근법을 취한다. 이 책의 접근법은 다르다. 이런 활동들이 내 삶에서 습관으로 자리 잡기까지 10년 이상이 걸렸다. 한 달 안에 이 모든 활동을 자기 습관으로 삼겠다는 기대일랑 아예 하지 말라. 이 책을 며칠이나 한 주, 한 달 만에 다 읽더라도, 부디 책에 나온 원칙들을 몇 년에 걸쳐 계속해서 되새기며 시간을 구속하기 위한 새로운 습관에 계속해서 도전해 보기를 바란다.

힘든 만큼 가치 있는 도전

시간 관리에 관한 책을 40권 넘게 읽으면서 발견한 한 가지 공통점이 있다. 저자마다 시간 관리 문제를 해결하기 위한 자신의 방법이 '쉽다'고 주장했다. 이해는 한다. 그래야 책이 팔릴 테니까. 하지만 그것은 전혀 사실과 다르다. 성경을 보면 바로 알 수 있다. 죄는 이미 모든 것을 망쳐 놓았다. 죄 때문에 모든 인간은 다 마치지 못한 미완성 교향곡을 들고 죽을 수밖에 없게 됐다. 창세기 3장 17절은 "땅은 너로 말미암아 저주를 받고 너는 네 평생에 수고하여야 그 소산을 먹으리라"라고 말한다. 인간의 타락 이후에도 일은 여전히 좋은 것이고 일은 여전히 예배지만 이제 회사에서든 집에서든 일은 '힘들어졌다.' 그래서 우리의 시간을 구속하는 일도 단연 힘들 수밖에 없다.

하지만 '힘들어도 불구하고'가 아니라, '힘들기 때문에' 우리는 더더욱 우리의 시간을 구속해야 한다. 당신에게 약속한다. 당신의 시간을 구속하는 일은 쉽지 않겠지만 반드시 그만한 가치가 있을 것이다. 왜일까? 이 길 끝에는 '예수님을 한결 더 닮은 당신의 모습'이 기다리고 있기 때문이다. 당신은 지금보다 더 목적으로 충만하고 현재에 집중하며 생산적인 사람이 될 것이다.

자, 도전을 받아들일 준비가 됐는가? 그렇다면 이제 시작해 보자.

✓ 시간 관리 대원칙 1

말씀으로 시작한다

구주 예수를 본받아 내 시간을 구속하려면 먼저 시간의
창조주, 세상을 향한 그분의 목적, 그분이 주신 시간으
로 내가 무엇을 해야 하는지를 알아야 한다.

윌리엄 윌버포스는 인류 역사상 둘째가라면 서러울 정도로 생산성이 높은 인물이었다. 무려 스무 살이라는 젊은 나이에 영국 의회 하원의원으로 선출됐다.[1] 영국 내 69개 사회 개혁 집단에서 동시에 임원 역할을 맡은 시기도 있었다.[2] 무엇보다 그는 대영제국 전역에서 노예무역을 폐지하는 일에 앞장선 인물이다. 그의 많은 전기 작가 중 한 명의 말을 빌리자면 "윌리엄 윌버포스가 세계 역사상 가장 위대한 사회 개혁가였다는 결론을 부인하기 힘들다."[3]

하지만 윌버포스가 항상 고귀한 일에 열심이었던 것은 아니다. 의회에서 보낸 처음 5년 동안 그의 야망은 사실 부와 권력을 거머쥐는 것이었다. 하지만 자신을 왕처럼 여기며 살던 그는 스물여섯 살에 예수 그리스도를 진정한 왕으로 모시게 됐고, 그때부터 인생의 "큰 변화"를 겪었다.[4]

그의 변화된 영혼은 '일'이라는 무대에서도 극적 변화를 맞이했다. 회심 후 그는 찬송가 〈나 같은 죄인 살리신〉(Amazing Grace)의 작사가로 유명한 목사 존 뉴턴에게 직업에 관한 조언을 구했다. 그는 당연히 뉴턴이 의원직을 버리고 "이제 하나님을 위해 살라"고 조언할 줄 알았다.[5] 하지만 "그의 예상과 달리 뉴턴은 하나님을 따르기 위해서는 정계를 떠나야 한다고 말하지 않았다. 오히려 뉴턴은 하나님이 그를 그곳에서 쓰시도록 그곳에 머물라고 권했다. 다른 사람 같으면 그의 소금과 빛 역할이 가장 필요한 그곳에서 오히려 떠나야 한다고 말했을 것이다. 뉴턴은 그러지 않아서 얼마나 다행인가."[6]

월버포스의 "큰 [영적] 변화"가 직종의 큰 변화로 이어졌다면 지금 세상은 어떤 모습일까? 분명 '뜻이 하늘에서 이루어진 것같이 땅에서도 이루어지는' 모습과는 한참 거리가 멀 것이다(마 6:10).

월버포스가 맞이한 "큰 변화" 때문에 그가 직업적으로 '무엇'을 하는지가 바뀌지는 않았지만, 그가 의회에서 일하는 '방식'에는 두 가지 극적 변화가 나타났다. 우선, 일하는 목적이 '부와 권세'에서 그가 "큰 목표"라고 부른 것으로 바뀌었다.[7] 그 "큰 목표"란 바로 노예 무역 폐지였다. 그다음 변화는 이 책의 주제와 연관이 깊다. 바로 회심 후 그의 시간 관리 방식이 변한 것이다.

회심 이후 한동안 월버포스는 자신이 처음 21년간 시간을 사용해 온 방식에 대해 몹시 괴로워했다. 그 시기에 그가 쓴 일기다. "내 지난 시간과 기회와 재능을 허비한 것을 깊이 뉘우쳤다."[8] 하지만 그는 괴로워하는 데서 멈추지 않았다. 남은 시간이 얼마든 자기 뜻이 아닌 하나님 뜻을 위해 일하고자 그 시간을 구속하기로 굳게 다짐했기 때문이다.

그런데 한 가지 문제가 있었다. 월버포스는 "무절제한 혼란 덩어리"요, "자제력이 …… 체질적으로 부족한" 사람이었다.[9] 자제력과 좋은 시간 관리 습관을 후천적으로 배울 수 없다고 생각하며 이 책을 읽기 시작했다면 이 사실이 큰 위로요, 격려가 될 것이다. 그는 세상을 향한 하나님의 큰 계획에 온전히 협력하려면 이 시간 사용의 문제를 반드시 극복해야 함을 알았다. 그의 일기에서 이 부분에 대한 결심을 확인할 수 있다. "이 순간부터 내 시간 계획을 바꾸기 위해 노력하겠다. 지금부터 하나님의 영광과 나와 같은 피조물의 선 (善)을 위해 살고 싶다."[10]

그리고 실제로 윌버포스는 시간 관리 계획을 바꾸었다. 그의 신앙은 일상에서 '매우' 실질적인 모습으로 나타났다. 그는 충분히 자기 위해 "밤 11시에 잠자리에 들어 아침 6시에 깨라"와 같은 실천 사항을 일기장에 적었다.[11] 그는 런던 거리를 걷다가 머릿속에 떠오르는 아이디어를 놓치지 않기 위해 잉크와 깃펜, 종이를 호주머니에 넣고 다니기 시작했다.[12] 명성이 날로 높아지면서 그는 기도 시간, 시간을 어떻게 사용할지 고민할 시간을 내는 것이 얼마나 중요한지를 깨달았다. 그래서 혼자만의 시간을 쟁취하려 애썼다. 이런 실질적인 시간 관리 전략 덕분에 그는 "무절제한 혼란 덩어리"에서 역사에 길이 남을 생산적인 사람으로 변모할 수 있었다.

그는 단순히 의회에서만 생산적인 삶을 살지 않았다. 그는 책을 많이 쓴 작가이기도 했다. 1797년, 그는 노예제도와 한창 싸우던 시기에 자신의 대표작 세 권 중 첫 책인 *A Practical View of Christianity*(기독교에 대한 실용적 시각)라는 신학 서적을 발표했다.

아이러니하게도 이 책은 전혀 '실용적이지' 않았다. 최소한 우리가 흔히 생각하는 의미에서 실용적이지 않았다. 5단계 과정 같은 것은 없었다. 각 장 말미에 체크 리스트나 토론을 위한 질문도 없었다. 단지 그의 삶, 일, 시간 관리 습관에서의 극적 변화를 불러온 '복음의 핵심 교리'를 설명할 뿐이었다.

그가 처음 쓴 책의 주제는 뜻밖이었다. 다시 말하지만 당시 윌버포스는 유명 인사였다. 노예제도 폐지라는 "큰 목표"는 아직 이루지 못했지만 그는 노예제도의 강력한 옹호자들에 맞선 투사로서 이미 널리 알려져 있었다. 그래서 영국인들은 그가 처음 쓴 책에서 무슨 말을 하든 귀를 기울일 수밖에 없었다. 그렇다면 당연히 노예제도의 패악을 지탄하거나 그리스도인에게 문화를 형성하는 일에 실질적으로 참여하라고 촉구하는 책을 써야 마땅하지 않을까? 하지만 그런 기대와 달리, 윌버포스는 신학을 첫 메시지로 선택했다. 언제나 신학이 우리 행동을 결정한다는 사실을 간파했기 때문이리라.

지금 당신이 펴 든 책은 지극히 실천적인 책이다. 하지만 우리는 윌리엄 윌버포스처럼 가장 신학적 이야기 중 하나로 이 책을 시작할 것이다. 왜일까? 윌버포스가 이해했던 것처럼 시간 관리에 관한 우리의 고질적 문제점은 해야 할 일 목록이나 일정 관리 차원의 잘못보다 훨씬 더 깊은 뭔가에 뿌리를 두고 있기 때문이다. 우리의 문제점은 '일, 시간, 세상을 향한 하나님의 큰 계획에서 우리가 맡아야 할 역할'에 관한 그릇된 관념에서 나온 것이다.

시간과 생산성에 관한
성경적 진리

이런 옛 격언이 있다. "물이 무엇인지 알고 싶다면 물고기에게는 절대 물어보지 말아야 한다."[13] 물고기는 자신이 헤엄치고 있는 공간을 정의할 수 없다. 우리도 마찬가지다. 우리는 시간 속에서 헤엄치고 있다. 따라서 시간이 무엇인지를 이해하려면 우리 밖에서 답을 찾아야 한다. 오스 기니스는 이렇게 말했다. "시간을 다스리려면 시간의 창조주이신 분과 시간의 의미, 그리고 그분이 그분의 거대한 이야기에서 우리를 어떤 역할로 부르시는지를 알아야 한다."[14]

시간의 창조주는 누구인가?

하나님.

창세기 1장은 시간을 초월하신 하나님이 첫째 날과 시간 자체를 창조하시는 모습을 보여 준다. 요한계시록 22장 13절은 하나님이 "알파와 오메가요 처음과 마지막이요 시작과 마침이라"고 선포한다. 한마디로 하나님은 시간의 '처음부터 끝까지'를 창조하신 분이다.

하나님은 궁극적으로 '장기적 시각'을 품고 계신다. 그분은 우리 모두가 염두하고 살아야 할 '끝'을 창조하셨다. 따라서 자신의 시간을 구속하는 일이 목표라면 반드시 그분의 말씀에서 시작해야 한다. 시간과 그 안에서 우리의 역할에 관해 성경이 말하는 다섯 가지 진리를 살펴보자.

#1 · '영원'을 향한 인간의 갈망은
좋은 것이며 하나님이 주신 것이다

우리는 인간이 영원히 살도록 창조됐다는 사실을 본능적으로
안다. 그래서 우리는 죽은 것이 결국 회복되는 이야기에 끌리는 것
이다. 사람들이 J. R. R. 톨킨의 명작 《반지의 제왕》(*The Lord of the
Rings*) 시리즈를 좋아하는 것은 모든 슬픈 일이 원래 상태(좋은 상태)
로 돌아가야 한다는 사실을 알기 때문이다. 우리가 영화 〈라푼젤〉
(Tangled)을 좋아하는 것은 어떤 상처라도 치유할 수 있는 마법의 머
리카락이 있어야 한다는 사실을 알기 때문이다. 우리가 영화 〈겨울
왕국〉(Frozen)을 좋아하는 것은 우리가 마법의 눈사람이 죽지 않는
세상에서 살아야 한다고 느끼기 때문이다.[15]

하지만 우리는 단지 영원히 '살고' 싶기만 한 것이 아니라, 영원
한 의미에서 '생산적이고' 싶다. 물론 우리가 매일 이 갈망을 느끼는
것은 아니다. 죄는 뭔가를 생산하기 위한 우리의 일과 노력을 힘들
게 만들었다. 하지만 우리는 영혼 깊은 곳에서 (그리고 하나님의 말씀
을 통해) 일이 원래 '매우' 좋은 것이었음을 안다. 창세기 2장 15절에
서 이 점을 볼 수 있다. "여호와 하나님이 그 사람을 이끌어 에덴동
산에 두어 그것을 경작하며(일하며) 지키게 하시고." 여기서 "일"에
해당하는 히브리어 단어는 "아보다"다. 이 단어는 성경의 다른 곳에

서 "예배"로도 번역된다.[16] 일은 죄가 세상에 들어오기 이전부터 존재했다. 일은 본래 좋은 것이었다. 아니, 좋은 것을 넘어 일은 곧 예배였다.

저마다 타락 이전의 일이 어떤 것이었는지를 잠시나마 느껴 본 적이 있을 것이다. 우리는 멋진 프레젠테이션을 하고서 더없는 뿌듯함을 느낀 적이 있다. 훌륭한 글을 완성하고서 가족에게 달려가 자랑했던 적이 있다. 망치로 탁자에 마지막 못을 박고 나서 뒤로 한 걸음 물러나 자신의 작품을 쳐다보며 흐뭇한 미소를 지은 적이 있다. 이런 순간은 우리의 일을 향한 하나님의 기뻐하심을 느끼는 순간이라 할 수 있다.[17] 이런 순간을 한 번이라도 경험해 봤다면 이런 일이 평생 지속되기를 원하는 것이 어떤 느낌인지를 알 것이다.

우리는 뿌듯함이 느껴지는 일이 끝나기를 바라지 않는다. 그것은 우리가 영원한 의미가 있는 일을 하기 위해 이 땅에 태어났다는 사실을 영혼 깊은 곳에서 알기 때문이다. 극작가 아서 밀러는 《세일즈맨의 죽음》(Death of a Salesman)에서 이 점을 정확히 지적했다. 그는 "세상 어딘가에 엄지손가락 지문을 남기려는" 욕구는 "굶주림이나 성욕, 갈증보다 더 큰 욕구 …… 불멸에 대한 욕구, 말하자면 무더운 7월에 아이스크림 케이크에 자신의 이름을 공들여 새겨 넣고 싶은 욕구다"라고 말한다.[18]

어떤 그리스도인은 이런 영원을 향한 갈망이 교만에 뿌리를 두고 있다고 말한다. 하지만 성경을 연구할수록 영원한 의미에서 생산적으로 살려는 이 욕구는 하나님이 직접 설계하신 욕구라는 확신이 더 강해진다. 전도서 3장 11절은 하나님이 "사람들에게는 영원을 사모하는 마음을 주셨느니라"라고 분명히 밝힌다. 젠 윌킨은 이런 표현을 썼다. "하나님은 …… 시간에 갇힌 인간들에게 시간을 초월한 영원을 향한 갈망을 주셨다."[19]

이것은 뮤지컬 〈해밀턴〉(Hamilton)의 중심 주제 중 하나다. 주인공 알렉산더는 인생에서 원하는 것을 이렇게 정리한다. "내가 죽고 나서도 계속해서 이어질 뭔가를 쌓고 싶어."[20] 하지만 남편의 불멸의 욕구를 이해하지 못하는 아내 엘리자는 남편에게 "그저 살아만 있어요. 그것만으로 충분해요"라고 말한다.[21]

하지만 우리 모두는 그것만으로 충분치 않다는 것을 안다. 우리는 우리가 그냥 살아서 숨만 쉬기 위해 창조되지 않았음을 안다. 하나님이 설계하신 우리 인간의 DNA 속 뭔가가 우리가 그 이상을 위해 지음받았다고 말한다. 모든 인간은 시간 속에서 일한다. 그런데 우리의 머리는 시간이 유한하다고 말하지만 우리의 영혼은 시간이 유한해서는 '안 된다'고 말한다. 그렇다면 현재 시간은 왜 유한한가?

#2 · 죄는 모든 사람이 미완성 교향곡을 들고 죽게 만들었다

죄는 세상에 들어올 때 죽음을 갖고 들어왔다(창 3장; 고전 15:21). 불멸의 존재로 창조된 인간은 이제 죽을 수밖에 없는 존재가 됐다. 선한 의미로 창조된 일은 이제 힘들어졌다. 무한하게 창조된 시간은 이제 유한해졌다. 한마디로, 죄로 말미암아 모든 사람이 자신이 꿈꾸는 일을 평생 완성하지 못하게 됐다. 영향력 있는 가톨릭 신학자 칼 라너는 이를 이렇게 표현했다. "우리가 이룰 수 있는 모든 것이 다 부족하다는 안타까운 현실 앞에서 우리는 궁극적으로 이 세상에 완성 교향곡은 없다는 것을 깨닫게 된다."[22]

안타깝지만 이것이 현실이다. 모든 사람이 다 마치지 못한 미완성 교향곡을 들고 죽을 수밖에 없다. 아무리 애써도 우리는 해야 할 일 목록을 다 완수할 수 없다. 우리가 이생에서 이루고 싶은 것과 실제로 이룬 것 사이에는 항상 격차가 날 수밖에 없다. 심지어 윌버포스도 "더 많은 것을 하지 못했다는 깊은 후회 가운데 무덤에 들어갔다."[23] 사실상 노예제도를 끝낸 사람이 자신의 평생의 업적을 미완성 교향곡으로 여겼다면 당신과 나는 오죽하겠는가.

'시작부터 이렇게 기를 꺾어 놓는 책이 어디 있담?' 조금만 참아 달라. 곧 '큰' 소망의 소식을 들려줄 테니. 하지만 시작은 여기서 해야 한다. 시간의 유한함에 슬퍼하는 것이 그 큰 소망으로 가는 첫걸음이기 때문이다. 윌버포스의 전기 작가인 에릭 메택시스는 "시간을 초월하려는 우리의 욕구보다 근본적인 인간 욕구는 없다. 그리고 우리가 궁극적으로 시간의 한계 속에서 살 존재가 아니라는 사실을 아무도 반박할 수 없다"[24]고 했다. C. S. 루이스도 이렇게 말했다. "내 안에 이 세상의 그 어떤 경험으로도 만족시킬 수 없는 욕구가 있다면 가장 그럴듯한 설명은 내가 다른 세상을 위해 지어졌다는 것이다."[25]

　따라서 죄로 인해 우리가 단 한 번의 일생 동안 이룰 수 있는 것에 한계가 있음에도 우리가 그 이상을 이루기를 갈망한다면, 우리가 시간을 초월한 다른 이야기를 위해 지음받았다고 보는 것이 논리적이다. 그리고 바로 이것이 기독교 내러티브의 핵심이다. 우리 모두는 원래 미완성 교향곡을 듣고 죽을 수밖에 없는 존재지만, 신자들에게는 이 사실이 다르게 다가온다. "하나님은 시간의 한계 속에서 이루어지는 우리의 노력에서 영원한 결과를 이끌어 내실 수 있기" 때문이다.[26]

#3 · 하나님이 우리가 완성하지 못한 일을 완성하실 것이다

　좋다. 하나님은 우리를 영원히 살도록 창조하셨다. 하지만 죄는 피조 세계를 망가뜨리고 우리를 시간에 묶인 유한한 존재, 죽을 수밖에 없는 존재로 만들었다. 그렇다면 더는 아무 소망이 없는가? 아니다. 첫 부활절 아침에 다시는 죽지 않는 구속된 육체로 무덤에서 걸어 나오신 예수 그리스도 안에 소망이 있다. 부활은 "'두 번 다시는 [죽음이 없음]'을 의미하는 끝"이었다.[27] 부활은 불멸을 향한 우리의 갈망이 옳은 것이며 그분을 통해 우리도 영원한 삶을 누릴 수 있다는 그리스도의 선포였다.

　하지만 부활 사건은 단순히 영원한 '삶'의 시작이 아니었다. 그것은 하나님의 영원한 '나라'의 시작을 알리는 사건이기도 했다. 사복음서를 보라. 예수님은 개인적인 구원의 복음에 관한 말씀을 거의 하시지 않았다. 그분의 가르침은 대부분 "천국 복음"이라고 부르신 것에 초점을 맞추고 있다(마 24:14). 부활은 우리의 '영혼'뿐만 아니라, '세상'을 위해서도 좋은 소식이다.

이것이 시간 관리와 무슨 상관인가? 이 소식은 시간이 어디로 '가고' 있는지 아는 데 도움이 된다. 기독교의 이야기는 하나님이 완벽하시며, 그분과 함께 살며 일하도록 우리를 창조하셨다는 것이다. 죄는 모든 것을 망쳐 놓았지만 하나님은 모든 것을 바로잡을 왕을 보내 주겠다고 약속하셨다. 예수님은 부활을 통해 죽음을 이기심으로써 그분이 약속된 '그 왕'이심을 분명하게 증명하셨다. 그리고 그분은 부활과 함께 시작하신 것을 완성해 "만물을 새롭게" 하실 때까지 하나님 나라를 건설하고 계신다(계 21:5).

따라서 예수님이 그분의 나라를 완성하기 위해 돌아오신다면 당신과 내가 현재 속에서 하고 있는 것이 왜 중요한가? 우리가 오늘 우리의 시간을 구속하는 것이 왜 중요한가? 하나님은 그분의 영원한 나라를 건설하는 일에 협력하도록 우리를 초대하셨기 때문이다. 이것이 고린도전서 3장 9절에서 바울이 우리를 "하나님의 동역자들"이라고 부른 이유다.

생각해 보면 실제로 하나님은 처음부터 그런 방식으로 역사해 오셨다. 창세기에서 하나님은 여섯째 날에 많은 것을 창조하셨지만 창조가 '아닌' 그분의 다른 행위도 못지않게 놀라웠다. 창조의 처음

며칠은 거대한 캔버스를 설치하신 것이었다. 그리고 여섯째 날 하나님은 창조의 배턴을 '그분의 형상을 품은 우리'에게 넘기면서 그분의 영광을 가리키는 것들로 그 캔버스를 채우라고 하셨다("땅에 충만하라"-창 1:28).

부활절 아침에도 같은 일이 벌어졌다. 예수님은 부활과 함께 그분의 나라를 여셨다. 하지만 그 나라를 건설하는 일을 영원히 완성하기 위해 돌아오실 때까지 그 일을 우리에게 남기셨다. 〈뉴스위크〉(Newsweek)가 "세계 최고의 신약학자"[28]라고 평한 N. T. 라이트는 이렇게 말했다. "예수님을 통해 시작된 하나님 나라의 핵심은 피조 세계를 본래의 모습으로 회복시키는 것이다. 하나님은 언제나 그분의 세상 속에서 충성하는 인간을 통해 일하기를 원하셨다."[29]

윌리엄 윌버포스는 이 점을 완벽히 보여 주는 사례다.[30] 하나님 나라에 노예제도가 설 자리는 없다. 그래서 하나님은 윌버포스 같은 이들을 쓰셔서 이 악과 싸우게 하셨다. 덕분에 우리는 하나님 나라에 몇 걸음 더 가까이 다가가게 됐다. 윌버포스대학교(Wilberforce University) 전 총장은 "윌버포스의 삶에서 우리는 하나님이 창조 역사를 아직 완성하시지 않았다는 사실을 볼 수 있다"[31]라는 말을 남겼다.

'오늘' 내가 하는 일이 중요한 것은 그 일이 하나님을 영화롭게 하고 이웃을 내 몸과 같이 사랑하기 위한 수단이기 때문이다(마 22:39). 하지만 우리의 일은 '영원'을 위해서도 중요하다. 하나님이 우리 일을 통해 그분의 나라를 세우실 수 있기 때문이다. 그 일을 완성하고 궁극적으로 하늘을 이 땅으로 가져오실 분은 오직 하나님뿐이기에 오늘 우리는 이 한 가지 진리를 받아들임으로 자유로워질 수 있다. 바로 당신과 내가 우리의 해야 할 일 목록을 완수해야만 하나님 일이 이루어지는 게 아니라는 것이다. 우리의 해야 할 일 목록이 하나님의 해야 할 일 목록 안에 있다면 하나님은 우리가 있든 없든 상관없이 그 일을 완성하실 것이다.

하나님은 이스라엘 백성을 약속의 땅으로 이끌기 위해 꼭 모세가 필요하지는 않으셨다. 여호수아를 통해 그 일을 완성하셨다. 하나님은 성전을 건축하기 위해 꼭 다윗이 필요하지는 않으셨다. 솔로몬을 통해 그 일을 완성하셨다. 내일 내가 죽고 하나님이 내 일이 계속 이어지기를 원하신다면 그 일을 대신할 다른 사람을 찾으시거나, 하늘을 땅으로 가져오실 그 날 그 일을 완성하실 것이다.

하나님은 세상을 위한 거대 서사를 이끌고 계시며, 나는 그 이야기 속 무수히 많은 배우 중 한 명일 뿐이다. 큰 은혜와 지혜로 하나님은 내게 그 거대한 드라마에 참여해 그분의 나라를 위해 일하는 데 딱 필요한 만큼의 시간을 허락하셨다. 단 1초도 더 주시지 않았다. 단 1초도 덜 주시지 않았다. 욥의 말을 빌리겠다. "그의 날을 정하셨고 그의 달 수도 주께 있으므로 그의 규례를 정하여 넘어가지 못하게 하셨사온즉"(욥 14:5). 우리가 완성하지 못한 일을 완성하심으로 홀로 영광받기 위해 이런 한계를 정해 주신 하나님을 찬송해야 마땅하다. 젠 윌킨은 이렇게 말했다. "하나님께는 해당되지 않고 우리에게는 해당되는 시간의 한계에 대해 하나님께 감사드린다."[32]

#4 · 복음은 우리의 쉼과 포부의 원천이다

앞서 보았듯이 생산성을 위해서라면 하나님께는 굳이 우리가 필요 없다. 생산성이 필요한 건 대개 인간인 우리다. 우리는 자존감을 얻기 위해 생산성을 필요로 한다. 생산성을 향한 그릇된 야망이 존재하며, 곧 그 문제를 다룰 것이다. 하지만 이 이야기를 더 하기 전에 잠시 중요한 진리를 마음에 새겨야 한다. 복음은 생산성에 대한 의무감에서 우리를 해방시킨다.

복음의 복된 소식은 "우리가 아직 죄인 되었을 때에 그리스도께서 우리를 위하여 죽으"셨고(롬 5:8) 그분의 나라를 위해 일하고 그 나라에서 영원히 살도록 초대받았다는 것이다. 그리고 우리는 그분의 은혜를 받기 위해 한 일이 아무것도 없기 때문에 우리가 어떤 짓을 한다 해도 그 은혜를 잃지 않는다. 우리가 이생에서 얼마나 생산적인지와 상관없이 하나님께 입양된 자녀로서 우리의 지위는 영원히 변하지 않는다. 위대한 설교자 마틴 로이드 존스는 "그리스도인은 아무것도 하지 않아도 이미 대단한 존재다"라고 말했다.[33]

매일 밤 나는 어린 딸들을 잠자리에 누이면서 묻는다. "너희가 착한 일을 얼마나 하든 상관없이 아빠가 너희를 사랑한다는 거 알아?" 그러면 딸들은 고개를 끄덕인다. 그러면 나는 다시 이렇게 묻는다. "너희가 나쁜 짓을 얼마나 하든 상관없이 아빠가 너희를 사랑한다는 거 알아?" 아이들은 다시 고개를 끄덕인다. 그러면 나는 또 이렇게 묻는다. "엄마랑 아빠 말고 누가 또 너희를 이렇게 사랑할까?" 그러면 우리 아이들은 항상 "예수님!"이라고 대답한다. 나름 정확한 신학을 추구하는 네 살배기 케이트는 "성부 하나님과 성자 예수님과 성령님!"이라고 대답한다.

당신과 나도 시간을 구속하기 위한 우리의 노력에 대해 똑같은 말을 들어야 하지 않을까? 하나님은 우리가 이생에서 얼마나 생산적인지 아닌지에 상관없이 우리를 사랑하신다. 그리고 아이러니하게도 이 진리가 우리를 엄청난 생산성으로 이끈다. 왜일까? 누군가의 은혜를 얻기 위한 노력은 우리를 지치게 하지만, 무조건적인 은혜에 감격해서 하는 노력은 우리를 행복하게 해 주기 때문이다. 그리스도인에게 엄청난 생산성의 열쇠는 우리가 생산적일 필요가 없다는 사실을 깨닫는 것이다.[34] 우리가 선행을 얼마나 많이 하는지와 상관없이 하나님이 우리를 받아 주신다는 사실을 깨달으면, 그분을 향한 예배의 행위로서 그분의 뜻을 위해 많은 것을 생산하고 싶어진다.

그렇다면 그분의 뜻은 무엇인가? 성경은 하나님이 우리가 받은 시간으로 무엇을 하기를 원하신다고 말하는가? 사도 바울은 이렇게 썼다. "우리는 그가 만드신 바라 그리스도 예수 안에서 선한 일을 위하여 지으심을 받은 자니 이 일은 하나님이 전에 예비하사 우리로

45

그 가운데서 행하게 하려 하심이니라"(엡 2:10). 예수님은 이렇게 말씀하셨다. "이같이 너희 빛이 사람 앞에 비치게 하여 그들로 너희 착한 행실을 보고 하늘에 계신 너희 아버지께 영광을 돌리게 하라"(마 5:16). 다시 말해, 우리 삶의 목적, 우리가 창조되고 구원받은 이유는 하나님 나라를 건설하고 그 과정에서 그분을 영화롭게 할 "착한 행실"을 하는 것이다.

지금 당신이 무슨 생각을 하고 있을지 짐작이 간다. '하지만 예수님과 바울이 말한 착한 행실은 열심히 프로그래밍을 하는 것이 아니라 가난한 사람들에게 돈을 주는 것 아닌가?' 그렇지 않다. 물론 "착한 행실"은 구제와 복음 전도의 의미를 함축한다. 하지만 이 구절에서 "착한 행실"로 번역된 헬라어 단어 "에르곤"의 의미는 훨씬 더 광범위하다. 이 단어는 "일, 직무, 직업"의 의미로 사용된다.[35]

명심하라. 일은 타락 이전에도 하나님의 완벽한 세상의 일부였고, 예수님은 성인 시기의 대부분을 목수로 일하면서 '많은 사람이 세속적이라고 생각할 수 있는 일'의 선함을 다시금 확인시켜 주셨다. 그렇다면 우리 역시 우리의 평범하고 선한 일을 '우리 삶을 향한 하나님의 부르심'에서 중요한 부분으로 여겨야 마땅하지 않은가.

앞서 말했듯이, 일, 즉 "선한 일", "착한 행실"은 하나님 나라를 건설하고 그분을 영화롭게 하기 위한 수단이다. 그렇다면 우리는 현재 하는 일에 대해 더 큰 포부를 가져야 한다. 존 파이퍼 목사는 "목적 없고 비생산적인 그리스도인들은 우리가 사랑하는 창조적

이고 목적과 권능과 자비가 충만하신 하나님께 맞서는 것이다"라는 말까지 했다.[36]

나아가, 성경은 우리의 상대적인 생산성에 따라 하나님께 입양된 자녀라는 지위가 달라지지 않는다고 말하면서도 우리가 이생에서 시간을 어떻게 관리했느냐에 따라 하나님 나라에서 받는 보상이 달라진다고 분명히 말한다. 달란트 비유는 이 점을 분명히 보여 준다(마 25:14-30). 고린도전서의 많은 부분과 에베소서 6장 8절도 같은 점을 말하고 있다. "이는 각 사람이 무슨 선을 행하든지 종이나 자유인이나 주께로부터 그대로 받을 줄을 앎이라."

이 모든 사실로 인해 우리 그리스도인은 시간을 잘 관리하려는 열정으로 불타올라야 한다. 생산적이어야 한다는 의무감으로 일하는 것이 아니라, 복음에 푹 잠김으로써 생산성을 높이고 싶어져야 한다. 자신이 하나님의 "사랑을 받는 자녀"(엡 5:1)라는 복음에 감격해 자신의 모든 시간을 구속하려고 힘써야 한다. 다른 사람의 유익과 하나님 나라의 건설, 하나님의 크신 영광을 위해 우리는 모든 시간을 최대한 지혜롭게 사용해야 한다.

이제 질문은 뻔하다. 우리의 시간을 구속하기 위한 현실적인 지혜를 어디서 찾아야 할까? 답은 하나님의 말씀이다. 하지만 더 구체적으로는, 몸소 '시간에 묶인 인간'이 되신 하나님, 예수 그리스도의 삶을 들여다봐야 한다.

#5 · 우리는 '하나님이라면 시간을 어떻게 관리하실지' 알 수 있다

시간의 창조주가 "육신"(요 1:14)이 되신 건, 말 그대로 진짜 인간이 되신 사건이다. 그러니까 인간이 매일 마주하는 난관을 그분도 겪으셨다는 뜻이다. 그분도 업무를 처리하고, 아버지와 어머니를 돌보고, 굶주림을 해결하고, 잠을 주무셔야 했다. 그렇다. 그분도 여느 사람들처럼 24시간이란 시간의 제약 속에서 사셨다. 이에 관해 팀 켈러는 이렇게 설명했다. "[그분은] 상처와 죽음의 위험에 노출될 뿐 아니라, 시간과 공간의 제약도 받으셨다."[37] 우리처럼 예수님이 아버지 하나님께 받은 일을 완성하기 위한 시간도 유한했다(요 17:4).

사복음서 곳곳에서 우리는 끊임없이 흘러가는 시간을 통렬하게 의식하시는 예수님을 볼 수 있다. 요한복음 9장 4절에서 예수님은 이렇게 말씀하셨다. "때가 아직 낮이매 나를 보내신 이의 일을 우리가 하여야 하리라 밤이 오리니 그때는 아무도 일할 수 없느니라."

"물론 이 땅에서 예수님의 시간은 유한했죠. 하지만 예수님이 1세기에 아무리 바빴다 해도 지금 우리에 비하면 아무것도 아니에요." 전혀 그렇지 않다. 이 책에서 계속해서 보겠지만, 예수님은 오늘날 우리가 경험하는 방해 요소와 끊임없는 소음을 비롯해서 시간 관리와 관련된 많은 난관을 다루셔야 했다. 케빈 드영은 이렇게 말했다. "예수님이 오늘날 살아 계신다면 세상 누구보다도 많은 이메일을 받으실 것이다. 그분의 휴대폰은 종일 울릴 것이다. 인터뷰, 텔레비전 출연, 콘퍼런스 강연 요청이 빗발칠 것이다. 예수님은 평범한 인간 삶의 압박에서 벗어나 한가롭게 사시지 않았다."[38]

"하지만 사복음서 안에 예수님이 이 땅에서의 시간을 어떻게 보내셨는지 단서가 있나요?" 물론 있다. 그것도 아주 많이. 하지만 그 단서를 보려면 복음서를 읽는 시각을 조정해야 한다.

내가 가장 좋아하는 목사이자 저자 중 한 명인 존 마크 코머는 현대 그리스도인이 거의 전적으로 '신학'과 '윤리'를 찾으려는 목적으로만 사복음서를 읽는다는 사실에 관해 광범위하게 논했다. 물론 마태복음, 마가복음, 누가복음, 요한복음이 신학과 윤리에 관해 많은 말을 하는 것은 사실이지만, 이 사복음서의 내러티브는 그리스도의 삶에 관한 '전기'이기도 하다는 점을 기억해야 한다. 하지만 코머에 따르면 "예수님의 제자 중 사복음서를 이런 식으로 읽는 사람은 극소수다. 우리는 사복음서를 좋은 설교 예화나 지혜로운 비유, 신학적 금맥 정도로 읽는다. 물론 이렇게 읽는 것도 나쁘지는 않지만 나무를 보다가 숲을 놓치는 경우가 많다. 기본적으로 사복음서는 '전기'다."[39]

전기를 읽을 때는 "그가[주인공이] 한 말이나 행동뿐만 아니라 매일 구체적으로 어떻게 살았는지를 보아야 한다. 그의 일상을 본받고, 그의 습관을 우리의 습관으로, 그의 일과를 우리의 일과로, 그의 가치를 우리의 가치로 받아들여야 우리의 삶에서 비슷한 결과를 얻을 가능성이 있다."[40]

사복음서에서 우리는 예수님이 하신 말씀이나 행동만이 아니라, 그분이 어떻게 사셨는지를 보고 그분처럼 시간을 사용하고 관리하게 될 수 있다. 사도 요한은 "그의 안에 산다고 하는 자는 그가 행하시는 대로 자기도 행할지니라"(요일 2:6)라고 권면한다. 사복음서의 전기 덕분에 우리는 예수님이 어떻게 사셨는지 궁금해할 필요가 없다. 에밀리 P. 프리먼에 따르면 "하나님이 사람이라면 어떻게 사셨을까 궁금해할 필요가 없다. 그분은 사람이시고, 여기에 그분이 어떻게 사셨는지가 다 나와 있다."[41]

"그렇다면 예수님은 어떻게 사셨나요? 그분은 도대체 어떻게 시간을 관리하셨죠?" 이 책의 나머지 부분 내내 이런 질문을 끈질기게 탐구할 것이다. 예수님의 삶에서 얻은 일곱 가지 시간 관리 원칙을 제시하고 지금 시대에 그 원칙을 적용하도록 도와줄 실습 활동을 같이 해 볼 것이다.

아마도 가장 분명한 원칙은 이것이지 않을까 싶다. 시간을 구속하기 위한 예수님의 노력은 신학적·실천적 의미 모두에서 '말씀'으로 시작했다. 신학적으로 예수님은 우리가 이번 장에서 탐구한 시간 관리에 관한 성경적 진리를 분명히 아셨다. 말씀에 관한 신학은 그분이 이 땅에 계시는 동안 그분의 시각을 형성했다. 하지만 동시에 그분은 실천적, 곧 일상적 의미에서도 말씀으로 시작하셨다. 즉 그분은 수시로 무리 및 제자들에게서 따로 떨어져 하나님 아버지와 단둘이 시간을 보내셨다.

그리스도인으로서 우리도 시간을 최대한 활용하기 위해서는 말씀으로 시작해야 한다. 이것이 이 책의 첫 번째 원칙이다.

예수의 원칙 #1   말씀으로 시작한다
구주 예수를 본받아 내 시간을 구속하려면 먼저 시간의 창조주, 세상을 향한 그분의 목적, 그분이 주신 시간으로 내가 무엇을 해야 하는지를 알아야 한다.

어떻게 이 원칙을 매일 실천할 수 있을까? 간단하지만 중요한 다음 두 가지 실습을 제안하고 싶다.

실습 1 ° '시간의 창조주'와 시간을 보내라

이 원칙을 한 번 읽는 것으로 끝내서는 안 된다. 하나님의 목적을 위해 우리의 시간을 구속하려면 매일 그분의 말씀을 공부하면서 그분과 교제하는 습관을 길러야 한다.

내가 시간 관리에 관한 '혁신적인 책'이라고 주장하는 이 책에서 추천하는 첫 번째 실습 활동은 바로 '큐티'(QT; Quite Time)를 하는 것이다(나도 안다. 분명 많은 이들이 "퍽이나 혁신적이다"라고 할 것이다). 하지만 우리의 시간을 구속하려면 구속자[구주 예수]가 시작하신 방식으로 시작해야 한다. 사복음서를 보면 예수님은 잠을 비롯한 다른 어떤 것보다도 아버지와 함께하는 시간을 중시하셨다(막 1:35; 눅 6:12).

큐티가 왜 그토록 중요할까? 네 가지 이유가 있다. 우선 가장 분명한 이유는, 말씀 안에서 보내는 시간이 하나님과 교제하는 시간이기 때문이다. 이는 하나님에게서 뭔가를 얻기 위해서가 아니라, '하나님'을 얻기 위해 성경 속에 파묻혀 시간을 보내는 것이다. '하나님'이 우리의 보상이시다.

둘째, 우리는 하나님을 떠나서는 아무것도 할 수 없기 때문이다. 당신이 이 책을 펼친 것은 목적으로 충만하고 현재에 집중하며 더없이 생산적인 삶을 살고 싶었기 때문이리라. 하지만 예수님은 우리가 그분께 연결되지 않고서는 영원한 의미가 있는 그 어떤 것도 할 수 없다고 분명히 말씀하셨다. "나는 포도나무요 너희는 가지라 그가 내 안에, 내가 그 안에 거하면 사람이 열매를 많이 맺나니 나를 떠나서는 너희가 아무것도 할 수 없음이라"(요 15:5). 매트 퍼먼은 이 점을 간단명료하게 정리한다. "하나님 없이 사는 것은 우리가 할 수 있는 가장 비생산적인 일이다."[42]

셋째, 성경에 시간을 들이면 더 많은 시간을 얻기 때문이다. "나는 너무 바빠서 매일 큐티를 할 수 없어요." 이렇게 말하는 이들은 잠언 9장 10-11절을 읽어 보길 바란다. "여호와를 경외하는 것이 지혜의 근본이요 거룩하신 자를 아는 것이 명철이니라 나 지혜로 말미암아 네 날이 많아질 것이요 네 생명의 해가 네게 더하리라." 잠언 10장 27절도 같은 말을 한다. "여호와를 경외하면 장수하느니라 그러나 악인의 수명은 짧아지느니라."

하나님의 말씀과 시간을 보내면 '실제로' 우리의 수명이 연장되는가? 이는 내 선에서 답할 수 있는 질문이 아니다. 하지만 반박할 수 없는 사실은, 성경의 지혜에 푹 빠지면 하나님의 목적을 위해 우리의 시간을 더 지혜롭게 사용하게 된다는 것이다. 그러면 우리가 받은 정해진 시간이 사실상 더 늘어나는 효과로 이어진다.

마지막으로, 하나님의 말씀과 시간을 보내는 것이 다른 모든 시간 관리 활동을 더 쉽거나 효과적으로 만들어 주는 핵심 습관이기 때문이다. 찰스 두히그는 《습관의 힘》(The Power of Habit)이라는 책에서 "핵심 습관"이라는 개념을 널리 알렸다. 이 습관은 "연쇄반응을 일으켜 다른 습관을 변화시키는 힘이 있다."[43] 두히그가 연구한 것에 따르면 "핵심 습관은 모든 것을 점점 변화시키는 프로세스를 발동시킨다."[44] 이것이 매일 성경에 파묻히는 습관의 힘이다.

하나님의 말씀 안에서 시간을 보낼 때 "예" 할 것을 "예" 하는(하기로 한 일을 하는) 것이 중요하다는 사실을 기억하게 된다. 그렇게 하는 것이 그리스도의 제자들과 복음의 평판을 지키는 길이다(⇨2장). 성경 안에서 시간을 보내면 주기적으로 '소음의 왕국에서 벗어나게' 된다. 그렇게 되면 하나님의 음성을 경청할 수 있다(⇨3장). 말씀은 우리의 삶과 일에서 진정으로 중요한 것을 정의할 수 있게 해 준다. 그래서 영원한 시각으로 우리의 마음을 새롭게 할 수 있다(⇨4장). 매일 성경에 온전히 집중하면 일터와 가정에서 '깊이'를 얻는 데 중요한 '집중 근육'을 단련시킬 수 있다(⇨5장). 매일 말씀 안에서 시간을 보내면 충분한 쉼을 가질 수밖에 없다. 그러면 더는 성경을 베고 잠들지 않게 된다(⇨6장). 마지막으로, 매일 말씀 안에서 시간을 보내는 것은 "그를(하나님을) 인정"하는 방법 중 하나다. 그렇게 하면 우리의 시간을 계획할 때 그분이 그 "길을 지도"하실 것(잠 3:6)이다(⇨7장).

그렇다면 이 첫 번째 실습을 실제로 어떻게 해 볼 수 있을까? 전혀 어렵지 않다. 매일 말씀 안에서 시간을 보내는 습관을 이미 들였다면 '실습 2'로 바로 넘어가도 좋다. 하지만 성경과 함께 시간을 보내는 것이 잘되지 않는 사람을 위해 몇 가지 실용적인 팁을 소개한다.

첫째, 꾸준히 하나님의 말씀으로 들어갈 '시간'을 정해야 한다. 내 경우에는 아침에 가장 먼저 이 시간을 가진다. 7장에서 보겠지만 매일같이 이루어지는 내 시간 분배는 항상 매일 새벽 5시부터 6시까지 성경과 함께 시간을 보내는 것으로 시작한다. 이 시간은 내가 가장 덜 방해받는 시간이며, 머리가 가장 맑은 시간이기도 하다.

하지만 새벽 5시가 당신에게는 맞지 않을 수도 있다. 대부분의 사람은 아침이 맞겠지만 올빼미형 체질인 사람도 상당히 많다. 당신이 올빼미형이라면 하나님의 말씀과 의미 있는 시간을 보내기에 새벽 5시는 적절하지 않을 수 있다. 사복음서를 보면 예수님은 이른 아침(막 1:35)에도 늦은 밤(눅 6:12)에도 아버지와 시간을 보내셨다. 어떤 시간이든 각자에게 맞는 시간을 정하면 된다. 중요한 것은 실천이다.

매일 '언제' 말씀 안에서 시간을 보낼지 정했다면 그 시간에 '무엇'을 할지 계획을 세워야 한다. 개인적으로는 마르틴 루터의 성경 공부 방식을 좋아한다. 먼저 성경 한 구절을 읽는다(대개는 팀 켈러나 N. T. 라이트의 주석과 함께 한 장씩 읽는다). 그러고 나서 다음 내용에 대한 내 묵상을 글로 쓴다.

1. 명령 : 이 구절이 무엇을 하라고 명령하고 있는가.
2. 찬양 : 이 구절은 무엇에 관해 하나님을 찬양하게 하는가.
3. 고백 : 어떤 영역에서 내가 이 구절의 명령을 지키지 못하고 있는가.
4. 간구 : 이 구절의 명령을 지킬 수 있는 은혜를 구하라.[45]

하나님의 말씀과 함께 시간을 보내는 방식은 수만 가지 모습으로 나타날 수 있다. 루터의 방법은 그중 하나일 뿐이다. 당신에게 적합한 방법이 있다면 시도해 보라.

하나님의 말씀은 모든 지혜의 원천이다. 지혜를 어떻게 얻어야 하는가? 잠언 4장에서 이 질문에 대해 내놓은 답변은 너무 훌륭하다. 역사상 가장 지혜로웠던 사람은 잠언 4장 1-9절에서 독자에게 경건한 지혜를 전심으로 추구하라고 촉구하고 있다. 어디선가 이런 말이 들리는 듯하다. "물론, 하나님의 지혜가 필요해요. 하지만 어디서부터 시작해야 하죠? 그 지혜를 얻기 위한 3단계 과정은 무엇인가요?" 이에 잠언 기자는 이렇게 대답한다. "지혜가 제일이니 지혜를 얻으라"(7절). 다시 말해 "그냥 얻으라!" 시간을 정하고 방법을 선택해서 일단 추구하라!

"하지만 내가 얼마나 바쁜지 몰라서 하는 소리예요. 빽빽한 내 스케줄에 단 하나도 뭔가 더 보탤 만한 시간적 여유가 없다고요!" 충분히 이해한다. 내 삶도 지금 정신없이 바쁘다고 말했던 것을 기억하는가? 내게는 여섯 살 아래 자녀가 무려 '세 명'이다. 클린턴 대통령의 말을 빌리자면, "얼마나 힘든지 나도 안다."[46]

하지만 사복음서에서 예수님을 보라. 예수님은 바쁠수록 오히려 아버지와 '더 많은' 시간을 보내셨다. 우리도 그래야 한다. 마르틴 루터는 이런 말을 했다. "오늘 해야 할 일이 정말 많다. 그래서 1시간 더 무릎을 꿇어야 한다." 바로 이것이다. 바쁠수록 하나님의 목적을 이루고자 우리의 시간을 구속하려면 그분의 지혜가 더 많이 요구된다.

"나름 '큐티'를 오래해 봤지만 별 도움이 안 됐어요." 나 역시 그렇다. 예전에 그랬던 게 아니라 지금도 그렇다. 한 구절 붙들고 앉아 있다가 아무런 수확도 없이 일어서는 날이 꽤 된다. 하지만 명심하라. 큐티는 '관계'다. "관계를 맺는 시간은 더없이 비효율적이다."[47] 어린 자녀가 있다면 내가 무슨 말을 하는지 알리라. 내가 네 살배기 아이와 하는 대화의 약 80퍼센트는 사실상 쓸데없는 소리에 불과하다. 하지만 나는 정금과 같은 20퍼센트의 관계를 얻기 위해 기꺼이 그 시간을 투자한다.

하나님과 함께하는 시간을 포함해서, 양이 많든 적든 '모든' 관계적인 시간은 때로 비효율적으로 다가올 수 있다. 하지만 그것이 그 시간에 투자하지 않기 위한 변명이 될 수 없다. 존 마크 코머는 이렇게 말했다. "아버지 하나님을 사랑하고 그분과 살아 있는 관계를 맺고 싶다면 …… 그분과 단둘이 보내는 시간을 내야 한다. 모든 것을 멈추고 그분 앞으로 나아가야 한다."[48]

"하지만 매일 큐티를 하라는 건 지나친 율법주의처럼 들리는데요." 물론 그럴 수 있다. 좋은 것들이 흔히 그렇듯, 개인 큐티도 율법주의로 흐르기 쉽다. 내 말을, 하나님의 은혜를 경험하기 위해 반드시 매일 큐티해야 한다는 뜻으로 오해하지 말기 바란다. 율법주의는 복음과 정반대다. 하지만 시간의 창조주와 매일 보내는 시간을 중시하는 것은 하나님에 대한 우리의 헌신을 증명해 보이는 주요한 방법 중 하나다. 그리고 목적으로 충만하고 현재에 집중하며 하나님의 목적을 위해 생산적으로 일하는 데 이 시간보다 더 큰 영향을 미치는 것은 '아무것도' 없다.

실습 2 ∘ 아는 것으로 기도하라

필 나이트가 세계적 스포츠 브랜드인 나이키(Nike)를 창업할 때 감당하기 힘든 상황이 끊이지 않았다. 창업에 뒤따르는 난관 외에도 부정직한 동업자, 부당한 소송, 핵심 팀원들의 이탈 문제를 해결해야 했다. 한마디로, 온갖 처리할 일이 끝도 없었다. 자서전《슈독》(Shoe Dog)에서 그는 매일 하루를 마칠 때 스트레스를 어떻게 풀었는지를 밝힌다. "밤마다 혼자 안락의자에 앉아 스스로에게 묻고 답을 했다."[49] 거실에서 그는 자신과 자신의 사업에 어떤 일이 벌어질지를 골몰히 생각하는 대신, 오로지 한 가지 질문에 생각을 집중했다. "내가 무엇을 아는가?" 자신이 아는 것을 기억하기만 해도 매일같이 찾아오는 혼란 속에서 평안을 얻을 수 있었다.

우리의 시간을 구속하기 위해서도 이렇게 해야 한다. 이번 장에서 탐구한 성경적 진리들을 기도로 각자 자신에게 선포하라. 주어진 시간과 그 안에서의 당신 역할에 관해 당신이 아는 것을 기억하며 기도하기를 바란다. 매일 해도 좋고, 매주 해도 좋다. 뭐든 당신에게 맞는 대로 하라. 어떤 내용으로 기도해도 다 괜찮고, 다음과 같이 내가 하는 기도를 따라 해도 괜찮다.

하나님, 시간을 초월한 영원을 향한 제 갈망이 신기루를 향한 갈망이
아니어서 감사합니다. 제 안에 영원을 사모하는 마음을 주셔서
감사합니다(전 3:11).
제가 언젠가 다 마치지 못한 미완성 교향곡을 듣고 죽을 존재임을
겸손히 인정합니다. 하지만 제 일이 주님 뜻과 일치하면 '주님'이
주님의 시간에 제 일을 완성해 주실 줄 믿습니다. 세례 요한도 "나는
그리스도가 아니라"라고 말했지요(요 1:20). 주님 뜻이 이루어지기
위해 제가 해야 할 일 목록을 완성할 필요가 없음을 인정합니다(잠
19:21).
아버지 하나님, 예수님을 통해 얻은 '자녀'라는 제 지위는 아무도
빼앗을 수 없습니다. 이제는 생산적인 삶을 살아야 한다는 부담감을
버리겠습니다. 하지만 저는 하나님의 영광과 다른 사람들의 유익과
하나님 나라의 확장을 위해 선한 일을 최대한 많이 해야 한다는
아버지의 초대를 기쁘게 받아들입니다.
잠언 16장 3절은 "너의 행사를 여호와께 맡기라 그리하면 네가
경영하는 것이 이루어지리라"라고 말합니다. 하나님, 제 하루와 해야
할 일 목록을 주님께 내어 맡깁니다. 제가 경영하는 것을 주님 뜻에
따라 이루어 주옵소서. 오늘 하루 주님의 목적으로 충만하고 현재에
집중하며 더없이 생산적인 결과를 얻을 수 있도록 도와주옵소서.

하지만 주님은 제가 얼마나 생산적인지에 상관없이 저를 사랑해
주신다는 것을 압니다. 주님의 확실한 사랑으로 제가 평안을 얻고
오늘 주님의 뜻을 열렬히 행하게 하옵소서.
예수님의 이름으로 기도합니다. 아멘.[50]

퍼즐 조각 모으기

프롤로그에서 사용한 퍼즐 비유를 확장해 보면, 그리스도라는
주춧돌은 당신의 시간을 구속하기 위한 퍼즐의 모서리 '조각'이다.
비버 아저씨는 그리스도를 상징하는 사자인 아슬란에 관해 이렇게
말했다. "그가 우리와 함께 있으면 이제 일을 시작할 수 있어."[51]

하지만 '옳은 일'을 하기 전에 해야 할 모든 일을 최대한 우리의
머릿속에서 꺼내 그 항목들을 믿을 만한 외부 시스템에 집어넣어야
한다. 이것이 우리가 다음 장에서 집을 중요한 퍼즐 조각이다. 언제
쯤 실천적인 이야기를 할까 궁금하다면 이제 안전벨트를 단단히 매
라. 2장은 이 책 전체에서 가장 실천적이다.

REDEEMING
YOUR TIME

✓ 시간 관리 대원칙 2

하기로 한 일을 한다

구주 예수를 본받아 내 시간을 구속하려면 지극히 작은
일부터 큰일까지 "예" 할 것은 "예" 해야 한다.

모차르트는 젊은 시절 아버지 레오폴트와 함께 살 때 나이 지긋한 아버지에게 스스럼없이 짓궂은 장난을 치곤 했다. 모차르트가 친구들과 함께 비엔나에서 놀다가 밤늦게 귀가할 즈음이면 아버지는 이미 곤하게 자고 있었다. 그러면 모차르트는 피아노 앞에 앉아 한 음씩 올려 가며 큰 소리로 피아노를 쳤다. 그러다가 한 음계를 완성하기 바로 직전, 마지막 한 음을 치지 않고 딱 멈추었다. 모차르트는 그다음 상황을 상상하며 만족스럽다는 듯 자기 방으로 들어갔다.

모차르트는 이내 잠이 들지만, 반대로 잠이 깬 아버지는 미완성인 음계의 마지막 한 음이 머릿속에 계속 맴돌아 뒤척이기 시작한다. 결국 아버지는 참지 못하고 억지로 몸을 일으켜 피아노 앞으로 걸어가 마지막 음을 치고 나서야 다시 잠이 들 수 있었다.[1]

아마 당신도 비슷한 경험을 해 본 적이 있을 것이다. 차를 타고 가는데 싫어하는 노래가 나온다. 얼른 음악을 끄지만 그 듣기 싫은 노래가 머릿속을 떠나지 않는다. 모차르트의 아버지처럼 음악을 끈 지 한참 지난 뒤에도 마무리되지 않은 곡이 머릿속에서 계속해서 연주된다.

왜 '최악'의 노래들이 머릿속에서 가장 떨쳐 내기 가장 힘든 노래 중 하나일까? 외우기 쉬운 곡조라서 그럴까? 물론 그럴 수도 있다. 하지만 사실, 이 질문에 대한 과학적 답변이 존재한다. 심리학자들이 말하는 "자이가르닉 효과"(Zeigarnik effect)다. 이 효과는 "완결되지 않은 일"(이 경우에는 마무리되지 않은 곡)이 계속해서 "머릿속에 떠오르는" 현상이다.[2] 세계적인 사회 심리학자 로이 바우마이스터 박사는 이 현상을 이렇게 설명했다.

> 자이가르닉 효과를 체험하는 좋은 방법 중 하나는 무작위로 선택한 곡을 듣다가 중간쯤에서 그 곡을 딱 멈추는 것이다. 그러면 그 곡은 불규칙적인 간격을 두고 머릿속에 맴돌기 쉽다. …… 머리는 마치 해야 할 일을 계속해서 상기시키듯 그 노래의 일부를 생각의 흐름 속으로 계속해서 주입시킨다. …… 이렇게 귓전에 맴도는 곡조는 대개 유쾌한 곡보다는 불쾌한 곡조인 경우가 많다. 듣기 싫은 음악일수록 중간에 끌 가능성이 높기 때문이다. 그래서 그런 음악이 자꾸만 다시 떠오른다.[3]

물론 마무리되지 않은 곡이 귓전에 맴돌아도 시간을 구속하려는 우리의 노력에 큰 영향을 미치지는 않는다. 하지만 처리하지 않은 일로 인해 머릿속에 맴도는 생각들은 우리의 불안을 크게 가중시키고 일과 가정에 집중하는 능력을 크게 방해한다.

바우마이스터를 비롯한 플로리다주립대학교(Florida State University) 연구 팀은 이 점을 증명하기 위해 한 가지 실험을 진행했다.

이 팀은 모든 실험 참가자들에게 머릿속에 있는 한 가지 중요한 프로젝트에 관해 생각하게 했다. 그러고 나서 한 그룹에게는 더 이상 지시하지 않은 반면, 다른 그룹에게는 그 프로젝트와 관련해서 해야 할 구체적인 작업을 쓰게 했다. 그 작업을 '완성'하라고 한 게 아니라 단순히 나중에 정확히 무엇을 할지 계획만 세우라고 했다.

지시를 받은 뒤 두 그룹은 별도의 실험처럼 보이는 다음 단계로 넘어갔다. 참가자들에게 어느 소설의 처음 열 페이지를 읽게 했다. 독서가 끝난 뒤 참가자들이 책을 읽는 동안 나중에 해야 할 프로젝트에 얼마나 정신이 팔렸는지 확인하기 위한 일련의 질문을 던졌다. 다시 말해, 바우마이스터의 연구 팀은 어떤 그룹이 독서에 가장 집중했는지를 확인하고자 했다.

승자는? 앞으로 할 프로젝트에 관해 구체적으로 계획을 쓴 그룹이었다. 이 그룹이 압도적인 집중력을 보여 주었다. "그들이 작업을 완수하거나 뚜렷한 진전을 보인 건 아니었지만, 단순히 계획을 세운 것만으로 그들의 정신이 또렷해지고 자이가르닉 효과가 사라졌다."[4] 바우마이스터는 다음과 같이 설명했다.

해야 할 일 목록에 항목이 〔많이〕 있으면 자이가르닉 효과 때문에
이 일에서 저 일로 생각이 오락가락할 수 있다. 막연히 좋은
의도만으로는 이 상태가 진정되지 않는다. 목요일 오전 회의를
앞둔 시간에 '읽어야 할 메모'가 갑자기 생기면, 우리의 무의식은 이

메모를 언제 읽을지를 계속해서 고민하느라 회의 내내 신경을 쓰게 된다. 하지만 일단 그에 관한 계획을 세우고 나면 …… 〔심리적 긴장이〕 진정될 수 있다. 당장 그 일을 마치지 않아도 된다. 여전히 해야 할 일 목록에 항목이 〔많이〕 있다. 하지만 잠시 동안은 …… 잔잔해진다.[5]

불안과 스트레스의 주원인

자이가르닉 효과는 해야 하는 일을 머릿속에서 내보내지 못할 때 나타난다. 초대형 베스트셀러 《쏟아지는 일 완벽하게 해내는 법》(Getting Things Done)의 저자 데이비드 앨런은 이런 상황을 "열린 고리"(open loops)라 부른다. 그는 이것을 "원래 자리에 있지 않아서 신경이 쓰이는 모든 것"으로 정의한다.[6] 잘 정의했지만, 열린 고리가 주로 우리가 자신이나 남들에게 약속한 일이라는 점에서 나는 다음과 같이 정의하고 싶다.

> **열린 고리 ⌐** 개인적이든 직업적이든, 크든 작든,
> 시급하든 한참 남았든, 우리가 미래에 하기로
> 속으로 어느 정도라도 마음먹은 일.

"방문 전에 파워포인트 파일 좀 보내 주실 수 있나요?"

"결혼 20주년 기념일에는 하와이에 가야 해!"

"아이들이 이 흉하게 생긴 소라게들을 버리게 해야겠어."

이런 진술은 모두 열린 고리를 의미한다. 우리 대부분은 항상 수십 개, 때로는 수백 개의 열린 고리가 있으며, 그중 많은 열린 고리가 머릿속에만 저장돼 있다(지금 당장도 몇 개는 생각날 것이다). 이것이 문제인 것은 하나님은 우리 뇌가 그렇게 많은 정보를 담도록 설계하시지 않았기 때문이다. 앨런은 다음과 같이 설명한다.

> 인간 뇌의 단기 기억 부분, 즉 모든 것〔열린 고리〕을 저장하는 경향이 있는 부분은 컴퓨터의 램(RAM; random-access memory)과 비슷하게 기능한다. 인간의 의식은 저장 공간이 아니라 컴퓨터 스크린처럼 초점을 맞추는 도구다. 인간은 한 번에 한두 가지밖에 생각할 수 없다. 하지만〔열린 고리는〕 단기 기억 공간에 여전히 저장되고 있다. 그리고 램과 마찬가지로 용량에 한계가 있다. 그 안에 그 한계까지만 저장해야 뇌의 단기 기억 부분이 높은 수준으로 기능할 수 있다. 하지만 대부분의 사람은 램이 꽉 차서 터지기 직전 상태로 살아간다.[7]

물론 우리의 정신적 램이 열린 고리로 꽉 차서 터지기 직전에 이르면 반드시 안 좋은 일이 벌어진다. 최소한 세 가지 일이 일어난다. 첫째, 열린 고리는 현재에 온전히 집중하기 힘들게 한다. 세계적인 신경과학자 대니얼 레비틴 박사는 그 기제를 다음과 같이 설명한다.

머릿속에 중요한 뭔가, 특히 해야 할 일이 있으면 그것을 잊어버릴까 두려워진다. 그러면 우리 뇌는 그것을 되뇐다. 인지심리학자들이 "되뇌기 고리"(rehearsal loop)라고 부르는 것 안에서 그것을 이리저리 굴린다. 되뇌기 고리는 안구 바로 뒤의 전두피질과 뇌 중앙의 해마를 묶는 뇌 부위들의 망이다. …… 문제는 이 고리가 너무나 잘 작동한다는 것이다. 이 고리는 우리가 관심을 기울이기 전까지, 해야 할 일들을 계속해서 되뇐다.[8]

열린 고리가 단 하나만 존재해도 현재에 온전히 집중하기 힘들다. 그런데 그런 고리가 10여 개, 아니 수백 개라고 생각해 보라! 나아가 데이비드 앨런은 뭔가를 해야 하지만 "그것을 머릿속에만 저장하면 우리 뇌의 한 부분은 그 일을 해야 한다고 '계속해서' 생각한다"라고 설명한다.[9]

그런 경험을 해 본 적이 있는가? 그렇다면 〈어니언〉(Onion)에 실렸던 다음과 같은 가상 인물에 관한 풍자적 기사에 공감이 갈지도 모르겠다. "34세의 지역 주민 마셜 플랫은 지난 밤 친구의 집 바비큐 파티에서 긴장을 풀고 즐겁게 보낼 뻔했지만, 회사 일과 개인적인 일이 하나둘씩 모두 생각나기 시작하면서 결국 그 시간을 망쳐 버렸습니다. 이상 뒷마당 통신이었습니다."[10] 우습지만 현실에 가까운 이야기다.

머릿속에서 열린 고리를 치우지 않을 때 나타나는 두 번째 문제는 때로 뭔가를 까먹고 하지 않을 수밖에 없다는 것이다. 왜일까? 해야 할 일을 기억하려는 것은 마치 "맨손으로 물고기를 잡으려는 것과 같기" 때문이다.[11]

우리 인간의 기억력이 형편없다는 증거가 필요한가? 지난 10년 간 무료 체험이 얼마나 흔했는지를 보라. 넷플릭스(Netflex)와 스포티파이(Spotify; 세계 최대 음원 스트리밍 플랫폼) 같은 업체들은 대다수 사람이 가입 취소를 잊어버릴 줄 확신하기 때문에 사람들을 가입시키기 위해 서비스를 무료로 제공한다(물론 최고의 회사는 제품이 훌륭하면 사람들이 서비스를 계속 이용하리라는 점도 안다. 그렇다 해도 내 요지를 충분히 이해하리라 생각한다).

우리의 정신적 램이 열린 고리로 꽉 차서 터지기 직전에 이를 때 나타나는 세 번째 현상이자, 내가 볼 때 가장 중요한 문제점은 바로 이것이다. 엄청난 수의 열린 고리는 불안과 스트레스를 낳는다. 우리는 흔히 '할 일이 너무 많은 것'을 스트레스의 원인으로 꼽는다. 하지만 그렇지 않다. 우리는 '항상' 할 일이 너무 많지만 '항상' 스트레스에 시달리지는 않기 때문이다. 스트레스를 자주 받는 사람도 항상 받지는 않는다. 따라서 스트레스는 다른 뭔가에서 비롯하는 게 분명하다.

지금까지 우리가 검토한 연구를 보면 많은 경우, 불안과 스트레스의 진짜 원인은 분명하다. 인간은 뇌, 이메일 수신함(inbox), 여타 도구에 있는 열린 고리를 '믿을 만한 외부 시스템'에 꺼내 놓지 않아서다.

컴퓨터에서 뭔가를 클립보드에 복사해 놓고서 붙이기를 잊어 버린 다음, 약간의 불안감을 경험해 본 적 있는가? 뭔가를 해야 하는 데 하지 않았다는 것을 알고서 약간의 스트레스를 경험한 적이 분명 있을 것이다. 이것은 열린 고리가 일으키는 불안감의 작은 예다. 물론 '복사한 텍스트 붙이기'보다 훨씬 더 중요한 할 일의 열린 고리는 훨씬 더 큰 불안감을 일으킨다.

바로 나 자신이나 다른 사람과 하기로 약속한 일이다. 내가 당신과 통화를 하다가 "전화를 끊자마자 그 내용에 대한 링크를 보내 줄게요"라고 말한다면 내가 당신에게 그 일을 하기로 약속한 것이다. 약속한 일의 '크기'는 중요하지 않다. 뇌 과학에서는 내가 뭔가를 하겠다고 말하고서 그 일을 종이에 적지 않으면(그리고 물론, 조만 간 하지 않으면) 스트레스와 불안감이 생긴다. "스트레스는 자신과 다른 사람과의 약속을 지키지 않을 때 발생한다."[12]

하겠다고 말한 것을 모아서 정의하고 실천하지 않는 것은 단순히 뭔가를 깜박 잊는 것보다 훨씬 큰 문제다. 빌리 조엘의 말을 빌리자면 "그것은 신뢰의 문제다."[13] 그리고 이것은 신뢰의 문제이기에 열린 고리가 일으키는 스트레스는 그리스도의 제자들에게 매우 심각하고 부정적 영향을 미칠 수밖에 없다. 왜일까? 예수님은 이렇게 간단명료하게 말씀하셨기 때문이다. "너희는 그저 '예' 할 것은 '예' 하고, '아니요' 할 것은 '아니요'만 하라. 그 이상의 말은 악한 것에서 비롯된 것이다"(마 5:37, 우리말성경).

이 요지에 관한 젠 윌킨의 설명을 들어 보자.

우리가 하기로 한 것을 하는가? 우리가 "예" 할 것은 "예" 하고,
"아니요" 할 것은 '아니요' 하는가?……
궁극적으로, 다른 사람을 향한 신실한 행위는 모두 하나님을 향한
신실한 행위다. 어떤 사람은 지킬 생각도 없이 약속을 남발할지
모르지만, 하나님의 자녀는 약속을 꼭 지키는 모습을 보여 주어야
한다. 다른 사람의 신뢰나 인정받기 위해서가 아니라 그리스도를
닮으려는 마음에서 그래야 한다. "잘하였도다, 착하고 충성된
종아"라는 말을 듣기 위해 그래야 한다.[14]

예수님처럼 행하기를 진심으로 원한다면 반드시 "예" 할 것을
"예" 해야 한다. 바로 이것이 예수님께 배울 시간 관리의 두 번째 원
칙이다.

예수의 원칙 #2 하기로 한 일을 한다
구주 예수를 본받아 내 시간을 구속하려면 지극히 작은 일부터
큰일까지 "예" 할 것은 "예" 해야 한다.

이 원칙을 실천하는 것은 불안과 스트레스를 줄이기 위한 '열쇠' 가운데 하나다. 그렇다면 이 원칙을 어떻게 실천할 수 있는가? 해야 할 일이 산더미처럼 쌓인 상황에서 어떻게 '예' 할 것을 '예' 할 수 있을까? 유일한 해법은 모든 할 일, 모든 열린 고리를 뇌 밖으로 꺼내 믿을 만한 외부 시스템에 집어넣는 것이다.

현명한 시간 관리,
불안과 스트레스를 줄인다

당신이 무슨 생각을 하는지 안다. '내 머릿속에 열린 고리가 있는 이유는 그것들을 할 시간이 없기 때문이야.'

충분히 이해한다. 하지만 바우마이스터의 연구 결과를 기억하는가? 열린 고리들을 뇌에서 내보내기 위해 그것들을 실제로 닫을 필요는 없다. 단지 그것들을 우리 머리 밖에 있는 믿을 만한 시스템 안에 넣어 두기만 하면 된다. 레비틴은 이렇게 설명한다. "〔열린 고리를〕종이에 적는 행위는〔인간의 뇌가〕그것들을 내보내고 신경 회로를 이완시켜 다른 뭔가에 집중하도록 암시적이고 명시적으로 허락해 주는 것이다."[15]

일이 너무 많아서 벅찰 때 해야 할 일 목록을 짜 본 적이 있다면 이 점을 알 것이다. 결혼식을 한 주 앞두고 있을 때나 휴가 전에 일을 마무리하려고 할 때는 해야 할 일이 '정말' 많다. 하지만 해야 할 일 목록을 짜고 나서 기분이 어땠는지 기억나는가? 필시 그 목록의 일을 단 하나도 처리하지 않았음에도 어느 정도 안도감을 느꼈을 것이다. 이런 열린 고리를 구체적으로 표면화하는 단순한 행위 하나만으로 어느 정도 평안이 찾아온다. 매일 매 순간 그런 기분을 느끼고 싶다면 이 책을 계속해서 읽기 바란다. 내가 이 책에서 약속하는 것이 바로 그런 경험이다.

물론 성경에서도 표면화하지 않은 고민거리와 불안 사이의 이런 관계를 엿볼 수 있다. 빌립보서 4장 6-7절에서 사도 바울은 이렇게 말한다. "아무것도 염려하지 말고 다만 모든 일에 기도와 간구로, 너희 구할 것을 감사함으로 하나님께 아뢰라 그리하면 모든 지각에 뛰어난 하나님의 평강이 그리스도 예수 안에서 너희 마음과 생각을 지키시리라." 여기서 바울은 불안과 스트레스를 다루는 해법 중 하나가 걱정거리와 구할 것을, 이 경우에는 기도로써 머릿속에서 내보내는 것이라고 말하고 있다. 존 파이퍼의 사역 팀에서 사역한 적이 있고 베스트셀러 *What's Best Next*(차선은 무엇인가)를 쓴 매트 퍼먼은 빌립보서에 나온 이 구절에 관해 다음과 같이 말했다.

> 이 구절에서 "너희 구할 것을 감사함으로 하나님께 아뢰라"는 걱정거리를 객관화하는 것, 즉 그것들을 머릿속에서 꺼내는 것에 관해서도 말하고 있다. …… 완성되지 않은 것을 일부가 아닌 '모두'

머릿속에서 꺼낸다는 …… 말은 …… 이 구절에서 사도 바울이
제시한 진리와 같은 내용을 말한다.[16]

곧이어 '매우' 실천적인 내용을 다룰 것이다. 해야 할 일을 표면
화하기 위한 검증된 프로세스를 잠시 뒤에 설명하도록 하겠다. 하지
만 먼저 적지 않은 독자가 지금 제시할 법한 우려부터 다루고 싶다.
"왜 해야 할 일 목록에 관한 이야기로 이 책을 시작하죠? 그 목록에는
사소한 일도 많잖아요. 시간 관리에 관한 다른 책들은 모두 이렇게
말하는데요. '목적을 품고서 시작하라.' '오늘 해야 할 큰일 세 가지를
정하고 나머지는 무시하라.' '사소한 일에 신경 쓰지 말라.'"

그런데 문제가 있다. 이미 살펴보았듯이 인간의 뇌는 사소한
일에 신경을 쓸 수밖에 없다. 하나님이 설계하신 뇌는 '작은' 것과
'큰' 것을 구분하지 못한다. 우리가 그것들을 뇌에서 꺼내 믿을 만한
외부 시스템에 두기 전까지는 뇌는 모든 해야 할 일에 계속해서 관
심을 기울인다. 먼저, '이미' 하기로 한 일을 다루어야만 한다. 그런
뒤에야 할 일 목록에서 우선순위를 정하거나 그 목록에 뭔가를 더하
는 것을 고려할 수 있다. '이미' 하기로 한 일을 다루지 않는 것은 마
치 "헐렁한 옷을 입고 수영을 하려는 것과도 같다."[17]

4장에서 해야 할 일의 우선순위를 정하는 데 도움이 되는 큰 목
표를 세울 것이다. 하지만 먼저 열린 고리를 모두 모아서, 이미 하기
로 약속한 일을 모두 포함한 목록을 만들어야 한다. '그런 다음에야'

그 일의 우선순위를 정해서 하나씩 해낼 수 있다. 다시 말해, "예" 할 것을 "예" 할 수 있다.

첫 번째 실습으로 들어가기에 앞서 한 가지 경고하고 싶다. 이번 장은 이 책에서 가장 실천적인 방법이 풍부하게 실려 있다. 아마 학교로 돌아간 기분이 들 만큼 실천해야 할 내용으로 가득할 것이다. 이 내용이 당신과 맞지 않거나 모든 할 일을 관리할 충분한 시스템을 이미 갖추고 있다면 3장으로 넘어가도 좋다. 해야 할 일 목록을 완벽히 통제하고 있다고 자신한다면 이 책의 나머지 부분을 최대로 활용하는 데 이번 실습이 굳이 필요하지 않을 수 있다. 하지만 그렇지 않고 이 문제를 꼭 해결하고 싶다면, 모든 열린 고리를 한곳에 정리하기 위한 불안 완화 시스템을 정말로 원한다면, 이번 장은 '엄청난' 도움이 될 것이다. 준비됐는가? 자, 시작해 보자.

실습 1 ° 작업 흐름(workflow)을 만들라

사람들은 내게 이런 질문을 자주 한다. "어떤 '해야 할 일 목록'(to-do list) 앱을 사용해야 하죠?" 나는 사람이 일하는 방식을 설명한 뒤에 대개 이렇게 말해 준다. "당신에게 가장 필요한 것은 앱이 아니라 작업 흐름입니다."

적절한 작업 흐름은 다음과 같은 것을 할 수 있게 해 준다.

* 모든 열린 고리를 표면화하고 가장 중요한 일에 집중할 수 있다.
* 해야 할 일을 포괄적으로 담은 목록을 정리할 수 있다.
* 필연적인 혼란이 일정을 흐트러뜨릴 때 재빨리 다시 중심을 잡을 수 있다.
* 하지 '않고' 있는 일에 대해 마음이 편하기 때문에 현재에 온전히 집중할 수 있다.
* 자신이 적절한 일을 하고 있기를 바라는 것이 아니라, 실제로 그렇게 하고 있다고 확신할 수 있다.

말도 안 되는 소리처럼 들리는가? 나도 10년 전까지는 그랬다. 나의 첫 회사가 인수된 후 나는 그 업체에서 임원으로 계속해서 일했다. 당시 내 동료였던 에릭 래프리치는 가장 친한 친구 중 한 명이 됐다. 그가 일하는 방식이 내가 전에 함께 일했던 그 누구와도 다르다는 사실을 알아차리기까지는 오랜 시간이 걸리지 않았다. 그는 회의에 온전히 집중했다. 다른 곳에서 자신을 필요로 할까 봐 수시로 휴대폰 확인하는 모습이 그에게서는 전혀 보이지 않았다. 그는 항상 이메일을 제때 확인하고 답장해 주었다. 그리고 무엇보다도 그는 여러 개의 복잡한 프로젝트를 한꺼번에 하면서도 어느 것 하나도 허투루 하지 않았다. 그가 뭔가를 하겠다고 말하면 반드시 해낼 것이라고 확신해도 좋았다. 그는 약속하면 반드시 지켰다.

하루는 그에게 물었다. "비결이 뭡니까? 어떻게 이렇게 일할 수 있나요?" 그는 미소를 지으며 대답했다. "자, 이제부터 당신의 삶을 바꿔 드리죠." 나는 "무조건 따르겠습니다"라고 대답했다(실제로 이런 대화가 오가지는 않았지만 〈해밀턴〉의 팬이 좋아할 것 같아 이렇게 바꾸었다). 그때 그는 내게 앞서 말했던 데이비드 앨런의 책 《쏟아지는 일 완벽하게 해내는 법》에서 소개한 작업 흐름에 관해 알려 주었다. 20년도 더 전에 출간된 이 책은 선풍적인 인기를 끌었다.

개인적으로 나는 내 높은 생산성이 하나님의 은혜라는 사실을 분명히 안다. 하지만 《쏟아지는 일 완벽하게 해내는 법》이 그 은혜를 내게 주시기 위한 하나님의 주된 도구였음을 인정한다.

훌륭한 작업 흐름 덕분에 좋은 결과를 얻는 것도 좋지만, 더 좋은 점은 덕분에 주변 사람이 나를 깊이 신뢰하게 됐다는 것이다. 나는 래프리치가 뭐든 하겠다고 한 것은 하리라 믿었다. 마찬가지로 내 가족과 친구, 팀원들도 내가 특별한 경우가 아니면 말한 대로 지킬 줄 믿는다. 대부분의 경우 나는 약속을 지킨다.

물론 해야 할 일을 관리하는 것에서 나는 전혀 완벽하지 않다. 때로 나도 여느 사람들처럼 실수한다. 하지만 하나님의 은혜로 그런 경우는 극히 드물다. 내가 뭔가를 하겠다고 말하면 특별한 경우가 아니면 할 것이라 믿어도 좋다. 그리고 나는 할 일이 너무 많다는 생각에서 오는 스트레스를 거의 겪지 않는다.

사실, 나는 《쏟아지는 일 완벽하게 해내는 법》의 작업 흐름을 그대로 차용하지는 않았다. 오랜 시간에 걸쳐 나는 그 책에 나온 유익한 내용을 다른 생산성 작업 흐름과 결합해 나만의 독특한 시스템을 만들어 냈다. '실습 2'에서 '실습 5'까지, 내 개인적인 작업 흐름을 자세히 설명하도록 하겠다. 이 작업 흐름이 당신에게 맞는다면 더없이 유익할 것이다. 그렇지 않다면 당신만의 작업 흐름을 만들어 보라. 이번 장을 마칠 즈음에는 급속도로 돌아가는 이 세상에서 자신이 하기로 한 일을 다 해내려면 어떤 식으로든 작업 흐름이 생산성 면에서 '필수'임을 느끼게 될 것이다.

실습 2° 하나의 '할 일 추적 시스템'만 사용하라

편의상 지금부터는 "할 일 추적 시스템"을 주로 CTS(Commitment Tracking System)로 부르도록 하겠다. 이 단어가 위압감을 줄 수도 있다는 것을 안다. 하지만 걱정하지 말라. 내용은 아주 간단하다.

> **할 일 추적 시스템(CTS)** ⌐ **모든 열린 고리를 닫을 때까지**
> **할 일을 한군데로 모아서**
> **추적하기 위한 공간.**

하나의 CTS가 왜 그토록 중요할까? 다음 내용을 포함한(하지만 거기에 국한된 것은 아닌) 다양한 열린 고리가 사방에서 날아오기 때문이다.

* 내 생각 (언젠가 책을 쓰고 싶다)

* 이메일 (이번 주말까지 초고를 이메일로 보내 줄 수 있나요?)

* 포스트잇 메모 (리처드의 수술을 위해 기도해 주세요)

* 달력 (테일러 스위프트 공연 티켓 구매하기)

* 문자 메시지 (그 치과 이름을 한 번 더 알려 줄 수 있나요?)

* 대화 ("~를 해야 해." "~를 가자." "~을 하는 건 어때?" "~ 좀 보내 줘.")

　　열린 고리가 수많은 곳에서 발생하니 우리의 정신이 혼미한 것도 무리는 아니다. 그런데 내가 볼 때 이 모든 할 일을 한 공간에 정리해야 한다는 말은 대부분의 사람이 쉽게 받아들일 것이다. 그것을 싫어할 사람은 없을 테니까 말이다. 하지만 CTS로 이메일 인박스(inbox; 수신함)가 매우 별로인 이유에 관해서는 따로 설명해야 할 것 같다.

　　오늘날 대부분의 직장인에게 이메일은 열린 고리들의 주된 원천이다. 그런데 내가 아는 직장인들은 대부분 이메일을 사실상 모든 할 일을 체크하는 CTS로 사용한다. 직장 생활 초기에는 나도 그랬다. 내가 아침에 가장 먼저 한 일은 이메일을 열어서, 살펴봐야 할 열린 고리가 있는지 확인하는 것이었다. 그다음, 이메일을 '안 읽음'으로 표시하고, 읽어야 할 이메일이 있다는 사실을 기억할 수 있도록 별 표시를 한 뒤에, 이메일을 닫고 나온다. 그런데 하루를 보내다 보면 별 표시를 한 23개의 메일 중에서 무엇이 가장 중요한지 혹은 각 메일 메시지에 대해 정확히 무엇을 해야 하는지 기억하지 못할 정도로 새 메일이 또 쌓인다. 그중에서 아침에 열어 본 메일을 겨우 찾으면, (때로는 16개나 답장이 달린) 메일을 다시 연 다음, 해당 메시지를 찾아 다시 읽어서 무엇을 해야 할지 확인한다. 이런 극단적인 상황이 남 일 같지 않은 사람도 분명 있을 것이다.

결국 나는 이런 식으로 일을 처리하는 게 얼마나 어리석고 비효율적인지를 깨달았다. 이 모든 과정은 열린 고리를 뇌에 저장하는 것과 아무런 차이가 없다. 이메일을 훑어볼 때마다 뇌가 그것으로 무엇을 해야 하는지 다시 기억해야 하기 때문이다. 이것은 엄청난 에너지 낭비다. 그래서는 하나님이 부르신 일을 제대로 해낼 수 없다.

해법은 무엇일까? 이메일을 포함해 열린 고리가 나타나는 모든 곳에서 행동으로 옮길 수 있는 일을 추려 내고 나머지는 삭제하거나 보관함에 옮기는 것이다. '실습 3'에서 이 과정을 정확히 어떻게 할지 구체적으로 설명하도록 하겠다. 하지만 일단 여기서는 이렇게 하기로 결심하자.

모든 열린 고리를 하나의 CTS에 넣어야 한다.

단, 이메일을 CTS로 삼지는 말라.

자, 그렇다면 당신의 CTS로 어떤 도구가 적절할까? 적절한 CTS가 되려면 두 가지 조건을 갖추어야 한다.

* 열린 고리가 나타나는 대로 즉시 넣을 수 있도록 휴대가 용이해야
  한다.
* 해야 할 일의 양과 복잡성에 맞게 정교해야 한다.

즉 종이로 된 CTS는 별로 추천하지 않는다. 종이가 맞는 사람
이 있을까? 물론이다. 에이브러햄 링컨은 워싱턴 거리를 걷다가 떠
오르는 열린 고리를 붙잡기 위해 모자 속에 종이를 넣고 다녔고, 그
방법은 분명 그에게 통했다.[18] 하지만 오늘날 세상은 1800년대보다
훨씬 더 빠른 속도로 돌아간다는 사실에 이의를 제기할 사람은 없으
리라. 아마 이번 장의 나머지 활동을 다 살피고 나면 당신에게도 디
지털 도구가 더 맞다고 확신하리라 장담한다. 하지만 가장 중요한
것은 디지털 도구냐 아니냐가 아니다. 다시 말하지만 가장 중요한
것은 바로 '작업 흐름'이다.[19]

실습 3° 열린 고리를 모으라

할 일 추적 시스템(CTS)은 간단히 말해 다음과 같은 세 종류의
목록을 저장하기 위한 하나의 공간이다.

1. 인박스 목록

2. 프로젝트 목록

3. 행동 목록

　여기서 '인박스 목록'은 '이메일 수신함'을 뜻하는 말이 아니다. 이 목록은 처음 CTS에 들어오는 모든 할 일 목록이다. 이것은 나중에 잘 정의된 일로 바꾸어 '프로젝트 목록'과 '행동 목록'에 넣을 시간이 생길 때까지 사방에서 생기는 모든 열린 고리를 저장하는 곳이다. 하지만 그 방법을 보여 주기 전에, 모든 열린 고리를 임시 공간에서 꺼내 CTS의 인박스 목록에 넣는 습관을 기르는 것이 반드시 필요하다는 점을 강조하고 싶다. 이 중요한 습관을 길러야 하는 이유와 그 습관을 빨리 들일 수 있는 방법을 보여 주는 두 가지 예를 살펴보자.

　당신이 방금 상사인 질에게서 장문의 메모를 읽고 이번 주말까지 피드백을 해 달라는 이메일을 받았다고 해 보자. 이 일, 즉 이 열린 고리를 즉시 다음과 같이 정리할 수 있다.

　"질, 메모, 피드백, 주말까지."

　이것을 CTS의 인박스 목록에 적어 넣는다. 이 열린 고리를 내 CTS에 넣는다면 다음과 같을 것이다.

이제 열린 고리의 단어를 골라냈으니 해야 할 일이 있음을 표시하기 위해 질의 이메일에 안 읽음이나 별, 플래그 표시를 하지 않아도 된다. 이제 무엇을 할지 결정했으니 나중에 또다시 결정하는 것은 지독히 비효율적인 행동이다.[20]

물론 열린 고리가 나타나는 곳은 이메일만이 아니다. 열린 고리는 언제 어디서든 나타날 수 있다. 샤워를 할 때도, 전화 통화를 하다가도, 텔레비전을 보다가도 떠오를 수 있다. 다양한 시나리오 중 하나에서 열린 고리를 골라 인박스 목록에 어떻게 넣을지 살펴보자.

최근 아내 카라와 〈웨스트 윙〉(The West Wing)을 보기 위해 소파에 앉아 있는데 아내가 불쑥 이렇게 말했다. "이제 우리 가족은 다섯 명이니까 피아노 위에 있는 저 사진을 이젠 정말 바꿔야겠어요." 이 일은 주말까지 상사의 메모에 피드백을 보내는 것만큼 시급하지 않으나, 그래도 분명 해야 할 일이다. 아내는 이 일에 대해 어느 정도의 굳은 의지를 표현했고, 이는 바로 열린 고리의 정의다. 이 열린 고리를 내 CTS에 집어넣지 않으면 내가 피아노를 볼 때마다 내 뇌는 할 일이 있다며 은근히 나를 압박할 것이다. 그래서 이 시나리오에서 나는 휴대폰에서 옴니포커스(OmniFocus; iOS 전용 일정 및 할 일 관리 앱)를 실행해서 내 인박스 목록에 '피아노 위 사진'이라고 적었다.

인박스 목록

* 피아노 위 사진.

* 제프 모리스와 저녁 식사를 할지 결정.

* 사진을 마케팅 폴더에 넣어 제나에게 보여 준다.

* 톰에게 전화를 걸어 의제에 관해 물어본다.

* 숀, 후속 조치.

보다시피 이 열린 고리는 분명하게 정의돼 있지 않다. 사진은 어떤 사진인가? 정확히 어떻게 해야 하는가? 이런 질문은 이 단계에서 아직 중요하지 않다. 열린 고리를 인박스 목록에 넣을 때는 나중에 이 열린 고리를 프로젝트 목록과 행동 목록의 항목으로 전환해야 한다는 사실을 기억하는 데 필요한 최소한의 정보만 적으면 된다. 다음 활동에서 인박스 목록을 정확히 어떻게 활용할지 살펴보자. 하지만 먼저 디지털 인박스와 물리적 공간과 머릿속에 있는 모든 할

일, 모든 열린 고리를 다 골라내 CTS의 인박스 목록에 넣는 시간을 가지라.[21]

실습 4° '내 일'이 무엇인지 정의하라

모든 열린 고리를 모아서 할 일 추적 시스템(CTS)의 인박스 목록에 넣는 과정을 마친 뒤에는 대개 뒤섞인 세 가지 감정을 느끼게 된다. 바로 안도감, 버거움, 죄책감이다. 먼저, 처음으로 모든 일을 한 공간으로 모았다는 사실에서 안도감이 든다. 그리고 해야 할 일이 얼마나 많은지를 분명히 보고서 버거운 기분이 든다. 그다음, 하지 않은 일이 많다는 사실에 죄책감을 느낀다. 처음 이 과정을 실천했을 때 나는 세 감정을 모두 느꼈다. 그러니 잠시 숨을 돌리면서 격려의 말을 듣기를 바란다.

첫째, 버거운 기분이 들 때 1장에서 소개한 이 진리를 기억하라. "당신이 당신의 해야 할 일 목록을 완수해야만 하나님의 일이 이루어지는 것이 아니다." 당신은 CTS에 넣은 것을 모두 완수할 수 없으며, 그래도 괜찮다.

둘째, 자신과 다른 사람에게 하기로 약속했지만 지키지 못한 열린 고리가 있다면 복음을 기억하고 자신에게 은혜를 베풀라. 하나님은 당신이 원수일 때 은혜를 베푸셨다(롬 5:10). 그러니 할머니

생신 때 전화하는 것을 깜빡 잊은 자신을 용서하라.

이런 격려의 말에도 여전히 버거운 기분과 스트레스를 느낄 수 있다. 왜일까? 마침내 모든 열린 고리를 모았다 해도 당신의 뇌는 각 고리를 '정확히' 어떻게 해야 할지 여전히 고민 중이기 때문이다. 바우마이스터가 했던 연구가 기억나는가? 그 연구에서 눈앞의 일에 가장 집중할 수 있었던 학생들은 나중에 무엇을 해야 할지 '계획'을 세운 학생들이었다. 열린 고리들을 단순히 CTS의 인박스 목록에 넣는 것만으로는 충분하지 않다. 열린 고리를 뇌에서 완전히 내보내려면 나중에 그 고리들을 어떻게 닫을지 계획을 세워야 한다. 이것이 여기서 실습할 내용이다. 즉 '인박스 목록'의 항목을 '프로젝트 목록'과 '행동 목록'으로 구분해 전환하는 법을 배워 보자. 이 과정이 '내 일'을 정의하는 단계다.

아마 이렇게 말하는 독자가 있을 것이다. "내 일을 정의하라고요? 내 일은 이미 분명하게 정의돼 있는데요?" 그렇지 않다. 이 활동을 본격적으로 하기 전에 먼저 설명해 보겠다.

우리 증조부와 증조모 시대에는 일을 정의할 필요가 거의 없었다. 내 증조부와 증조모는 플로리다주 탬파에서 자라셨는데, 거기서 두 분이 하신 일은 더없이 명확했다. 담뱃잎을 따서, 말고, 라벨을 붙이고, 씻어 내는 일을 반복하는 것이었다. 오늘날 우리 대부분은 이런 종류의 공장 일(공장 일도 중요하며 하나님께 영광 돌리는 일이긴 하지만)을 하지 않는다. 경제학자들은 우리 대부분을 '지식 노동자'로

부를 것이며, 지식 노동자는 일을 하려고 자리에 앉기 전에 그 일이 무엇인지 생각하고 정의해야 한다.

이것은 우리의 해야 할 일 목록에 있는 수많은 항목이 아주 오래전부터 존재해 온 이유 중 하나다. 우리의 해야 할 일 목록에는 실제로 '행할' 수 있는 것으로 분명하게 정의되지 않은 열린 고리가 가득하다. 먼저 우리의 일을 하나님의 영광과 다른 사람의 유익을 위해 실제로 할 수 있는 유형의 것으로 정의하는 정신적인 '첫 번째 창출'이 이루어져야 한다.

많은 사람의 해야 할 일 목록은 '크리스마스', '진료 예약', '휴가를 위한 숙박' 같은 항목들로 가득하다. 이런 목록을 보면 마음이 안정되기보다는 스트레스를 받기 더 쉽다. 이런 항목이 열린 고리를 기억하도록 상기시켜 주는 중요한 역할을 하기는 하지만, 우리의 뇌는 이런 열린 고리가 정확히 무엇이며 이것들을 어떻게 닫아야 할지 결정을 내려야 하기 때문이다.

이것이 인박스 목록만으로는 충분하지 않은 이유다. "예" 할 것은 "예" 하고 생산성을 극대화하려면 인박스 목록 안에 나열된 열린 고리를 잘 정의된 일로 프로젝트 목록과 행동 목록에 구분해 옮겨야 한다. 구체적으로 어떻게 해야 할까? 다음 다섯 가지 질문에 답하면 된다.

Q1 이 열린 고리를 닫겠다는 결심이 여전히 유효한가?

인박스 목록 안에 항목이 벅찰 정도로 많다면 이보다 좀 더 강한 질문을 던질 필요가 있다. "내가 이 항목을 완수하지 '않으면' 큰일이 벌어질까?"

이 질문에 대한 답이 "아니요"라면 그 열린 고리를 인박스 목록에서 삭제하고 다음 항목으로 넘어가라. 나는 보통 이 첫 번째 질문으로 내 열린 고리의 약 4분의 1을 삭제한다. 답이 "예"라면 다음 질문으로 넘어가라.

Q2 내가 실제로 원하는 결과는 무엇인가?

잠시 시간을 내서 당신의 열린 고리에서 진정으로 원하는 결과가 무엇인지 분명히 파악해 보라. 다시 말해, 당신의 뇌가 이 항목에서 열린 고리를 완전히 닫으려면 어떤 일이 일어나야 하는가?

앞서 우리 집 피아노 위에 있는 가족사진 교체를 다시 예로 들어 보자. 그 예에서 나는 내 CTS 인박스 목록에 그 열린 고리에 대해 '피아노 위 사진'이라고 적었다. 하지만 그 결과는 충분히 구체적이지 않다. 이 메모가 내게 무엇을 의미하며 이 열린 고리를 완전히 닫기 위해 무슨 일을 더 해야 하는지를 더 명확히 정의하는 정신적인 '첫 번째 창출'이 이루어져야 한다. 그래서 내 인박스 목록에서 '피아노 위 사진'을 '피아노 위 가족사진 교체'와 같은 더 분명한 결과로 바꾸고 나서, 내 작업 흐름의 다음 질문으로 넘어가야 한다.

Q3 이 열린 고리를 닫기 위해 두 가지 이상의 행동이 필요한가?

이 질문은 매우 중요하다. 그 이유를 보기 위해 또 다른 사례를 살펴보자. 내 인박스 목록에 '젠에게 이 책을 한 권 보낸다'라는 항목이 있다고 해 보자. 일단 겉으로 보면 이 열린 고리를 닫으려면 책을 보낸다는 하나의 행동만 필요해 보일 수 있다. 하지만 자세히 살펴보면 원하는 이 결과를 얻기 위해서는 여러 행동을 해야 한다. 먼저, 젠의 주소를 찾아야 한다. 주소를 찾지 못하면 그녀에게 이메일을 보내 물어봐야 한다. 그다음, 응답이 올 때까지 기다린다. 마지막으로, 젠이 주소를 보내오면 책을 주문해서 그녀의 집으로 배송되게 해야 한다.

이 작업 흐름에서 이처럼 두 가지 이상의 행동이 필요한 열린 고리를 '프로젝트'라 부른다. 물론 이 정의대로 하면 우리가 흔히 프로젝트로 부르지 않는 많은 것이 프로젝트에 포함된다. 단, CTS에서 프로젝트 목록과 행동 목록 사이의 구분은 매우 중요하다. 그 이유는 이렇다. 프로젝트는 원하는 결과와 관련된 일부 행동을 완성하더라도 최종 결과가 완성되지 않았기에 아직 열린 고리가 남아 있다는 점을 알려 주는 역할을 하기 때문이다.[22] 이 점을 더 분명히 이해하기 위해 한 가지 사례를 더 살펴보자.

나는 팟캐스트 방송을 녹음한 뒤 그 오디오 파일을 피디인 크리스에게 보낸다. 그러면 크리스는 어떻게 편집할지 결정하고, 그 내용을 기술 편집자에게 보내 최종 방송본을 제작하게 한다. 기술 편집자가 편집을 해 최종 파일을 크리스에게 보낸다. 크리스는 그 파일을 팟캐스트 호스팅 서버에 업로드한다. 내가 그 최종 파일을 마지막으로 한 번 더 검토한 뒤 팟캐스트 방송 일정을 잡는다.

우리가 '1월 6일 전에 팟캐스트 방송 76회분을 내보낸다'는 원하는 결과를 완성하기 전까지 나는 내 열린 고리를 닫을 수 없다. 내가 '팟캐스트 방송 76회분을 녹음한다' 혹은 '파일을 크리스에게 보낸다'라고만 썼다면 그 행동에 체크하고 나서 더 큰 결과를 깜박 잊기 쉽다. 그러면 빨리 다음 방송을 보내 달라는 이메일 요청이 빗발칠 수 있다(물론 나만의 꿈일 수도).

당신처럼 나도 벌인 일이 많다. 마감 기한, 원하는 결과, 나와 우리 팀이 다음번에 해야 할 일을 모두 기억하기 위해 내 뇌를 혹사시킬 수는 없다. 잠재력을 최대한 발휘하기 위해 나는 그런 열린 고리를 완전히 닫을 때까지 내 뇌에서 꺼내 CTS에서 관리해야 한다. 데이비드 앨런은 이렇게 설명한다. "프로젝트 목록은 다음 행동이 모두 궤도를 따라 적절하게 움직이도록 하기 위해 우리 앞에 〔가지런히〕 놓는 결승선들의 집합이다."[23]

이 작업 흐름을 따르다 보면 당신이 원하는 결과의 '대부분'이 프로젝트임을 발견하게 될 것이다. 따라서 인박스 목록에서 한 가지 항목을 고르라. 이 열린 고리를 닫고 원하는 결과를 얻기 위해 두 가지 이상의 행동이 필요할지 질문하라.

"예"라는 답이 나오면 인박스 목록에서 원하는 결과를 CTS 프로젝트 목록에 붙이라. 그리고 나서 Q4로 넘어가 그 프로젝트를 위한 다음 행동을 정의하라.[24]

프로젝트 목록

* 피아노 위 가족사진 교체.

* 1월 6일 전에 팟캐스트 방송 76회분을 내보낸다

(2022년 1월 6일 마감).

> * 수정한 원고를 베키에게 보낸다
>
> (2022년 1월 25일 마감).

열린 고리를 닫기 위해 두 가지 이상의 행동이 필요하지 않다면 이미 다음 행동을 규명한 셈이다. 그렇다면 이 작업 흐름에서 Q4를 건너뛰고 마지막 질문으로 넘어가도 좋다.

Q4 '다음 행동'은 무엇인가?

더 구체적으로 하자면, 프로젝트 완성에 한 걸음 더 가까이 다가가기 위해 할 수 있는 다음번 '물리적' 행동은 무엇인가? 아렌델의 안나 여왕의 말을 빌리자면, '다음 행동'이란 열린 고리를 닫기 위해 할 수 있는 "다음번 옳은 일"이다.[25]

왜 프로젝트 목록을 만드는 것만으로 충분하지 않을까? 왜 프로젝트 목록 안의 각 항목에 대해 다음번 행동을 정의해야 할까? 사실상 우리가 프로젝트 자체를 '할' 수는 없기 때문이다. 우리는 그 프로젝트를 진행시키는 물리적 행동만 할 수 있다.

많은 사람이 해야 할 일 목록 앞에서 버거운 기분이 드는 것은 그 목록에는 물리적으로 '할' 수 있는 게 아무것도 없기 때문이다. 내가 앞서 언급한 목록으로 돌아가 보자.

* 크리스마스

* 진료 예약

* 휴가를 위한 숙박

이것들은 해야 할 일이 아니다. 우리는 크리스마스를 '할' 수 없다. 이 목록은 모두 프로젝트로(Q3에서 했던 일), 프로젝트를 완성시킬 물리적 행동으로 분명히 정의하고 전환해야 하는 열린 고리들이다. 각 프로젝트에 대해 물리적인 '다음 행동'을 정의하지 않으면 프로젝트 목록을 볼 때마다 이를 완성하기 위해 정확히 무엇을 해야 할지 기억해야 해서 귀중한 뇌의 에너지를 낭비하게 된다.

몇 년 전 나는 몇 달 만에 20킬로그램 넘게 살을 뺐다. 사람들이 비결을 물었을 때 내 답이 너무 단순해서 실망했을 게 분명하다. 나는 내 인박스 목록의 구체적이지 않은 열린 고리("살을 뺀다")를 내 프로젝트 목록에서 잘 정의된 항목으로("12월 31일까지 20킬로그램 이상의 살을 뺀다"), 그 목표를 달성하기 위해 최종적으로 정의된 다음번 '물리적 행동'("내 칼로리를 확인하기 위해 건강 관리 앱 마이피트니스팰을 다운로드한다")으로 전환했다. 그리고 나서 그다음, 또 그다음 행동을 정의했다("오늘 내가 식당에서 먹은 음식의 칼로리를 기록한다"라는 지속적인 할 일). 그리고 이 과정을 계속해서 반복했다.

바로 이것이 비결이었다. 너무 단순하게 들리는가? 그렇다. 당신을 포함해서 누구나 할 수 있을 만큼 단순하다. 마틴 루터 킹 주니어는 이런 말을 했다. "계단 전체를 볼 필요가 없다. 첫 계단만 밟으면 된다."[26] 바로 이것이 '다음 행동'의 정의이며, 이 질문이 그토록 중요한 이유다.

지금쯤 짐작했겠지만 프로젝트 목록의 각 항목에 대한 '다음 행동'은 CTS의 행동 목록으로 옮겨진다. 단, 이 행동 목록에 항목을 더하기 전에 한 가지 질문을 더 던져야 한다.

Q5 이 행동을 완료하는 데 2분이 채 걸리지 않는가?

답이 "예"라면 지금 당장 하라. 왜일까? 할 일을 할 일 추적 시스템(CTS)에 저장하고서 나중에 하는 것보다 바로 하는 것이 더 효율적이기 때문이다.

이번 장에서 하나만 건져야 한다면 이 '2분 법칙'을 꼭 기억하기를 바란다. 이것만으로도 당신의 삶이 달라질 수 있다. 나와 내가 이 작업 흐름을 가르쳐 준 많은 사람에게 이 법칙은 그야말로 게임 체인저였다.

행동을 완료하기까지 2분 이상 걸린다면 CTS 행동 목록에 추가하라. 프로젝트 목록은 모든 해야 할 일의 결승선을 모아 놓은 것인 반면, 행동 목록은 실제로 해야 할 일의 목록이다. 이 행동을 하면 매일 이 결승선을 향해 나아갈 수 있다.[27]

행동 목록이나 프로젝트 목록의 한 항목에 마감 기한이 있다면 CTS에서 그 항목에 마감 날짜를 더하라. 단, 마감 기한을 매우 진지하게 여겨야 한다. 단순히 특정 날짜까지 하기를 '원한다는' 이유로 날짜를 정하지 말라. 특정한 시간까지 '반드시' 해야만 하는 일에 대해서만 마감 기한을 정하라. 왜일까? 예기치 못한 모임이 생기거나 아이가 조퇴해서 학교로 데리러 가야 하는 일이 생기면 그날 해야 하는 일이 바뀔 수 있기 때문이다.

이렇게 마감 기한을 정한 항목을 일정표에 적지 말아야 하는 이유는 무엇일까? 남들이 부탁하는 일이 늘어나면(당신이 책에서 배운 대로 해서 주변 사람의 신뢰를 얻으면 부탁받는 일이 늘게 된다) 일정표가 금방 꽉 차기 때문이다. 일정표를 최대한 비우고 다른 사람과 자신에게 약속한 일에만 집중해야 한다(이에 관해서는 5장과 7장에서 더 자세히 살펴보자).

이 작업 흐름을 마무리하기 전에 한 가지만 더 짚고 넘어가자. 프로젝트에서 '다음 행동'은 다른 사람의 행동을 기다리는 경우도 많다. 예를 들어, 내가 팟캐스트 방송을 녹음한 뒤 내 프로젝트('1월 6일 전에 팟캐스트 방송 76회분을 내보낸다')를 위한 '다음 행동'은 '크리스에게서 76회분 방송이 내 마지막 검토만 남기고 완료됐다는 통보가 오기까지 기다린다'이다. 다른 사람이 할 행동도 당신이 직접 하는 것과 똑같이 취급하라. 즉 이를 행동 목록에 넣고 추적하라.

행동 목록

* 크리스에게서 76회분 방송이 내 마지막 검토만 남기고 완료됐다는 통보가 오기까지 기다린다 (2022년 1월 4일 마감).
* 휴대폰에서 가장 적절한 가족사진을 고른다.
* 이 책 2장에 대한 베키의 피드백을 자세히 읽어 본다.
* 더 링어에서 테일러 스위프트의 프로필을 읽어 본다.

좋다. 이제 일을 정의하기 위한 다섯 가지 질문을 다 던졌으니 모든 것이 어떻게 연결되는지를 보여 주는 97페이지의 작업 흐름도를 보라.[28]

이쯤에서 이렇게 말하는 사람이 있을지 모르겠다. "내 CTS의 모든 항목마다 이 질문을 다 던지려면 하루 종일 걸려도 모자라겠네요." 전혀 그렇지 않다. 조금만 연습하면 인박스 목록에 있는 대부분의 항목에 30초도 안 걸려 다섯 가지 질문을 모두 던지고 답할 수 있을 것이다.[29]

"좋아요. 그렇게 하는 법을 배울 수 있다고 치자고요. 하지만 겨우 사진 하나 진열하자고 작업 흐름도까지 동원한다? 좀 과한 것 아닌가요?"

절대 과하지 않다는 이유를 설명하면서 이번 활동을 마무리하도록 하겠다. 사실 이 다섯 가지 질문은 당신이 뭔가를 할 때마다 '이미' 스스로에게 하고 있는 질문이다. 물론 의식적으로 하지는 않을 것이다. 정확히 이런 용어를 사용하지도 않을 것이다. 하지만 분명 당신은 이런 질문을 던지고 있을 것이다.

이 작업 흐름도는 단순히 '당신의 일'을 정의하는 작업을 정리한 것일 뿐이다. 예를 들어, 휴대폰이 느려져서 곧 새 휴대폰을 장만해야 할 것 같으면 결국 그 프로젝트를 위한 '다음 행동'을 정의해야 한다. 문제는 대부분의 사람이 중요한 통화 도중에 휴대폰이 완전히 망가지는 지경에 이를 때까지 기다린다는 것이다. 그렇게 되면

인박스 목록

Q 1
이 열린 고리를 닫겠다는
결심이 여전히
유효한가? — 아니요 → 삭제하라

예

Q 2
실제로 원하는 결과는
무엇인가?

Q 3
두 가지 이상의 행동이
필요한가?

예

프로젝트 목록

Q 4
'다음 행동'은 무엇인가?

Q 5
2분이 채 걸리지 않는가? — 예 → 지금 바로 하라

아니요

아니요

행동 목록

다음 행동은 '최대한 빨리 휴대폰 매장으로 달려가라'밖에 될 수 없다. 선택은 당신의 몫이다. "사건이 발생할 조짐이 보일 때, 사건이 크게 터질 때", 둘 중 언제 당신의 일을 정의할지 선택해야 한다.[30] 언제를 선택하겠는가?

실습 5° '할 일 추적 시스템'을 유지하라

'실습 1'에서 '실습 4'까지 완성했다면 어려운 부분은 이제 끝났다. 시간을 구속하는 일이 잘 진행되고 있다. 아마도 세상 꼭대기에 오른 기분이 들 것이다.

하지만 안타까운 사실이 있다. 이 지점에서 대부분의 사람이 실패한다. 나는 할 일 추적 시스템(CTS)에 많은 시간을 쏟고 나서 몇 주 뒤에 흐지부지 원 상태로 돌아가는 사람을 많이 봤다. 당신은 그렇게 되지 않기를 바란다. 고생이 헛수고가 되지 않으려면 한 가지가 더 있어야 한다. 당신의 CTS를 유지하기 위해 이 작업 흐름을 매일, 매주 빠짐없이 해야 한다.

매일

CTS를 유지하기 위해서는 평일에 매일 이메일을 비롯한 임시 인박스에서 열린 고리를 골라내 CTS의 인박스 목록에 넣고 인박스 목록의 모든 항목을 프로젝트 목록과 행동 목록의 잘 정의된 일로 구분해 전환하는 시간을 반드시 가져야 한다. 그렇다. 매일 인박스를 제로(0) 상태로 비우라는 말이다. '실습 3'과 '실습 4'의 작업 흐름이 습관이 되면 매일 전체 과정을 하는 데 15-30분밖에 걸리지 않을 것이다.

매주

데이비드 앨런은 이렇게 말했다. "자신이 하지 않고 있는 것을 모두 '알아야만' 그것들을 하지 않는 것에 대해 불안해지지 않는다."[31] 자신이 하지 않는 것을 뇌가 알 수 있는 방법은 매주 검토를 쉬지 않는 것이다. 매주 프로젝트 목록을 검토하고 프로젝트에 완료 표시를 하거나 프로젝트를 진행하기 위한 새로운 다음번 행동을 행동 목록에 더함으로써 열린 고리를 닫으라. 매주 하는 검토는 이 작업 흐름을 하나로 묶어 주는 접착제와도 같다.[32]

퍼즐 조각 모으기

이제 해야 할 일을 한군데에 모았으니 가장 중요한 일에 집중하기 위해 프로젝트 목록과 행동 목록의 우선순위를 어떻게 정할 것인가? 먼저 소음의 왕국에서 벗어남으로써 우리의 CTS에서 진정으로 중요한 게 무엇인지 고민하고 탐구하기 위한 공간을 창출해야 한다. 이것이 우리가 3장에서 모을 퍼즐 조각이다.

REDEEMING
YOUR TIME

✓ **시간 관리 대원칙 3**

소음의 왕국에서 벗어난다

구주 예수를 본받아 내 시간을 구속하려면 소음을 차단
하고 침묵과 고요와 성찰의 여지를 만들어 내기 위해
씨름해야 한다.

정장 차림에 넥타이를 매고서 저 아래 구름 떼 같은 인파를 내려다보는 마틴 루터 킹 박사의 사진. 25만 명 이상의 군중이 킹이 방금 전한 미국을 위한 꿈에 관한 연설에 박수를 보내고 있다.[1] 킹은 링컨 기념관의 연단과 워싱턴 기념탑 사이에 있는 반사의 연못(reflecting pool)에 늘어선 군중을 향해 미소를 지으며 손을 흔들고 있다. 이 사진은 미국의 중요한 역사를 대변하는 사진 중 하나다. 어느 정도 세월이 흐른 지금, 역사는 그 순간을 킹의 삶에서 가장 생산적인 시간으로 기억하고 있다. 하지만 킹이 1950년대와 1960년대라는 어수선한 시대의 한복판에서 자신만의 '성찰(reflection)의 연못'을 확보하지 않았다면 이런 일은 일어나지 않았을지도 모른다.

이 역사에 길이 남을 연설을 하기 9년 전, 킹은 앨라배마주 몽고메리의 한 교회에서 목회를 시작했다. 나중에 그곳은 로자 파크스가 백인 승객에게 자리를 양보하고 버스 뒤쪽의 흑인 좌석으로 이동하기를 거부한 죄로 체포되면서 공민권운동의 진원지가 됐다. 몽고메리의 흑인 주민들은 이 불의에 맞선 평화 시위 도중 1년간의 버스 보이콧 운동을 벌였고, 그 일로 킹은 전국적인 유명 인사로 떠올랐다.

그때부터 킹의 삶은 혼란스럽고 떠들썩했다. 자서전에서 그는 이렇게 말했다. "이른 아침부터 늦은 밤까지 전화벨이 쉴 새 없이 울렸고 초인종이 잠잠한 시간이 거의 없었다."[2] 모두가 그를 원하는 바람에 그는 가만히 앉아서 공민권운동을 위해 무엇이 가장 중요한지를 돌아보기가 거의 불가능할 지경이었다. "홀로 집중하고 성찰할 수가 없어서 지독히 답답했다."[3]

조용한 성찰의 시간이 절실했던 킹은 마침내 특단의 조치를 취했다. 아예 몽고메리에서 조지아주 애틀랜타로 이사하기로 작정한 것이다. 애틀랜타에서는 "다가올 큰 시련에 관해 깊이 고민하기" 위해 필요한 조용한 시간을 낼 수 있으리라 판단했기 때문이다. "이렇게 꽉 찬 스케줄 속에서 계속해서 살 수는 없다고 생각했다. …… 성찰의 시간을 갖지 않으면 개인적으로 나 자신만이 아니라 이 운동 전체가 지장을 받을 수밖에 없었다. 그래서 그렇게 해야 한다는 도덕적 의무를 느꼈다."[4]

킹과 마찬가지로 당신과 나는 우리의 시간을 구속하기 위해 고독을 추구해야 할 도덕적 의무가 있다. 왜일까? 그 어느 때보다도 지금 우리는 C. S. 루이스의 소설 속 악마 스크루테이프가 말한 "소음의 왕국"에 살고 있기 때문이다.[5]

소음 중독

우리는 소음이 유례없이 많은 시대에 살고 있다. 단순히 끊임없는 뉴스와 엔터테인먼트, 호주머니 속에서 징징거리는 기기들이 낳는 '외적' 소음의 증가만을 말하는 게 아니다. 여기서 나는 주로 이런 외적 소음이 일으키는 것, 즉 '내적' 소음에 관해 말하려 한다. 이번 장에서 말하는 "소음"을 다음과 같이 분명히 정의하고 싶다.

**소음 ⌐ 조용히 성찰하지 못하도록 방해하는
외부 정보와 오락 거리.**

오늘날 우리는 마틴 루터 킹이 지키려고 그렇게 애썼던 침묵과 성찰을 거의 뿌리째 뽑아 버렸다. 곧 보겠지만, 침묵과 성찰은 우리의 시간을 구속하기 위한 '중요한' 요소들이다.

하지만 소음이 시간 관리와 관련된 고질적인 문제와 연관이 있다는 점을 보이기 전에, 먼저 이와 관련된 내 개인적인 이야기를 잠시 나누고 싶다. 10년 전에 나를 알았던 사람이라면 이번 장에서 이야기하는 이 사람을 알아보지 못할 게 분명하기 때문이다.

나는 일찌감치 소음에 중독돼 있었다. 심지어 스마트폰이 생기기도 전에(그렇다, 나는 나이를 꽤 먹었다) 날마다 오락 거리와 각종 정보, 특히 뉴스에 빠져 살았다. 가장 부끄러운 내 어린 시절 취미 중 하나는 신문에서 내가 좋아하는 정치인 사진을 오려 콜라주를 만드는 것이었다. 어릴 적 내 방에는 조지 W. 부시, 콘돌리자 라이스, 코리 부커, 그리고 내가 10대 청소년 시절 좋아한 바바라 부시(조지 W.부시의 딸)의 포토 몽타주가 걸려 있었다.

대학 시절, 인류의 스마트폰 발명과 함께 나의 소음 사랑은 새로운 차원에 접어들었다. 나는 2004년 대학교에 블랙베리(Black Berry) 스마트폰을 가져온 몇 안 되는 학생 중 한 명이었다. 그 휴대폰이 멋져 보여서라기보다 단 하나의 뉴스라도 놓치는 걸 견딜 수 없었기 때문이다. 나아가, 단 5분간의 따분함도 참을 수 없었다. 소셜 미디어가 나타나자 그야말로 게임 끝이었다. 휴대폰은 사실상 내 손바닥에 딱 붙어서 살았다. 나는 끊임없이 '좋아요'를 클릭하고 문자 메시지를 보내고 트윗을 했다.

정신 나간 사람 취급을 당할 게 뻔한데 내가 왜 이 창피한 이야기를 하고 있을까? 10년 전의 옛 조던 레이너와 현재의 새 조던 레이너를 비교해서 보여 주기 위해서다.

옛 조던은 하루에도 수십 번 정신없이 트윗을 했지만, 현재 나는 기껏해야 1년에 10여 번 트윗을 한다. 옛 조던은 대놓고 매일 스마트폰을 대여섯 시간 사용했지만, 이번 주에 나는 스크린 보는 데 하루 평균 33분만 썼다. 옛 조던은 모든 뉴스를 하나도 빠짐없이 챙겼지만 오늘날 나는 뉴스를 거의 보지 않는다. 신문도 인터넷 뉴스도 보지 않는다. 팟캐스트 뉴스도 안 본다. 나는 소음의 왕국에서 거의 완전히 몸을 뺐다. 스물네 살의 내가 볼륨 10에 해당하는 소음이 가득찬 삶을 살았다면 서른네 살의 나는 볼륨 2의 크기로 조절한 삶을 살고 있다.

나를 괴팍한 사람으로 치부하고서 이 페이지를 넘기기 전에 한 마디만 더 듣고 가 주길 바란다. 그렇다고 내가 소음이 완전히 차단된 볼륨 0의 삶을 살고 있지는 않다. 나는 은둔자가 아니며, 앞으로도 그럴 생각이 없다. 이 책에서 나는 당신의 시간을 구속하기 위해 인스타그램(Instagram)을 삭제하거나 스마트폰을 없애라고 말하지 않을 것이다. 나 역시 여전히 아이폰이 있으며 잘 사용 중이다. 아니, 나는 내 아이폰을 '좋아한다.' 지도와 성경, 일정 관리 앱 같은 건 내게 없어서는 안 될 것들이다. 공항에 묶여 있을 때 휴대폰으로 넷플릭스를 보면 시간이 그렇게 잘 갈 수가 없다. 휴대폰으로 〈해밀턴〉과 테일러 스위프트의 음악을 들을 수 있는 것도 좋다.

이것들은 내가 지닌 가장 시끄러운 기기 덕분에 누릴 수 있는 '유익한' 것들이다. 하지만 은혜로우신 하나님은 휴대폰을 비롯해서 내 삶 속의 시끄러운 기기들이 좋은 도구로서만이 아닌 침묵, 고독, 성찰 같은 것을 모두 없앨 '무시무시한' 힘을 지니고 있다는 사실을 내게 깨우쳐 주셨다.

"잠깐, 소음 문제나 침묵을 추구하는 것이 시간 관리와 생산성과 도대체 무슨 상관이 있다는 거죠?" 최소한 다섯 가지 상관관계가 있다.

소음의 악영향

생각하는 능력을 약화시키다

케빈 드영 목사는 이런 말을 했다. "우리는 항상 손가락을 움직이지만 좀처럼 생각하지는 않는다."[6] 정확한 지적이다. 머릿속에 소음이 가득하면 말 그대로, 생각할 정신적 공간이 없다. 그리고 분명한 사고를 할 수 없으면 해야 할 일의 적절한 우선순위를 정하고 하나님이 주신 일을 효율적으로 해낼 수 없다. 좋은 결과는 좋은 생각을 요구하며, 좋은 생각은 깊은 고독을 요구한다. 하지만 수많은 정보와 남들 의견에 파묻힌 삶에서 의식적으로 빠져나오기 전까지는 오로지 생각에만 집중하는 시간을 낼 수 없다. 베스트셀러 저자 라이언 홀리데이는 이 점을 잘 설명해 준다.

> 정보에 파묻혀 살면 (행복해지는 것은 말할 것도 없고) 분명하게
> 생각하거나 행동하기가 매우 어렵다. 이것이 변호사들이 상대편을
> 서류에 파묻히게 하려는 이유다. 이것이 정보 조직이 적들에게
> 선전을 퍼붓는 이유다. 그것들은 적들이 진실의 낌새를 채지 못하게
> 하기 위함이다. 이런 전술의 목표를 가끔 분석 '마비'로 부르는 것은
> 결코 우연이 아니다.[7]

CNN이 1980년대에 24시간 뉴스 방송이라는 새로운 개념을 선

보였을 때 정치학자들은 논스톱 뉴스가 정치인들의 의사결정에 미치는 영향을 연구하기 시작했다. 결과는 예상대로였다. 과도한 미디어 소비에서 벗어난 "조용한 시간의 부재"[8]로 인해 선출직 공직자들의 "결정은 급하게, 때로는 위험할 정도로 성급하게 이루어진다."[9]

학자들은 이 현상을 CNN 효과라 부른다. 이 효과가 1980년대와 1990년대에는 주로 대통령과 수상들에게 영향을 미쳤지만, 오늘날에는 거의 모든 사람에게 영향을 미친다. 우리는 CNN 같은 뉴스만이 아니라 팟캐스트, 블로그, 소셜 미디어에서 밀려드는 정보의 무지막지한 홍수 속에서 죽어 가고 있다. 그리고 물론 이런 소음의 원천은 '정보' 과부화만이 아니라 '의견' 과부하를 일으킨다.

내가 과학기술 스타트업 스레숄드 360(Threshold 360)의 CEO일 때 투자자 중 한 명이 내게 물었다. "다른 기업에 투자를 고려할 때 해당 기업 창업자와 CEO에게서 확인해야 하는 가장 중요한 기술은 무엇입니까?" 그때 나는 조금의 고민도 없이 대답했다. "가장 중요한 것과 소음을 분간할 줄 아는 능력입니다."

스타트업, 아니 오늘날 그 어떤 일에서든 새로운 정보와 의견이 사방에서 끊임없이 날아온다. 이메일이나 소셜 미디어 피드를 열 때마다 새로운 시장 조사 결과, 다양한 제품 아이디어, 자신을 만나는 것이 가장 효율적인 시간 사용이라고 강조하는 서너 사람들의 메시지를 발견하게 된다. 그렇다 보니 가장 중요한 것을 분간해서 거기에 집중하기가 극도로 어렵다. 한 노벨 수상자는 이런 말을 했다. "정보의 부는 관심의 빈곤을 낳는다."[10]

하지만 정보 자체가 나쁜 것은 아니다. 정보는 그야말로 선물이다! 문제는 정보의 흐름이 '한시도 멈추지 않을' 때다. 중요한 것과 소음을 분간하려면 어느 시점에서 정보와 의견의 수도꼭지를 잠그고서 '생각'에 집중해야 한다. 홀로 조용히 있는 시간에만 중요한 것과 중요하지 않은 것을 구분할 수 있다. 프레드 로저스는 이에 관한 명언을 남겼다. "그냥 조용히 생각하라. 그러면 세상이 달라질 것이다."[11]

소음은 생각하는 능력을 약화시킨다. 그리고 생각할 틈을 내지 않으면 중요한 것과 소음을 분간하고, 해야 할 일의 적절한 우선순위를 정할 수 없다. 그리고 그렇게 우선순위를 정하지 않으면 하나님이 부르신 일에 집중할 수 없다.

창의력을 약화시키다

따분함 덕에 내가 가장 좋아하는 텔레비전 프로그램이 탄생했다. 애런 소킨은 그저 따분해서 처음 대사라는 걸 써 보게 됐고, 그것이 나중에는 〈웨스트 윙〉(내 최애 드라마), 〈소셜 네트워크〉(The Social Network), 〈머니볼〉(Moneyball) 같은 역작으로 이어졌다. 소킨은 그 과정을 이렇게 설명했다.

어느 날 밤, 나는 …… 작은 원룸에 있었다. …… 아는 사람은 다 마을 밖으로 나가 있었다. 호주머니에 3달러도 없었다. 이 원룸 안에는 반자동 타자기 한 대가 놓여 있었다. …… 텔레비전은 망가져 있었다. 전축도 망가졌다. 할 일은 종이 한 장을 타자기에 넣고 타자를 치는 것뿐이었다. …… 지독히 따분했다. …… 나는 밤새 글을 썼고, 그 밤이 아직까지 끝나지 않은 것 같다.[12]

소킨처럼 C. S. 루이스도 따분하지 않았다면 《나니아 연대기》(Chronicles of Narnia) 시리즈를 쓰지 못했을지 모른다. 루이스는 1900년대 초 아일랜드의 시골에서 자랐는데, 그곳에서는, 특히 비가 자주 오는 시기에는 할 일이 많지 않았다. 한 전기 작가에 따르면 루이스와 그의 형제는 "종일 각자 이야기를 지어냈다. …… 이 어린 시절의 소일거리가 나니아의 시작이지 않았을까 싶다. 이 소일거리는 밖에서 아일랜드의 보슬비가 천천히, 그리고 꾸준히 내리는 동안 종일 집 안에서 보낼 때의 지루함과 싸우기 위한 그들의 방식이었다."[13]

물론 오늘날 따분함(소음이 적은 상태로 정의할 수 있는 것)은 소킨이 살던 1980년대나 루이스가 살던 1900년대 초보다 극히 드물다. 오늘날 우리의 삶 속에 소음이 가득하다 보니 따분함이 거의 소멸될 지경이다. 그리고 바로 이것이 문제다. 소음의 부재는 창의성에 필수이기 때문이다.

당신은 가장 창의적인 아이디어를 어디에서 얻는가? 십중팔구 가장 많이 나온 답변은 "욕실에서"일 것이다. 욕실은 지구상에서 마지막 남은 소음 청정 구역 중 한 곳이기 때문이다. 욕실은 고독을 찾을 수 있는 유일한 장소 중 하나다.

소음은 지루할 상황을 없애서 창의력을 발휘할 기회를 빼앗는다. 그리고 하나님이 주신 창의력의 선물을 발휘할 기회가 없으면 생산적으로 살기가 훨씬 더 힘들어진다.

깊이를 배양하는 능력을 약화시키다

5장에서 우리는 방해받지 않고 일에 몰두하는 "딥 워크"(deep work)라는 중요한 습관에 관해 자세히 탐구할 것이다. 하지만 지금은 양질의 일, 집중된 일을 하기 위해서는 소음의 왕국에서 벗어나는 것이 필수라는 점만 알고 넘어가도 충분하다. 연구에 따르면, 머릿속을 소음으로 가득 채우다가 책상으로 돌아올 경우 일에 집중하기가 훨씬 더 힘들어진다고 한다. 일에 깊이 들어가고 싶을 때 깊이 들어가려면 "주의 산만한 것에 의존하는 습관을 버려야" 한다.[14]

물론, 침묵과 성찰이 없으면 일터에서는 물론이고 가정에서 보내는 시간의 깊이도 떨어질 수밖에 없다. 하나님은 인간의 뇌가 정보를 받아들이기만 하도록 설계하시지 않았다. 하나님은 우리가 여러 정보에 관해 생각하고 그 정보들을 창의적으로 연결하도록 창조하셨다. 그렇다면 우리가 혼자서 이런 생각을 할 시간을 내지 않으면 어떤 일이 벌어질까? 배우자나 자녀, 친구 등 다른 사람과 함께 있을 때 이런 정보에 관한 생각을 하게 된다. 심지어 '외적' 소음이 꺼진 뒤에도(예를 들어, 휴대폰을 멀찍이 치우거나 텔레비전을 끈 뒤) '내적' 소음은 여전히 시끄럽게 울린다. 우리의 뇌가 하루 종일 받은 정보를 처리하고 연결하느라 바쁘기 때문이다.

내가 이번 장에서 나눌 활동을 실천하지 않으면 여지없이 큰 문제가 발생한다. 깊이 생각할 침묵의 시간을 종일 한 번도 갖지 않으면 저녁에 몸은 가족과 식탁에 둘러앉아 있어도 정신은 완전히 다른 곳에 가 있을 것이다. 딸이 뭔가를 물어도 낮에 소비한 모든 정보를 처리하느라 듣지 못할 것이다.

아내와 아이들에게 집중하지 못하고 다른 생각을 하고 있을 게 틀림없다. '이 프로젝트를 저 프로젝트와 어떻게 연결해야 할까? 이번에 새로운 인력을 뽑아서 일석이조의 효과를 거둘 수는 없을까?' 침묵과 고독의 시간을 갖지 않은 결과, 현재에 온전히 집중하지 못한다. 이것이 논스톱 소음의 작용이다. 이 소음은 일터와 가정에서 깊이를 배양하는 능력을 약화시킨다. 목적으로 충만하고 현재에 집중하며 생산적이지 '못하게' 만든다.

평안을 약화시키다

2007년에 세 가지 일이 일어났다. 첫째, 스티브 잡스가 아이폰을 출시해, 선진국에서는 스마트폰 없는 사람을 거의 찾아보기 힘든 미래가 찾아왔다. 둘째, 미국에서 이전의 10년에 비해 생산성이 59퍼센트 떨어진 10년이 시작됐다.[15] 셋째, 불안증을 비롯한 정신 건강 문제가 전 세계적으로 갑자기 폭증했다. 특히, 10대 청소년에게서 이 문제가 두드러지게 나타났다. 소음의 왕국이 강해지면서 우리는 덜 생산적이게 되고 훨씬 더 불안해지고 있다.

샌디에이고주립대학교(San Diego State University) 교수인 진 트웬지 박사는 20년 넘게 젊은이들의 심리적 상태를 연구해 왔다. 2012년쯤, 그는 1995-2012년 사이에 태어난 아이들, 즉 아이세대(iGen; 사이버 세대)라 불리는 세대의 정신 건강 패턴이 극적으로 변했다는 사실을 발견했다. 그에 따르면 이 세대에서 "10대 청소년 우울증과 자살률이 급증했다."[16] 그는 이 데이터에 관해 다음과 같이 말했다.

선 그래프의 완만한 경사는 가파른 산과 깎아지른 벼랑으로 변했고, (아이세대 이전의) 밀레니얼 세대의 두드러진 특징이 사라지기 시작했다. 1930년대까지 거슬러 올라가는 세대별 데이터에 관한 내 모든 분석에서 이와 같은 현상은 전에는 본 적이 없다. ……
아이 세대와 함께 수십 년 만에 최악의 정신 건강 위기가 오기 직전이라고 말해도 과언이 아니다.[17]

트웬지는 불안의 이런 급증이 "스마트폰을 소유한 미국인 비율

이 정확히 50퍼센트를 초과한 시점"과 일치했다고 덧붙였다.[18]

데이터를 보면 한 가지 사실이 점점 더 분명해진다. 오늘날 소음의 대부분은 아닐지라도 많은 부분을 만들어 내는 기기인 스마트폰이 우리에게서 침묵을 앗아 가고 일터와 가정에서 우리를 점점 더 불안하게 만들어 가고 있다는 것이다.

물론 불안을 낳고 평안을 앗아 가는 것은 스마트폰만이 아니다. 이 세상의 모든 소음이 그렇다. 이 문제의 다른 주요 용의자는 쉼 없는 논스톱 뉴스 문화다. 〈타임〉(Time)에 다음과 같은 기사가 실렸다.

> 미국인의 절반 이상은 뉴스를 보고 스트레스를 받는다고 말하며, 많은 미국인이 그로 인해 불안이나 피로, 수면 부족을 느낀다고 말한다. …… 그런데도 성인 10명 중 한 명은 매 시간 뉴스를 확인하고, 꽉 찬 20퍼센트가 '지속적으로' 소셜 미디어 피드를 확인한다고 말한다. 소셜 미디어 피드는 원하든 원치 않든 그들을 최신 뉴스 헤드라인에 자주 노출시킨다.[19]

정말 미친 짓이지 않은가. 우리는 이 모든 소음을 삶 속에 받아들임으로써 말 그대로 '우리 자신을' 불안하게 하고 있다.

나도 이 문제에서 자유롭지 못하다. 앞서 말했듯이 나는 사실상 뉴스를 전혀 소비하지 않는다. 하지만 친구들이 내 삶과 일에 직접적인 영향을 미치는 큰 사건에 관해 알려 주면 뉴스 웹 사이트를 열어 필요한 정보를 얻는다. 코로나19 팬데믹 기간에 바로 그런 상황이 벌어졌다.

몇몇 친구들에게서 바이러스에 관한 이야기를 듣고 휴교, 사회적 거리두기 명령, 마스크 의무 착용에 관한 정보를 찾기 위해 뉴스들을 확인하기 시작했다. 분명 이 정보는 내게 매우 중요했다. 하지만 이 중요한 정보를 찾다 보니 순식간에 늪에 빠져들고 말았다. 대부분의 디지털 뉴스 서비스는 늪이다. 나는 황당한 기사("헐크 호건: '백신은 필요하지 않을지도 모른다'"[20])부터 두려움을 일으키는 기사("노스캐롤라이나주에서 6월까지 75만 명이 감염될 수 있다"[21])까지 계속해서 클릭하기 시작했다. 헐크 호건의 기행은 약간 재밌었고, 이제 노스캐롤라이나 주민들의 안위가 내 기도 제목이 됐지만, 이 뉴스는 내게 실상 '아무런' 영향도 미치지 못했다.

하지만 그렇게 정말 오랜만에 소음의 왕국에 들어갔다 나온 지 이틀 뒤, 한 번도 느껴 보지 못한 수준의 불안이 나를 감싸기 시작했다. 그때 나는 빌립보서 4장 6-8절을 읽었다.

아무것도 염려하지 말고 다만 모든 일에 기도와 간구로, 너희 구할 것을 감사함으로 하나님께 아뢰라 그리하면 모든 지각에 뛰어난 하나님의 평강이 그리스도 예수 안에서 너희 마음과 생각을 지키시리라 끝으로 형제들아 무엇에든지 참되며 무엇에든지 경건하며 무엇에든지 옳으며 무엇에든지 정결하며 무엇에든지 사랑받을 만하며 무엇에든지 칭찬받을 만하며 무슨 덕이 있든지 무슨 기림이 있든지 이것들을 생각하라.

코로나19 팬데믹 기간에 이 구절을 읽기 전까지만 해도 6절과 8절을 서로 연결해 본 적이 없었다. 하지만 생각해 보면 이 두 구절 사이에는 겨우 7절 한 절밖에 없다. 따라서 바울은 불안을 해결하기 위해서는 우리가 어떤 생각을 하고 있는지를 유심히 봐야 한다고 말한 것이 틀림없다. 우리가 머릿속에 넣고 있는 소음과 정보를 눈여겨봐야 한다. 스마트폰과 마찬가지로 뉴스는 우리 삶에 불안을 낳아 하나님이 주신 일에 집중하기 어렵게 한다.

하나님 음성을 경청하는 능력을 약화시키다

소음이 우리의 시간을 구속하지 못하게 방해하는 이 마지막 방식에 가장 주목해야 한다. 존 마크 코머는 이 문제의 심각성을 강조했다. "현대 세상의 소음은 우리로 하여금 하나님의 음성에 귀먹게 한다. 우리에게 가장 필요한 음성을 듣지 못하게 한다."[22] 삶 속에 소음을 가득 채우면 우리는 "그의 모든 사상에 하나님이 없다"고 말하는 시편 10편 4절의 "악인"이 돼 간다. 팀 켈러가 말한 "하나님의 부재라는 고문"[23]으로 우리 자신을 괴롭히게 된다.

명심하라. 소음은 우리가 시간을 구속하지 못하도록 막기 위한 원수의 분명한 계획의 일부다. C. S. 루이스는 《스크루테이프의 편지》(*The Screwtape Letters*)에서 이 점을 분명히 지적했다. 그 책에 등장하는 가상의 존재인 고참 마귀는 제자에게 이렇게 말한다. "음악과 침묵, 둘 다 지독히 싫어! …… 우리는 결국 온 우주를 소음으로 만들 거야. …… 천국의 곡조와 침묵은 결국 고함 소리에 묻혀 버릴 거야."[24]

소음이 우리의 삶에 침투하는 것보다 더 중요한 문제는 그 소음 탓에 우리가 내면의 소리와 하나님 음성을 경청하지 못하게 되는 것이다.

여기서 하나님 음성을 '듣는 것'과 '경청하는 것'의 차이를 구분하는 것이 중요하다고 생각한다. 우리는 하나님의 말씀을 읽을 때 그분의 음성을 듣는다. 그런데 우리가 하는 '큐티'는 실제로는 그리 조용하지 않을 때가 많다. 우리가 큐티 시간에 하나님의 말씀을 읽고 공부할 때 말을 하지 않는다는 의미에서는 조용하다. 하지만 우리는 여전히 정보를 소비하고 있기에 우리의 머릿속은 여전히 시끄럽다. 하나님의 말씀을 읽고 공부할 때 우리는 그분의 음성을 '듣는다.' 하지만 그분의 음성을 '경청하고' 그분의 말씀을 우리의 삶에 연결하려면 침묵과 성찰이 필요하다.

시편 46편 10절에서 하나님은 우리에게 "너희는 가만히 있어 내가 하나님 됨을 알지어다"라고 명령하신다. 에밀리 P. 프리먼은 이 구절에 관해 다음과 같이 말했다.

하나님이 먼저 가만히 있으라고 말씀하시는 데는 이유가 있다. 고요가 앎의 길을 열기 때문이다. …… 내 영혼에 고요는 집 안의 잡동사니를 처리하는 것과도 같다. 침묵과 고요는 내가 하루의 정보를 체질하는 방식이다. 침묵은 체 역할을 해, 붙들어야 할 것과 필요하지 않기에 자연스럽게 떨어져 나가게 놔둬야 할 것을 분간하고, 용기와 창의성을 얻기 위한 여유 시간을 만들어 내고, 하나님 음성을 경청할 수 있도록 마음을 가라앉히게 도와준다.[25]

침묵, 고요, 고독, 성찰이 하나님의 말씀을 단순히 듣는 것과 그분의 음성을 경청하는 것의 차이를 만들어 낸다.

내 팟캐스트를 들어 본 사람은 내가 모든 게스트에게 하나님의 영광과 다른 사람의 유익을 위해 시간을 구속하는 것과 관련된 조언 한마디를 부탁하면서 대화를 마친다는 사실을 알 것이다. 한번은 내가 가장 좋아하는 저자인 팀 켈러에게 이 질문을 던지는 영광을 누렸는데, 그의 답변은 약간 뜻밖이었다. "인생의 끝에 이르면 '기도와 읽기와 고독에 훨씬 더 많은 시간을 쏟았어야 했는데'라고 말하게 될 것입니다."[26] 그가 기도하라고 말할 줄은 예상했다. 그가 말씀을 읽으라고 말할 줄도 예상했다. 하지만 고독? 그가 고독을 그 목록에 포함할 줄은 미처 몰랐다.

존 마크 코머도 고독의 필요성을 강조했다. 그는 《슬로우 영성》(*The Ruthless Elimination of Hurry*)에서 "삶의 속도를 늦추기 위한 네 가지 습관"을 제시했다.[27] 그에 따르면 "가장 중요한 것은 침묵과 고독이다."[28]

이 지혜로운 목사들은 왜 소음의 왕국에서 벗어나는 것을 그토록 중시할까? 예수님이 이 땅에 계실 동안 침묵을 그토록 중시하셨다는 사실을 알기 때문이다.

예수님이 사수하신 고독의 자리

사복음서를 보면 예수님이 혼자만의 장소로 들어가셨다는 기록이 정말 많다. 누가복음만 봐도, 한 장 반 내지 두 장 분량에서 홀로 한적한 장소에 있는 시간을 귀중히 여기는 예수님의 마음을 '세 번이나' 확인할 수 있다(눅 4:42; 5:16; 6:12).

고독을 추구하신 예수님과 관련해서 내가 좋아하는 사례 중 하나는 그분이 무리에게서 벗어나기 위해 "배를 타고 떠나사 따로 빈 들에" 가신 일이다(마 14:13). 예수님에게는 고독이 너무도 중요해서, 모든 소음에서 벗어나 기도하고 생각하고 하나님의 음성을 경청하기 위해 배까지 타고 떠나실 정도였다.

그리고 예수님은 바빠질수록 '더' 침묵을 추구하셨다. 누가복음 5장 15-16절은 "예수의 소문이 더욱 퍼지매 …… 예수는 물러가사 한적한 곳에서 기도하시니라"라고 말한다.

홀로 조용히 보내는 시간이 별로 없는 현대인의 입장에서는 이 구절을 읽고 나서 예수님이 홀로 그토록 많은 시간을 보내셨다는 사실에 측은함을 느끼기 쉽다. "불쌍한 예수님! 제자들은 얼른 쫓아가서 말동무를 해 드리지 않고 뭐한 거야?" 하지만 철저히 혼자여만 했던 고독의 장소가 실은 약함의 자리가 아님을 당신도 지금쯤은 깨달았으리라 믿는다. 고독의 장소는 오히려 강함의 자리다.

사복음서에서 홀로 계신 예수님에 관한 첫 번째 기록만큼 이 사실을 생생하게 보여 주는 구절도 없다. 세례 요한에게 세례를 받으신 직후 "예수께서 성령에게 이끌리어 마귀에게 시험을 받으러 광야로" 가셨다(마 4:1). 예수님은 광야에서 홀로 금식하며 40일을 보내셨다. 광야는 겉으로 보기에는 무척이나 외로운 약함의 자리다. 하지만 누가복음 4장 14절은 예수님이 "성령의 능력으로" 충만해져서 광야에서 나오셨다고 말한다. 침묵과 고독 가운데 40일을 보내신 뒤에야 비로소 예수님은 아버지의 일을 하실 준비가 되셨다. 존 마크 코머에 따르면 "이것이 예수님이 계속해서 …… [고독의 장소로] 다시 가신 이유다."[29]

이 책에서 계속해서 보겠지만 예수님은 이 땅에서 시간을 어떻게 보낼지를 매우 신중하게 결정하셨다. 그분을 본받아 우리의 시간을 구속하려면 그분이 소음의 왕국에서 벗어나 정말 많은 시간을 보내셨다는 사실을 지나쳐서는 안 된다. 바로 이것이 이 책의 세 번째 원칙이다.

**구주 예수를 본받아 내 시간을 구속하려면 소음을 차단하고 침묵
과 고요와 성찰의 여지를 만들어 내기 위해 씨름해야 한다.**

이 시대에 이 원칙을 어떻게 실천할지를 살펴보기 전에 한 가
지 질문에 답해야 한다. "오늘날 침묵은 왜 이토록 드문가?" 물론 우
리는 이 질문에 대한 가장 분명한 답을 이미 살펴보았다. 스마트폰
제조업체, 언론 기관, 소셜 미디어 업체 등 "관심 경제 대기업들"[30]은
침묵의 부재에서 수익을 올리는 강력하고도 정교한 힘들이다. 하지
만 이것들만 문제가 아니다. 침묵의 결여에 대해 우리 자신도 어느
정도 책임이 있다. 자신을 솔직히 돌아보면, 우리 대부분은 소음이
멈출 때 우리가 듣게 될 내면의 소리를 두려워하기 때문이다.

여기서 내가 이야기하는 것을 잘 묘사해 주는 "아케디아"라는
옛 단어가 있다. 리처드 존 노이하우스 목사는 이 단어를 이렇게 정
의했다. "아케디아는 텔레비전으로 지워진 숱한 밤, 즐거움도 교육
도 없고 그저 몽롱함에 취해 시간과 의무를 거스르는 밤이다. 무엇
보다도 아케디아는 무관심[냉담함]이다. 다른 사람의 삶, 그리고 하
나님과 함께하는 삶에 감정적으로 깊숙이 참여하기를 거부하는 것

이다."[31]

"몽롱함에 취해 시간과 의무를 거스르는." 실로 안타깝다. 침묵의 소리를 듣기 거부하면 우리는 바로 이렇게 되는 것일까? 케빈 드영은 그렇다고 말한다.

> 너무도 많은 사람에게 정신없는 전자기기 활동은 더 깊은
> 아케디아가 표출된 안타까운 현상이다. …… 우리는 바빠
> 죽는 상황을 원한다. 우리는 그런 상황에 관해 불평하면서도
> 무의식적으로는 그런 상황을 바란다. 한가로운[혹은 침묵할] 시간이
> 생기면 나 자신을 보고 내 마음의 소리를 듣게 되기 때문이다. 그러면
> 우리 마음속에 난 커다란 구멍을 보고서 두려움에 빠진다. 그 구멍은
> 하나님 외에 그 무엇으로도 채울 수 없을 만큼 크기 때문이다.[32]

신자인 우리는 침묵을 두려워할 필요가 없다. 왜일까? 예수 그리스도의 복음은 우리 마음속에 있는 하나님 모양의 구멍을 채울 능력이 있기 때문이다. 소셜 미디어의 '좋아요'는 이 구멍을 채울 수 없다. 휴대폰은 이 구멍을 덮을 수 없다. 끊임없는 정보와 오락 거리는 이 구멍을 채울 수 없다. 오직 예수님만 이 구멍을 채우실 수 있으며 '이미' 채우셨다. 단, 예수님은 우리가 죽을 때까지 빈둥거리며 허송세월하도록 그 구멍을 채우신 것이 아니다. 예수님은 우리가 온전해져서 그분의 나라를 닮은 세상을 일구도록 그 구멍을 채우셨다.

예수님은 우리가 다른 사람을 위한 선한 일을 통해 그분의 영광으로 이 땅을 가득 채우도록(창 1:28) 우리의 마음을 채우셨다.

우리의 삶이 소음과 아케디아로 꽉 차 있으면 그 일을 할 수 없다. 피카소는 "큰 고독 없이는 그 어떤 진지한 일도 불가능하다"고 했다.[33] 이 말을 기억하면서 소음의 왕국에서 나오기 위한 실습을 하나씩 시작해 보자.

이번 장에서 처음 다섯 가지 실습은 삶 속의 소음을 잠재우기 위한 활동이며, 그다음 이어지는 네 가지 실습은 소음이 잠잠해진 뒤에 생각하고 창의력을 발휘하고 하나님 음성을 경청하도록 돕기 위한 활동이다.

실습 1° 친구들이 정보를 날라 주게 하라

솔직히 말해 보자. 우리는 뭐든 가장 먼저 아는 사람이 되기를 원한다. 직장 내 소문을 가장 먼저 동료들에게 알려 주는 사람, 훌륭한 책이나 음악가를 가장 먼저 발견하는 사람, 속보를 가장 먼저 친구들에게 문자 메시지로 보내 주는 사람이 되기를 원한다. 라이언 홀리데이는 우리에게 "모든 정보에 정통하려고 하는 …… 주변에서 가장 많은 정보를 아는 사람처럼 보이려고 하는 자아가 있다"고 진단했다.[34]

하지만 모든 것을 남들보다 잘 알려는 욕구 이면에는 자아만 있는 것이 아니다. 미묘한 우상숭배도 있다. 젠 윌킨은 이를 잘 설명해 준다. "만족할 줄 모르는 정보의 욕구는 우리가 하나님의 전지함을 탐내고 있다는 분명한 증거다. …… 우리가 처리할 수 있는 정보량에 관한 하나님이 그어 놓은 선한 한계를 받아들여야 한다."[35]

하나님은 우리 뇌가 정보를 무한정 처리하도록 설계하시지 않았다. 이와 같은 이유로 내가 베스트셀러 저자 팀 페리스가 말하는 "선택적 무지"를 추천하는 것이다.[36] 랠프 왈도 에머슨도 이런 말을 했다. "지혜로운 사람은 모르기를 원하는 것이 많다."[37] 이것이 뉴스와 소셜 미디어 같은 정보 서비스에 관한 내 접근법이다. 내가 찾는 정보가 있지 않는 한, 나는 이런 서비스를 완전히 멀리한다.

하지만 그거 아는가? 나는 완전히 무지하지 않다. 비결이 뭔지 알고 싶은가? 정보 소비에 사용하는 시간을 아예 없애거나 크게 줄이면 친구들이 알아서 정보를 날라 준다.

나는 내 삶과 일에 정말로 중요한 정보를 모두 전해 듣는다. 팀 켈러가 췌장암 진단에 걸렸다는 트윗을 올리자 몇 분 만에 '여덟 명의' 친구에게서 그 소식을 알리는 문자 메시지가 날아왔다. 나는 팬데믹, 허리케인, 인종 폭동, 미디어 트렌드, 테일러 스위프트의 모든 새 앨범에 관한 소식을 듣는다. 나는 소셜 미디어와 뉴스 웹사이트에서 불안을 조장하거나 내게 전혀 무의미한 것이 99.9퍼센트를 차지하는 콘텐츠에 단 1초도 사용하지 않고도 이 모든 소식에 관해 듣는다. 내 친구들이 나를 위해 이 모든 정보를 날라 주기 때문이다. 어떤 면에서 이는 이상한 형태의 업무 위임이다. 물론 내 친구들은 내가 이 일을 자신들에게 위임했는지 전혀 모른다. 하지만 내가 한 것은 분명 업무 위임이다.

이것은 전혀 이기적인 게 아니다. 내 친구들은 나보다 더 많은 정보를 소비하기로 선택했다. 물론 친구들에게 "저정보 식단"(low information diet)을 권하고 싶다.[38] 하지만 친구들 대부분은 그런 선택을 안 하려 들 것이다. 계속해서 정보의 뷔페에서 배가 터지도록 먹으려는 친구들은 기꺼이, 자연스럽게, 자신도 모르게 당신에게 정보를 날라 줄 것이다. 그들이 그렇게 하도록 놔두라.

실습 2 ° '인피니티 풀'에서 헤엄치기를 멈추라

'실습 1'과 같은 극단적인 접근법을 시작할 준비가 아직 안 됐는가? 그렇다면 좀 더 가벼운 전술을 고려해 보라. 인피니티 풀에서 헤엄치는 것을 그만두라. 구글(Google)의 노병 제이크 냅과 존 제라츠키는 "앱을 비롯해서 끝없이 채워지는 콘텐츠의 원천"을 "인피니티 풀"(infinite pools)이라 부른다.[39] 인피니티 풀에는 인스타그램 스토리, 페이스북 뉴스 피드, 쓸데없는 이야기를 끊임없이 스크롤하기 쉽게 만든 뉴스 웹사이트가 포함된다.

그럼 콘텐츠의 인티니티 풀의 반대는 무엇일까? 그것은 콘텐츠의 '피니트 풀'(finite pools), 곧 유한한 풀이다. CNN 온라인 뉴스를 끊임없이 스크롤하는 대신, 유한한 뉴스 모음을 구독하는 것이다. 이 목적에 부합하는 팟캐스트와 이메일 소식지가 많다.

무한한 콘텐츠 대신 유한한 콘텐츠를 선택하기 위한 또 다른 아이디어를 소개하자면, '종이'로 된 잡지와 신문을 읽으라. 이 매체의 장점은 분명한 시작과 끝이 있다는 것이다. 이런 것은 무한정 스크롤 할 수 없다. 〈뉴욕 타임스〉(New York Times)의 발행인란을 보면 그 잡지는 "인쇄에 적합한 모든 뉴스"를 표방한다고 나와 있다.[40]

물론 소셜 미디어에서는 유한한 풀을 찾기가 훨씬 더 어렵다. 소셜 미디어를 꼭 해야겠다면 미디어를 이용하는 시간, 특히 휴대폰 사용 시간의 제한을 고려하라. 단, 주의할 점이 있다. 시간제한도 어디까지나 자제력이 필요한데, 이 소셜 미디어 앱의 유혹을 거부하기란 '미치도록' 어렵다.

모든 인피니티 풀은 위험하다. 상주 안전 요원도 없고, 끝없는 소음의 바다에서 익사하기는 더욱이 너무나 쉽다.

실습 3° 보다 많이 걸러진 콘텐츠를 선택하라

소음을 잠재우는 데 도움이 되는 것은 '유한한' 정보의 원천만이 아니다. '걸러진' 콘텐츠도 도움이 된다. 게이트키퍼(gatekeeper)와 필터가 특별히 더 많은 형태의 미디어가 있다. 이런 미디어에서는 필터를 통과한 콘텐츠가 적절하고 정확하고 질이 좋은 콘텐츠일 가능성이 더 높다.

책을 예로 들어 보자. 먼저 저자는 출판 과정을 대리해 줄 에이전시를 구해야 한다. 그다음, 출판사의 게이트키퍼는 내용이 출간될 가치가 있는지를 판단한다. 그다음, 편집 팀이 원고를 검토한다. 이들은 쓰인 내용이 정확하고 고품질인지를 확인할 뿐 아니라, 더 중요하게는 그 메시지가 전할 가치가 있는 말인지를 판단한다. 그 출판사가 출간을 결정한 뒤에도 '당신'이 한 번이라도 그 책 제목을 듣기 위해서는 당신의 주변 사람이 그 책이 추천할 만큼 좋다는 판단을 내려야 한다.

그러니까 한 권의 책이 당신 손에 들어오기까지는 '최소한' 10여 명의 사람이 그 책이 좋다고 판단해야 한다. 이를 팟캐스트나 인스타그램, 버즈피드(BuzzFeed; 뉴스 및 엔터테인먼트 웹사이트)와 비교해 보라. 이런 미디어에서 유일한 필터는 클릭 한 번, 엄지로 밀기 한 번, 다음 이야기를 추천하는 팝업 한 번뿐이다. 물론 다른 미디어만큼 잡음이 있는 책도 너무나 많다. 하지만 최소한 책은 정확성과 중요성을 위해 어느 정도 필터에 걸러진 채로 나온다. 그래서 우리와 하나님이 우리에게 맡기신 일에 유용할 가능성이 훨씬 높다.

물론 소셜 미디어에는 유한한 콘텐츠는 물론이고 필터에 걸러진 콘텐츠도 없다. 이것이 우리가 소셜 미디어를 끊거나 줄여야 하는 이유다. 바로 이 행동이 우리가 다음에 실습해야 할 내용이다.

실습 4° 소셜 미디어를 끊거나 거기에서 독립하라

소셜 미디어가 우리 삶에 가치를 더해 준다는 주장에 반박할 생각은 없다. 하지만 세상 모든 것에 대해 그렇듯 "이것이 가치가 있는가?"는 잘못된 질문이다. 옳은 질문은 "이것이 내게 얼마나 '많은' 가치를 제시하며 그 때문에 어떤 '대가'를 치러야 하는가?"다.

넷플릭스가 가치가 있다고 생각하는가? 하지만 넷플릭스를 보기 위해 매달 1,000달러를 지불할 용의가 있는가? 물론 그렇지는 않을 것이다. 가치는 언제나 비용에 따라 달라지기 때문이다. 우리 삶 속에 소음을 내는 모든 것에 대해 손익 분석을 해야 한다. 이와 관련해서 음식에 관해 바울이 한 말이 도움이 된다. "모든 것이 내게 가하나 다 유익한 것이 아니요"(고전 6:12). 가장 지혜로운 시간 구속자들은 "내 휴대폰에 이 앱을 깔아도 되는가?"라고 묻지 않는다. 그들은 "이 앱을 내 휴대폰에 까는 것이 유익한가?"라고 묻는다. 소셜 미디어가 가치가 있는가? 그렇다. 하지만 다 알다시피 소셜 미디어의 대가는 지나치게 높다.

손익 분석을 하고 나면 소셜 미디어를 완전히 끊기로 결정할 수 있다. 개인적으로 나는 좀 다른 접근법을 선택했다. 유명한 랍비 아브라함 요수아 헤셸의 말이 이 접근법을 가장 잘 표현해 주고 있다. "인류를 가장 괴롭히는 문제의 해법은 기술 문명을 버리는 것이 아니라 거기에서 어느 정도 독립을 이루는 데서 발견된다."[41]

수년 전 나는 소셜 미디어가 버리지 말아야 할 만큼 가치가 있다고 판단했다. 단, 소셜 미디어가 휘두르는 막대한 힘을 감안할 때 거기에서 "어느 정도 독립을" 이루어야 한다고 판단했다. 어떻게 독립할 수 있을까? 그 방법은 '언제' '어디서' 소셜 미디어를 확인할지 시간과 장소를 제한하는 것이다.

나는 아이들이 잠자리에 든 후 두 개의 소셜 미디어 앱만 하루에 한 번, 몇 분씩만 확인한다. 하지만 그보다는 '언제' 확인하느냐가 훨씬 더 중요하다.

나는 내 휴대폰에 깔린 두 개의 앱만 제외하고 모든 소셜 미디어 사용을 내 데스크톱 컴퓨터에서만 한다. 내 모바일 기기에서 이 인피니티 풀을 삭제하는 간단한 행위만으로도 내 삶 속의 소음을 줄이고 일터와 가정에 깊이 참여하는 데 큰 도움이 됐다. 처음 이런 결정을 내리고서 한동안은 데스크톱 컴퓨터에서 소셜 미디어를 사용했지만 데스크톱 컴퓨터가 모바일 기기에 비해 워낙 불편해서 나중에는 전혀 사용하지 않게 됐다. 주요 소셜 미디어 플랫폼 계정은 여전히 유지하고 있지만 그것들을 확인하는 경우는 '극도로' 드물다. 소셜 미디어 사용을 데스크톱 컴퓨터로 제한하는 것은 그런 서비스에 대한 중독을 서서히, 하지만 확실하게 줄여 주는 니코틴 패치(니코틴 금단현상을 줄여 주는 금연 보조제의 일종)와도 같다.

전문 소셜 미디어 관리자가 아닌 이상, 소셜 미디어를 끊거나 거기에서 '독립'하라고 강권한다. 현상 유지로는 안 된다. 우리의 삶은 너무 바쁘다. 그러니 하나님의 영광과 다른 사람의 유익을 위해 가장 중요한 일을 찾아서 하고 싶다면 깊이 생각하는 시간을 만들어 내야 한다.

실습 5° 휴대폰을 양육하라

시카고대학교(University of Chicago) 연구가들은 스마트폰과 한 공간에 있으면 설령 스마트폰이 울리지 않거나 꺼져 있어도 우리의 집중력이 방해받는다는 사실을 발견했다![42] 저자 앤디 크라우치는 "호주머니 안에 스마트폰이 들어 있기만 해도 단 한 번만 탭하면 온갖 정보와 오락 거리를 누릴 수 있다는 사실이 자꾸만 생각난다."[43]

이것이 내가 매일 밤 7시 30분쯤에 내 휴대폰을 재워서 다음 날 아침까지 '휴대폰 침실'에 두는 이유다. 나는 휴대폰이 일으키는 소음과 불안에서 충분한 시간 동안 떨어져 있어야 한다. 아침에는 특히 더 그렇다. 아침에는 하나님 말씀과 시간을 보내고 그분의 음성에 귀를 기울여야 하기 때문이다.

휴대폰은 좋거나 나쁜 쪽으로 사용될 수 있는 막대한 힘을 지니고 있다. 예수님을 본받아 조용한 성찰의 시간을 갖고 싶다면 모바일 기기를 더 강하게 통제해야 한다. 존 마크 코머의 표현을 빌리자면, 우리는 "휴대폰을 양육해야" 한다.[44] 참으로 적절한 비유다. 아이를 키울 때 그리하듯 휴대폰을 언제 잠재우고 언제 휴대폰이 침실에서 나오도록 허용할지 '우리'가 결정해야 한다. 이 관계에서 '우리'가 부모다.

"하지만 잠깐, 2장에서 열린 고리를 닫기 위해 할 일 추적 시스템을 늘 지니고 다녀야 한다고 했잖아요. 휴대폰 앱을 CTS로 추천할 땐 언제고……." 물론 그렇게 말했다. 이 문제를 해결하기 위한 두 가지 쉬운 방법이 있다. 첫째, 휴대폰이 휴대폰 침실에서 자는 동안 펜과 종이로 열린 고리를 적을 수 있다. 다음 날 이 항목들을 CTS의 인박스 목록에 재빨리 적으면 된다. 둘째, 옴니포커스 같은 할 일 관리 앱을 CTS로 사용한다면 그것을 알렉사(아마존에서 개발한 인공지능 비서) 같은 음성 서비스와 쉽게 통합할 수 있다.[45]

자, 지금까지 살핀 다섯 가지 실습은 삶 속의 소음을 줄이는 데 큰 도움이 될 것이다. 하지만 소음을 잠재운 결과로 새롭게 생긴 침묵의 시간에 대체 뭘 할 것인가? 다음 네 가지 실습이 이 질문에 대한 답이다. 이 네 가지 활동은 창의력과 깊이와 평안을 얻고, 하나님 음성을 경청할 여지를 만들어 줄 것이다.

실습 6° 일상 속 틈을 편안하게 받아들이라

이번 장에 나온 '실습 1'을 했다면 전에 없던 침묵의 시간을 얻었을 것이다. 그렇다면 생각지도 않게 새롭게 얻은 고독의 시간으로 무엇을 할 것인가? 가장 먼저 추천하고 싶은 활동은 '아무것도' 하지 않는 것이다. 아무것도!

앞으로 직장에서 엘리베이터를 기다리게 되면 휴대폰을 켜려는 유혹을 뿌리치라. 앞으로 아이들이 집에 돌아올 시간 5분 전에 책 한 장을 다 봤다면 다음 페이지를 넘기지 말라. 앞으로 10분짜리 볼일을 보기 위해 차에 올라타면 곧바로 팟캐스트 방송을 틀지 말라 (그렇다. 심지어 그것이 내 팟캐스트 방송일지라도).

앞서 말했듯이 21세기를 사는 우리에게 따분함은 자연스럽지 않다. 그래서 따분함을 즐기는 '기술'을 의식적으로 익혀야 한다. 먼저 작게 시작하라. 할 일 속 작은 틈들을 재빨리 소음으로 채우지 않으려는 노력부터 해 보라.

실습 7° 걸으라

마크 부캐넌은 *God Walk*(하나님은 걸으신다)라는 책에서 하나님이 에덴동산에서 거니신 일을 가리키며 우리가 "시속 3마일(약 4.8킬로미터)의 하나님"을 섬기고 있다고 주장한다.[46] 수 세기 동안 가장 생산적인 그리스도인 중 많은 이들이 걸으면서 하나님의 음성뿐 아니라 자신의 생각을 듣는 경건한 습관을 실천해 왔다. 신학교에서 마틴 루터 킹 주니어는 매일 1시간씩 걸었다.[47] 19세기 신학자 쇠렌 키에르케고어는 거의 매일 오후 코펜하겐의 거리를 걸었다. "나는 최상의 생각들 속으로 걸어 들어갔다." 그는 그렇게 말하며 걷기의 가치를 강조했다.[48] 윌리엄 윌버포스는 노예제도를 종식시키려 싸우는 중에도 늘 생각하고 자신의 영혼을 회복시키기 위해 "자주 오래 걸었다."[49] C. S. 루이스는 "생각하고 걷고 읽고 걷고, 때로는 쓰면서 걸었다. 머릿속에 선들을 연결한 다음, 잠시 발걸음을 멈춰서 노트에 떠오른 생각을 쓰는 식이었다. 정신과 육체 모두의 운동을 위해 걸었다."[50]

더없이 생산적인 삶을 살았던 이 그리스도의 제자들이 걷기를 이토록 중시했으니 우리도 걷기에 관심을 갖는 것은 당연하다. 라이언 홀리데이의 《스틸니스》(*Stillness Is the Key*)에 잘 정리돼 있는 걷기의 과학적 사실도 보라.

뉴멕시코하일랜즈대학교(New Mexico Highlands University)에서 진행한 한 연구 결과, 걷기에서 발생하는 힘은 뇌의 혈액 공급을 증가시키는 것으로 드러났다. 스탠퍼드(Stanford) 연구가들은 걷기를 즐겨하는 사람들이 걷기 도중과 후에 '창의적 확산적 사고'를 측정하는 검사에서 더 높은 성과를 보인다는 사실을 발견했다. 듀크대학교(Duke University)에서 진행한 한 연구 결과, 키에르케고어가 형수에게 설명했던 것처럼 어떤 환자들에게는 걷기가 중증 우울증 치료에 약물보다 더 효과적일 수 있다는 사실이 드러났다.[51]

나는 스레숄드 360의 CEO일 때 창업자나 CEO의 가장 요구되는 기술이 '가장 중요한 것'과 '소음'을 분간하는 능력이라는 확신을 얻게 됐다. 그 회사에 있을 때 해야 할 일의 우선순위를 정하기 위해 내가 자주 했던 활동은 걷기였다. 아침마다 나는 사무실을 나와 즐겨 가는 도심의 커피숍까지 걸어갔다. 걷는 동안 휴대폰을 보지 않았다. 아무 말도 하지 않고 그냥 홀로 걸었다. 걸으면서 '생각'을 했다. 스스로에게 이렇게 물었다. "지금 내 관심을 끄는 모든 것 중에서 정말로 중요한 것은 무엇인가? 어떻게 하는 것이 오늘 주어진 내 시간을 가장 잘 사용하는 것인가?" 이런 걷기 덕분에 나와 내 팀이 중요한 것에 집중해 훌륭한 회사를 일구어 낼 수 있었다고 생각한다.

조던레이너앤컴퍼니(Jordan Raynor & Company) 팀을 이끌고 있는 지금도 나는 거의 매일 걷는 습관을 계속 이어 가고 있다. 아니, 사실은 뛰는 것에 더 가깝다. 내가 뛰는 것은 주로 육체적 운동을 위해서가 아니다. 그보다는 정신적 활동을 위함이다. 나는 생각하기 위해 뛴다. 창의적 연상을 하기 위해 뛴다. 그리고 하나님이 나를 어디로 이끌고 계시는지에 귀를 기울이면서 뛴다. 뛸 때 거의 매번 대여섯 개의 중요한 아이디어를 내 인박스 목록에 넣거나(⇨2장) 전에 모호하던 뭔가에 대한 분명함을 얻는다. 사실, 이번 장을 쓰는 일이 너무 풀리지 않아서 답답하던 중 아침 달리기에 나섰다. 그러자 노트북 앞에서 90분 동안 풀리지 않던 것이 달린 지 고작 20분 만에 자연스럽게 풀렸다. 마크 부캐넌의 말이 옳다. "걷기는 앉아 있기가 애만 쓸 뿐 열지 못하는 문들을 열어 준다."[52]

혹시 당신이 사는 도시에서 혼잣말을 중얼거리며 거리를 거니는 나를 보거든 걱정하지 말라. 보기와 달리 미친 게 아니니까. 나는 내 생각을 듣기 위해 침묵과 고독을 실천하는 것일 뿐이다.

실습 8° 생각하기 위해 글로 쓰라

앞서 말했듯이 나는 항상 게스트에게 하나님의 영광과 다른 사람의 유익을 위해 가장 훌륭한 일을 하는 법에 관한 조언을 구하면서 내 팟캐스트 방송을 마무리한다. 그중 데이브 램지의 회사인 램지솔루션스(Ramsey Solutions)의 CCO(최고크리에이티브책임자)인 루크 르페르브가 한 조언이 뜻밖이었다.

르페르브는 100명이 넘는 팀을 이끄는 관리자다 보니 당연히 고용이나 경영, 창의성에 관한 조언을 나름 예상했다. 하지만 대신 그는 청취자에게 일기 쓰기를 추천했다. "자신의 생각을 하나님께 쓰고, 조용한 시간을 보내십시오."[53]

나는 르페르브처럼 매일 일기를 쓰지 않지만 "자신의 생각을 쓰는" 것의 효과를 누구보다 잘 안다. 뭔가를 분명하게 알아야 할 때 내 생각을 요점만 적는 것이 아니라 완전한 문장으로 적는 것만큼 효과적인 방법도 없다.

일기의 효과는 실로 대단해서, 심지어 아마존(Amazon)은 직원들이 내부 회의 발표 시 파워포인트를 사용하지 못하게 한다. 아마존의 창립자 제프 베이조스는 처음부터 직원들에게 "자신들의 말하려는 요지를 여섯 페이지 분량의 글로 쓰게 했다. 글쓰기가 비판적 사고를 길러 준다고 믿기 때문이다."[54] 물론 이런 글은 개인적으로 쓰는 글은 아니지만, 그럼에도 여러 면에서 일기와 비슷하다. 아이젠하워 대통령도 비슷하게 접근했다. 그는 복잡한 문제를 정리하고 강한 감정을 다스리기 위해 글로 생각을 표현하는 습관이 있었다.[55]

저자 줄리아 캐머런은 일기가 영적인 "자동차 와이퍼"와 비슷하다고 말했다.[56] 맞는 말이라고 생각한다. 자신의 생각이나 하나님의 음성을 잘 듣지 못하고 있는가? 그렇다면 소음을 줄이고 펜을 들어(혹은 노트북을 켜서) 쓰기 시작하라.

실습 9° 큐티를 실제로 '조용하게' 하라

1장에서 말했듯이 매일 하나님 말씀에 푹 빠지는 시간은 우리의 시간을 구속하기 위한 핵심 습관이다. 하지만 앞서 말했듯이 이런 큐티 시간은 그리 조용하지 않을 때가 너무나 많다. 말씀을 읽는 것은 엄연히 정보 소비의 한 형태다. 물론 하나님의 음성을 '듣기' 위해서는 말씀을 읽는 것이 중요하다. 하나님의 음성을 '경청'하고 말씀을 우리의 일과 삶, 영혼 속에서 벌어지는 일과 연결하려면 우리의 머릿속이 잠잠해져야 한다. "가만히 있어 …… [하나님이] 하나님 됨을 알"아야 한다(시 46:10).

그렇다. 여기서 나는 말 그대로 '아무것도' 하지 않고 말씀 앞에 가만히 앉아 있는 것을 말하는 것이다. 1분이든, 3분이든, 5분이든 그래야 한다. 가만히 앉아서 방금 읽은 말씀을 묵상하라. 성령이 말씀을 깨닫게 해 주실 때까지 조용히 기다리라. 우리의 큐티 시간은 좀 더 조용해질 필요가 있다.

퍼즐 조각 모으기

2장에서 우리는 나중에 해야 할 모든 일을 할 일 추적 시스템 (CTS)에 모았다. 하지만 다 알다시피 모든 할 일이 똑같지만은 않다. 다른 일보다 훨씬 더 중요한 일이 있다. 이제 소음의 왕국에서 벗어났으니 마침내 무엇이 가장 중요한지 결정할 정신적 여유가 생겼다. 할 일의 우선순위를 정하는 것이 왜 그토록 중요하며, 어떻게 하면 그것을 잘할 수 있을까? 이것이 우리가 다음 장에서 모을 퍼즐 조각이다.

✓ **시간 관리 대원칙 4**

할 일의 우선순위를 정한다

구주 예수를 본받아 내 시간을 구속하려면 무엇이 가장 중요한지를 정하고 그에 따라 할 일의 우선순위를 정해야 한다.

중학교 1학년생 화장실 거울에서 "나는 언젠가 NBA(미국프로농구)에서 뛸 것이다"라는 메모를 발견하는 일은 그다지 놀랄 만한 사건이 아니다. 하지만 그 학생이 여자아이라면? 그렇다면 이야기가 조금 달라진다.

10대 초반 시절, 타미카 캐칭이 가족과 함께 장래 희망에 관한 이야기를 나누고 있는데 가족 중 한 명이 정말로 하고 싶은 일이 뭔지 물었다. 그 일에 관해 캐칭은 이렇게 회상했다. "다른 아이들처럼 몇 시간을 깊이 고민할 필요가 없었다. 내 대답은 거의 즉시 나왔으니 말이다."[1] 캐칭은 프로 농구 팀에서 뛰고 싶었다.

그런데 걸림돌이 있었다. 당시 WNBA(미국여자프로농구)는 존재하지 않았고, 여성이 남성만 뛰는 NBA에서 뛴 사례도 없었다. 캐칭의 말을 들어 보자.

> 하지만 그 무엇도 나를 막지 못했다. 나는 NBA에서 뛸 수 있다고
> 100퍼센트 자신했다. 물론 그것도 남자들과 함께 …… 농구를
> 직업으로 선택하는 것은 내게 너무도 자연스러운 일이었다. 그
> 자리에 앉아서 종이에 내 목표를 크게 썼다. "나는 언젠가 NBA에서
> 뛸 것이다." "내가 여자라는 사실에도 불구하고 NBA에서 뛸

것이다"라고 쓰지 않았다. 그냥 "나는 언젠가 NBA에서 뛸
것이다"라고 썼다.[2]

캐칭은 자신의 화장실 거울에 대담한 목표를 써 붙였다. "매일
아침 눈 떠서 가장 먼저 보는 게 그 메모였다. 거울을 보면 바로 거기
서 내 꿈, 내 목표가 보였다. 매일 그 목표가 점점 더 가까워졌다."[3]

이렇게 목표를 분명하고 대담하게 정의한 덕분에 시간 관리와
해야 할 일의 우선순위를 정할 수 있었다. 해야 할 일을 확실하게 정
한 덕분에 덜 중요한 일에 시간과 관심을 빼앗기지 않을 수 있었다.
"농구는 또 다른 종류의 숙제였다. 공식적인 팀 훈련이 없을 때도
…… 밖에서 농구를 했다. 그것이 내 삶의 루틴이었다. 매일, 심지어
여름에도 아침 7시나 7시 반에 일어나 아침을 후딱 먹고 코트로 달
려갔다."[4]

캐칭이 대학에 들어가자 NBA는 WNBA의 출범을 선언했다.
"'나는 언젠가 NBA에서 뛸 것이다'가 이제 생각지도 못했던 방식으
로 가능해졌다. 내 목표는 '나는 언젠가 WNBA에서 뛸 것이다'로 바
뀌었다."[5]

캐칭은 새롭게 정한 목표를 이루었을 뿐 아니라, 계속해서 스
포츠 역사상 가장 화려한 이력 중 하나를 달성했다. 그녀는 WNBA
플레이오프에 그 어떤 선수보다 많이 출전했고, WNBA 올스타 게임
에 열 번 출전한 유일한 여성이 됐으며, 네 개의 올림픽 금메달을 목

에 걸었다. 남녀 통틀어 이런 업적을 이룬 미국인 농구 선수는 역대 세 명뿐이다.[6]

"하나님의 은혜와 피나는 노력 끝에 내 꿈이 현실이 됐다." 캐칭은 이렇게 말했다.[7] 하지만 그녀는 자신의 꿈을 이루는 것이 가장 중요한 일이 아니었다는 말을 덧붙이는 걸 잊지 않았다. 가장 중요한 것은 "하나님이 부르신 일에서 두각을 나타내는 것이다."[8] 아멘.

농구 선수, 사업가, 디자이너, 워킹맘, 목수, 작가, 어떤 일이든 중요한 것은 하나님의 영광과 다른 사람의 유익을 위해 자신의 일을 가장 잘 해내는 것이다. 하지만 그러려면 주어진 우리의 시간을 구속해야 한다. 그리고 우리의 시간을 구속하려면 끝없는 해야 할 일 목록에서 무엇이 가장 중요한지를 분명히 알아야 한다. 무엇을 할지 분명히 알아야 중요하지 않은 일에 시간과 노력을 낭비하지 않을 수 있다. 이것이 타미카 캐칭이 시간을 구속한 이야기다. 또한 예수 그리스도의 이야기이기도 하다.

"강철보다 강한 목적"

예수님의 시간 관리법을 발견하려는 목적으로 사복음서를 연구하면 성경의 페이지마다 한 가지 확고한 진리가 눈에 들어온다. 바로 예수님은 목적으로 온전히 충만하셨다는 것이다. 도로시 세이

어즈의 말을 빌리자면 "그분의 모든 온유함 아래에는 강철보다 강한 목적이 있다."[9] 예루살렘에서 그분만큼 할 일이 많은 사람도 없었다. 하지만 그분은 항상 소음 사이에서 꼭 해야 할 일을 분간할 줄 아셨다.

성경에서 마가복음 1장 29-38절만큼 이 점을 잘 보여 주는 구절도 없다. 예수님은 회당에서 악한 영을 쫓아내신 뒤 베드로의 장모와 그녀의 이웃을 치유해 주셨다. 당연히 다음 날 마을 사람들은 예수님께 더 많은 치유를 원했다. 하지만 예수님은 이를 거절하셨다. 왜일까? 더 중요한 일에 시간을 쏟기로 이미 결심하셨기 때문이다. 예수님은 이렇게 말씀하셨다. "우리가 다른 가까운 마을들로 가자 거기서도 전도하리니 내가 이를 위하여 왔노라"(38절).

예수님은 이 땅에 거하는 자신의 존재 목적을 아셨고, 그로 인해 '할 수 있는' 수많은 일 중에서 아버지께서 '주신' 일을 마치기 위해 '꼭 해야만 하는' 일을 추려 내실 수 있었다(요 17:4). 그리고 그렇게 우선순위로 정하신 일에 온전히 집중하셨다. 케빈 드영은 다음과 같이 말했다.

예수님은 시급한 일과 중요한 일의 차이를 아셨다. 그분은 '할 수 있는' 좋은 일이라고 해서 모두 '꼭 해야만 하는' 일은 아니라는 점을 이해하셨다. …… 예수님도 인간의 한계를 안고 살아가셨는데 우리는 그렇지 않다고 생각하는 것은 어리석다. 이 지구상에서 결국

아무것도 하지 않는 사람들은 자신이 모든 것을 할 수는 없다는 진리를 깨닫지 못한 사람들이다.[10]

자, 이번에도 예수님의 삶의 본보기는 오늘 우리의 시간을 구속하기 위한 시대를 초월한 성경적 원칙을 보여 준다.

예수의 원칙 #4 할 일의 우선순위를 정한다
구주 예수를 본받아 내 시간을 구속하려면 무엇이 가장 중요한지
를 정하고 그에 따라 할 일의 우선순위를 정해야 한다.

모든 할 일이 다 같지는 않다. 모든 할 일이 다른 사람에게 동일한 유익을 끼치지는 않는다. 80/20 법칙을 알면 내가 하는 이야기가 뭔지 잘 알 것이다. "80/20 법칙은 대개 20퍼센트의 요인이나 투입, 노력이 80퍼센트의 결과나 산출, 보상으로 이어진다는 것이다."[11] 이런 공식적인 정의를 본 적이 없다 해도 분명 80/20 법칙을 경험해 본 적이 있을 것이다. 80/20 법칙은 지구상 가장 영향력 있는 법칙 중 하나이기 때문이다. 예를 들어, 당신이 받는 스트레스의 80퍼센트는 당신이 상대하는 전체 고객 중 20퍼센트의 고객에게서 온다.

교회 자원봉사의 80퍼센트는 전체 교인 중 20퍼센트의 교인이 담당한다. 우리가 디즈니플러스(Disney⁺) 시청에 사용하는 시간의 80퍼센트는 디즈니플러스 보유 콘텐츠 중 20퍼센트를 보는 데 쓰인다(우리 집의 경우는 〈겨울왕국〉 시리즈를 주로 본다). 다시 말해, 모든 것이 똑같이 중요하게 '보이지만' 전혀 그렇지 않다. 저자이자 강연자인 존 맥스웰은 이 점을 정확히 지적했다. "모든 것이 중요하지는 않다는 점은 아무리 강조해도 지나치지 않다."[12]

내가 입 아프게 더 설명할 필요도 없으리라 생각한다. 80/20 법칙이 진짜가 아니라고 말할 사람은 아무도 없다. 지구가 둥근 것만큼이나 이것이 사실임을 모두가 경험해 봐서 안다. 그런 의미에서 자신의 시간을 구속하는 데 관심 있는 사람에게 더 중요한 질문은 이것이다. 어떻게 하면 예수님처럼 가장 중요한 일을 찾고 나머지 모든 일은 무시할 수 있을까?

첫째, 3장에서 보았듯이 성찰을 위한 침묵의 시간을 내야 한다. 하지만 고독만으로는 충분하지 않다. 또한 우리에게 가장 중요한 것을 남들이 대신 선택하게 하지 말고 우리 스스로 선택할 수 있다는 점을 알아야 한다. 현실을 직시하자. 대부분의 사람은 정반대로 생각한다. '뭐든 오늘 내 이메일 수신함에 들어온 일 혹은 뭐든 오늘 일터에서 시급한 일이 내 우선 사항이다.' 대부분의 사람은 시간과 우선 사항에 관해 '주도적'이 아니라 '반응적'으로 행동한다.

물론 이것이 좋은 면도 있다. 윗사람이 뭔가가 중요하다고 말하면 실제로 중요한 것이고 그 일을 해야만 한다. 이러한 태도는 윗사람과 주님을 잘 섬기는 길 중 하나다(엡 6:5-8). 하지만 '모든' 시간을 반응적 방식으로 사용하는 것은 예수님이 걸어가신 길이 아니다. 구주 예수님을 본받아 우리의 시간을 구속하려면 해야 할 일 목록에서 현재 가장 중요한 것이 무엇인지를 찾아내는 습관을 들여야 한다.

이번 장에 소개하는 여섯 가지 실습 내용이 우선순위를 정하는 데 도움이 될 것이다. 실습을 시작하기 전에 5층짜리 건물을 머릿속에 그려 보기 바란다. 2장에서 우리는 길을 걷다가 거리에 있는 이 가상 건물 1층으로 들어갔다. 열린 고리를 모으고, 자신의 일을 정의하고, 프로젝트와 행동을 포괄하는 목록을 만들었다. 우리가 1층에서 시작한 데는 그만한 이유가 있다. 모든 할 일을 모아 목록을 만들기 전까지는 할 일의 우선순위를 정할 수 없기 때문이다. 문제는 나열된 할 일 목록(혹은 할 일 추적 시스템)에 항목이 너무 많고, 좀 전에 말했듯이 모든 할 일이 똑같이 중요하지는 않다. 개중에는 다른 일보다 훨씬 더 중요한 일이 있다. 그렇다면 그 일은 무엇인가?

3장에서 우리는 소음의 왕국에서 벗어나 생각할 틈을 만들어 냈고, 마침내 이제 이 질문에 답할 준비가 돼 있다. 하지만 그러려면 엘리베이터를 타고 가상 건물 5층까지 올라가, 처음 시작한 곳까지 한 층씩 내려와야 한다. 다음은 우리가 각 층마다 한 층씩 내려가면서 어떤 질문에 답하게 될지를 보여 주는 그림이다.

* **5층: 사명**(우리는 왜 존재하는가?)

* **4층: 소명**(사명을 수행하기 위해 어떤 역할을 선택할 것인가?)

* **3층: 장기 목표**(각 소명에 대해 무엇을 원하는가?)

* **2층: 분기 목표**(다음 3개월 동안 어떻게 장기 목표를 향해 나아갈 것인가?)

* **1층: 프로젝트와 행동**(내 할 일 목록에서 어떤 항목이 분기 목표를 달성하는 데 도움이 되는가?)

* **지하실: 후순위 항목**(분기 목표를 이루기 위해 무슨 일이 있어도 피해야 할 것은 무엇인가?)[13]

그렇다. 당신이 제대로 센 것 맞다. 5층이 아니다. 사실 따지자면 총 층수는 6층이다. 하지만 실제 건물과 마찬가지로 우리가 몇 층 건물이라고 말할 때 지하실은 치지 않는다. 지하실과 마찬가지로 후순위 항목은 머릿속에서 지워 버려야 한다. 그 이유는 곧 알게 될 것이다. 자, 이제 엘리베이터를 타서 꼭대기 층으로 올라가자.

실습 1° 사명(mission)을 받아들이라

인생의 목적을 정의하기 위해 사명 선언문을 쓰는 법에 관해 가르쳐 주는 책이 이미 시중에 나와 있다. 하지만 그런 책은 읽지 않아도 된다. 매트 퍼먼은 그 이유를 설명해 준다. "대부분의 시간 관리 서적은 사명 선언문을 우리 스스로 정의하는 것으로 취급한다. 하지만 사실, 우리의 사명을 정의하는 것은 우리가 할 사항이 아니다. …… 우리의 사명은 선택하는 것이 아닌 발견하는 것이다."[14] 목사이자 저자인 릭 워렌은 《목적이 이끄는 삶》(*The Purpose Driven Life*)에서 이 점을 지적하고 있다.

수천 년간 인류는 삶의 목적을 찾아 헤매 왔다. 그 이유는 대개

엉뚱한 출발점, 곧 우리 자신에게서 목적을 찾으려 들기 때문이다. …… 인기 있는 책과 영화와 세미나에서 말하는 것과는 정반대로, 우리 안을 봐서는 인생의 진정한 의미를 발견할 수 없다. …… 우리는 우리 스스로를 창조하지 않았다. 따라서 우리가 어떠한 목적으로 창조됐는지를 스스로에게 말해 줄 수 없다.[15]

인생의 사명은 내가 정의하는 것이 아니다. 그 사명은 창조주가 정의해 주신다. 그렇다면 창조주는 내 사명이 뭐라고 말씀하시는가? 간단히 말해, 우리의 사명은 '그분의 영광'을 위해 사는 것이다. 성경 곳곳에서 이 사명을 볼 수 있다. 이 사명을 가장 간단명료하게 정리한 구절은 아마도 고린도전서 10장 31절일 것이다. 거기서 바울은 "무엇을 하든지 다 하나님의 영광을 위하여 하라"라고 말한다.

우리 인생의 사명은 하나님을 영화롭게 하는 것이다. 그 이상도 이하도 아니다. 이 문장을 쓰고 밑줄을 그으라. 이것이 당신이 이 세상에 존재하는 이유다. 이것이 당신의 변하지 않는 북극성이다. 영화 〈미션 임파서블〉(Mission Impossible)의 대사를 빌리자면, 이것이 당신의 미션(mission) 곧 사명이다. 당신이 선택할 수 있는 것은 이 사명을 받아들일지 말지 하는 것뿐이다.[16]

그렇다면 어떻게 해야 하나님을 영화롭게 할 수 있는가? 이 질문에 답을 하자고 들면 길어질 수밖에 없지만, 1장에서 보았듯이 하나님께 영광을 돌리기 위한 주된 방법 중 하나는 다른 사람을 위해 "착한 행실" 곧 "선한 일"을 하는 것이다(마 5:16; 엡 2:10). 어떻게 해야 다른 사람을 위한 선한 일을 최대한 많이 할 수 있을까? 바로, 시간을 구속해야 한다. 즉 목적으로 충만하고 현재에 집중해서 엄청난 생산성을 발휘해야 한다.

이해했는가? 좋다. 이제 다시 엘리베이터에 타고 아래층으로 내려가자.

실습 2° 소명(callings)을 선택하라

| 사명 |
| 소명 |
| 장기 목표 |
| 분기 목표 |
| 프로젝트와 행동 |
| 후순위 항목 |

인생의 사명은 '발견하는' 것이지만 소명은 '선택하는' 것이다.

1장에서 살폈듯이 하나님은 그분의 거대한 나라 건설이라는 사명으로 우리를 초대하셨으며, 그 사명은 우리 모두에게 동일하다. 하지만 큰 은혜 안에서 우리의 하늘 아버지는 그 사명에 어떻게 기여할지를 스스로 선택하도록 막대한 자유를 우리에게 허락하셨다. 그리고 그거 아는가? 우리가 그분의 명령에 순종하는 한, 잘못된 선택은 할 수 없다. 잠언 19장 21절은 이렇게 말한다. "사람의 마음에는 많은 계획이 있어도 오직 여호와의 뜻만이 완전히 서리라." 팀 켈러는 이 구절을 이렇게 묵상했다. "어떤 면에서 그리스도인에게 '플랜 B'는 없다."[17]

물론 우리는 우리의 시간을 사용할 소명을 선택하기 위해 지혜를 발휘하며 부지런히 탐색해야 한다. 하지만 그분 명령에 순종하는 한 '잘못된' 선택을 할 수 없기에 선택 장애에 빠질 것 없다. 우리가 직업을 비롯해서 어떤 영역에서 어떤 소명을 선택하든 상관없이 여호와의 뜻은 완전히 이루어진다. 그분의 계획이 이루어지지 않는 경우는 없다(욥 42:2).

우리 신자들에게는 하나님의 영광과 다른 사람 유익에 가장 좋은 소명을 스스로 생각해서 선택할 자유가 있다. 그러니 시간을 내서 선택 사항을 탐구하라. 그리고 때가 되면 선택해야 한다. 하나님 나라 일은 어차피 계속해서 이루어지고 있는데, 우리가 그 일에 참여하는 복을 놓쳐서는 안 되기 때문이다.

개인적으로 나는 크게 세 가지 소명을 선택했다. 남편, 아버지, 기업가(구체적으로는, 조던레이너앤컴퍼니 CEO)로서 그 세 가지 역할이 내 소명이다. 두 가지는 가족과 관련된 소명이며, 다른 하나는 직업적 소명이다.

당신의 소명이 무엇인지를 안다면 '우선순위 5층'이라는 워크시트에 소명을 쓰라.[18] 사명을 받아들이고 소명을 선택했다면 이제 가상 건물에서 한 층 더 아래로 내려가 각 소명의 원대한 장기 목표를 설정할 차례다.

실습 3° 원대한 장기 목표를 설정하라

모든 브로드웨이 뮤지컬 작가들은 위대한 뮤지컬은 대부분 귀에 쏙쏙 들어오는 "나는 원한다"의 노래로 시작한다는 사실을 안다. 〈인어공주〉(The Little Mermaid)에서 에리얼은 "더 많은 것"을 원했다.[19] 〈웨스트 사이드 스토리〉(West Side Story)에서 토니는 마리아를 원했다. 〈해밀턴〉에서 알렉산더는 기회를 원했다. 우리의 시간을 구속하기 위해서는 비유적인 의미에서 "나는 원한다"라는 노래를 부를 줄 알아야 한다. 좀 더 차원이 높은 사명과 소명을 정의하는 것만으로는 충분하지 않다. 해야 할 일 목록에서 우선순위를 정하려면 우리에게 주어진 각각의 역할에 관해 우리가 뭘 원하는지 분명히 알아야 한다. 단, 우리가 원하는 것은 세상을 향한 하나님의 사명과 같은 방향이어야 한다.

지난 50여 년 동안, 이 지혜는 수없이 증명되고 또 증명됐다. 즉 1,000번이 넘는 연구 중 90퍼센트는 "잘 정의된 도전적인 목표"의 형태로 자신이 원하는 걸 분명히 알면 생산성이 크게 향상된다는 결과를 내놓았다.[20] 이 활동과 다음 활동에서 "잘 정의된 도전적인 목표"를 설정하기 위한 간단한 방식을 보여 줄 것이다. 이런 목표를 설정하면 할 일 목록의 우선순위를 정하는 데 도움이 될 것이다. 이번 실습은 각 소명에 대해 '장기' 목표를 설정하는 데 초점을 맞추도록 하자.

어떤 이들은 장기 목표를 '비전 진술서'라 부른다. 하지만 내가 볼 때 그 표현은 좀 부족하고 매우 막연하게 들린다. 그리고 너무 조직의 문서 같은 느낌이 든다. 나는 그보다는 "크고 위험하고 대담한 목표"(BHAG; Big Hairy Audacious Goal)라는 표현을 선호한다. 이 말은 짐 콜린스와 제리 포라스가 《성공하는 기업들의 8가지 습관》(Built to Last)에서 지어낸 표현이다.[21]

당신의 BHAG는 무엇인가? 먼저 몇 가지 예를 보자. 타미카 캐칭의 BHAG는 NBA에서 뛰는 것이었다. 윌리엄 윌버포스의 BHAG는 노예무역 폐지였다. 조직 차원에서 1960년대 나사(NASA)의 BHAG는 인간을 달에 보내는 것이었다. 구글의 BHAG는 "세상의 정보를 체계화하는" 것이다.[22]

기업가라면 향후 5년간 1,000만 달러의 연간 매출을 이루는 것이 BHAG일 수 있다. 엄마라면 자녀가 대학교에 가서도 하나님과 동행하는 것이 BHAG일 수 있다. 그래픽 디자이너라면 35세까지 CCO로 승진하는 것이 BHAG일 수 있다.

내 소명을 '실습 2'에서 이미 나누었다. 그러한 각각의 소명에 대해 내가 정의한 BHAG는 다음과 같다.

* 남편: 그리스도께서 나를 사랑하시는 것처럼 아내를 사랑한다.

* 아버지 : 세 자녀가 세상을 향한 하나님의 사명에 기꺼이

　　　　참여하도록 가르친다.

* 기업가 : 모든 그리스도인이 하나님의 영광과 다른 사람의 유익을

　　　　위해 자신의 일을 가장 훌륭하게 해낼 수 있도록 격려하고

　　　　돕는다.

보다시피 어떤 BHAG는 '끝없는' 반면(예를 들어, 세상의 정보를 체계화한다는 구글의 BHAG), 어떤 BHAG는 '시간의 한계 안에' 있다(예를 들어, 자녀가 대학교에 가기 전에 하나님과 동행하는 모습을 보는 것). 어떤 BHAG든 해야 할 일 목록에 명확한 초점을 더해 줄 만큼 충분히 '크고' 충분히 '도전적이고' 충분히 '유익하면' 된다.

당신의 개인적인 소명과 직업적인 소명을 위한 BHAG에 관해 고민하면서 크게 기도하고 크게 생각하기를 바란다. 어마어마할 정도로 '커야' 한다. 여기에는 다섯 가지 이유가 있다.

왜 더 큰 목표를 세워야 할까

하나님은 우리가 상상하는 것보다 측량할 수 없이 더 큰 것을 행할 능력이 있으시다. 빌 게이츠는 이렇게 말했다. "대부분의 사람은 자신이 1년에 이룰 수 있는 것을 과대평가하고 자신이 10년 안에 이룰 수 있는 것은 과소평가한다."[23] 내가 경험한 바로, 지극히 맞는 말이다. 우리는 자신이 생각하는 것보다 훨씬 더 큰 장기 목표를 이룰

수 있다. 그것은 우리가 뛰어나서가 아니라 하나님이 우리를 '통해' 역사하시기 때문이다. 에베소서 3장 20절은 이 점을 분명히 말한다. "우리 가운데서 역사하시는 능력대로 우리가 구하거나 생각하는 모든 것에 더 넘치도록 능히 하실 이(하나님)."

그리스도인으로서 우리 안에는 하나님의 능력이 역사하고 있다. 성령을 통해 창조주 하나님이 우리 안에 거하신다. 그리고 예수님은 '그분'이 이 땅에 계실 때 행하셨던 것"보다 큰일"을 '우리'가 성령을 통해 행할 것이라고 말씀하셨다. 우리 자신의 힘보다 그분의 능력을 더 의지할 때 그게 가능하다. 이 진리로 인해 우리는 일터와 가정에서 더없이 원대한 목표를 세우고 추구해야 한다.

작은 목표보다 큰 목표를 이루는 것이 더 쉽다. 대부분의 사람은 하나님이 자신이 상상하는 것보다 측량할 수 없이 큰 것을 행하실 수 있다고 믿지 않는다. 그래서 평범한 것을 목표로 삼는다. 여기에 흥미로운 역설이 있다. 거의 모든 사람이 평범한 목표를 추구하기 때문에 목표의 크기가 '커질수록' 경쟁률은 '줄어든다.'

내 경험으로 볼 때 10만 달러를 투자받는 것보다 100만 달러를 투자받는 게 더 쉽다. 지역 언론에 나오는 것보다 전국 언론에 나오는 게 더 쉽다. 지역 광고 회사에 인턴으로 취직하는 것보다 백악관 인턴이 되는 게 더 쉽다.

마지막 사례는 내가 직접 경험했다. 그 일이 지금도 생생히 떠오른다. 내가 플로리다주립대학교(Florida State University) 홍보학과에서 공부할 때 대부분의 학우는 몇 개 되지 않는 지역 광고 및 커뮤니케이션 업체의 같은 자리를 놓고 경쟁하느라 인턴으로 취직하는데 어려움을 겪었다. 그때 나는 훨씬 더 큰 목표를 바라보았다. 무려, 백악관 인턴을 겨냥했다. 그 결과, 오직 하나님의 은혜라고밖에 설명할 수 없는 일이 일어났다. 백악관 인턴이라는 엄청난 자리에 당당히 합격한 것이다. 그런데 그거 아는가? 내 백악관 인턴 동료들은 내 대학교 친구들보다 뛰어나지 않았다. 그들은 단지 더 담대했을 뿐이다. 그들은 더 큰 목표를 세웠다.

21세기의 가장 위대한 경영학 대가로 추앙받는 피터 드러커는 이런 말을 남겼다. "작고 새로운 일을 하는 것이 크고 새로운 일을 하는 것만큼이나 위험하고 힘들고 불확실하다."[24] 정확한 지적이다. 그러니 목표를 높게 잡으라.

큰 목표를 세우면 거절하기가 더 쉬워진다. 당신의 시간과 관심을 달라는 요청에 거절하는 기술을 갖고 싶은가? 나도 그렇다. 5장과 7장에서 그리스도인의 거절하는 방법이 세상의 방법과 어떻게 달라야 하는지 더 자세히 살펴보겠지만, 우선 여기서는 이 간단한 통찰 하나만 기억하고 넘어가자. 그것은 크고 중요한 일에 이미 헌신하고 나면 거절하기가 훨씬 쉽다는 것이다.

"커피 한잔만 줄래요?"

"죄송합니다만, 지금 마감 시간이 촉박해서요. 원고를 오늘까지 완성해야 해서 자리에서 떠날 수 없습니다."

"오늘 저녁에 시내에 나가는데 저녁 식사 같이 하실래요?"

"저도 그러고 싶지만, 아이들을 교회 저녁 프로그램에 참여시키는 데 전념하고 있어서 어렵습니다."[25]

〈뉴욕 타임스〉 칼럼니스트 데이비드 브룩스는 이런 말을 했다. "관심 쟁탈전에서 이기려면, 정보의 뷔페에서 집중을 방해하는 사소한 것을 거절하려고 애쓰지 말라. 그보다는 어마어마한 열정을 불러일으키는 일을 받아들이라. 그 열정이 다른 모든 것을 밀어낼 것이다."[26] 그렇다. 어마어마한 열정. 이것이 우리가 크고 위험하고 대담한 목표를 설정하는 이유다. 하지만 BHAG를 세우기 전에 우리가 각 목표에 대한 더 큰 비전을 달라고 기도해야 하는 이유를 두 가지 더 살펴보자.

큰 목표는 우리가 추구하는 일로 다른 사람들을 끌어들이게 해 준다. 브레트 해글러는 내가 가장 좋아하는 BHAG 중 하나를 목표로 삼고 있는 비영리단체인 뉴스토리(New Story)의 CEO다. 그의 목표는 바로 "집 없는 사람이 없는 세상을 만드는 것"이다.[27] 해글러가 내 팟캐스트에 출연했을 때 그가 지닌 대담한 목표의 가치에 관해 이야기해 달라고 부탁했다. 그의 대답은 말할 수 없이 소중했다. "대담한 아이디어는 대담한 사람들을 끌어모읍니다."[28]

조직을 이끄는 사람이라면 좋은 사람을 자신의 팀으로 영입하는 것이 최우선 사항임을 잘 알 것이다. 최고의 인재는 따분한 문제 해결에 뛰어들려 하지 않는다. 그들은 그야말로 세상을 변화시키기를 원한다. 더 큰 목표를 세우면 세계 최고의 인재들이 찾아올 것이다.

하지만 조직의 리더만 이 조언에서 유익을 얻을 수 있는 것은 아니다. 당신이 책 출간이라는 큰 목표를 세우면 당신의 생각이 담긴 글을 세상에 나누는 일에 친구들이 발 벗고 나설 수 있다. 전업주부도 큰 목표를 세워 남편과 아이들이 따라오게 할 수 있다. 다시 말하지만, 대담한 아이디어와 목표는 대담한 인재들을 끌어모은다.

완전히 실패할 가능성이 적다. 구글의 공동 창업자 래리 페이지는 큰 목표를 세우는 것에 관해 "사람들이 모르는 사실은, …… 야심만만한 일에서 실패하더라도 완전히 실패하기는 정말 어렵다"는 것이다.[29] 크고 위험하고 대담한 목표를 세우면 '현실적' 목표를 세웠을 때보다 더 크게 성장할 가능성이 높다. 큰 사고는 큰 결과를 낳는다.

하지만 설령 완전히 실패해서 대자로 뻗는다 해도 예수 그리스도의 복음은 우리의 궁극적인 성공을 보장해 준다. 성공하든 실패하든 "하나님을 사랑하는 자 곧 그의 뜻대로 부르심을 입은 자들에게는 모든 것이 합력하여 선"을 이룬다(롬 8:28). 영원의 이편에서는 "선"을 보지 못하더라도 신실하신 하나님은 반드시 이 약속을 지키실 것이다. 그리하여 우리는 그분의 영광과 다른 사람의 유익을 위해 더 큰 목표를 추구할 수 있다.

향후 몇 년간 혹은 몇십 년간 하나님이 어떤 목표로 당신을 이

끄시는 것 같은가? 각 소명에 대한 당신의 "나는 원한다"의 노래는 무엇인가? 고민할 시간이 필요하다면 시간을 내라. 하지만 당신의 **BHAG**를 이미 안다면 글로 적어 보라. 그럼 이제 다시 엘리베이터를 타고 가상 건물의 아래층으로 내려가자. 거기서 3개월 동안 추구할 더 구체적인 목표, "잘 정의된 도전적인 목표들"을 정해 보자. 그러면 할 일의 우선순위를 정하는 데 도움이 될 것이다.

실습 4° 분기 목표를 세우라

BHAG는 "나는 무엇을 원하는가?"에 대한 답이다. 하지만 "그 목표를 어떻게 달성할 것인가? 그리고 그 목표를 향해 제대로 가고 있는지 어떻게 측정할 것인가?"에 답하려면 또 다른 도구가 필요하다. 해야 할 일 목록에 보다 구체적인 초점과 질서를 더하려면 BHAG에 조금씩 더 가까워지게 해 주는 주기적인 목표(분기 목표를 추천한다)를 세워야 한다.

하지만 현실을 직시하자. 전통적인 목표 설정 도구들은 여전히 불충분하고 열정을 불러일으키기 쉽지 않다. 혹시 일터에서 "핵심 성과 지표"(KIP; key performance indicators)나 "SMART 목표 설정"을 해 본 적이 있는가? 이런 도구는 성과로 이어질 수 있지만 좀처럼 열정을 불러일으키지는 못한다. 왜일까? 대개 성과를 매력적인 목표와 연결하지 않기 때문이다. 당신은 어떤지 모르겠지만 나는 매력적인 동시에 측정 가능한 목표가 필요하다.

이것이 내가 구글로 인해 유명해진 "목표와 핵심 결과 지표"(OKR; objectives and key results)를 좋아하는 이유다. 구글의 리더들은 "회사의 궤적이 근본적으로 변한 것"이 "목표 설정 틀"(goal-setting framework) 덕분이라고 말한다.[30] 그렇다. 역사상 가장 위대한 기업 중 하나로 꼽히는 구글은 유례없는 성공의 열쇠로 "목표 설정 틀"을 지목한다. 그리고 구글만 그런 게 아니다. 지금까지 OKR이라는 틀을 채택한 개인과 기업의 면면을 보면 탄성이 절로 나온다. 몇 가지 소개해 보면, 보노, 디즈니, 아마존, 넷플릭스, 위키피디아 등이 있다.[31]

그렇다면 OKR은 정확히 무엇인가? OKR은 두 가지 구성 요소로 이루어져 있다. 목표(O)와 그 목표에 관한 핵심 결과(KR)가 그것이다. OKR에 관한 책을 쓴 저명한 벤처 투자자 존 도어는 이렇게 말했다. "목표는 중요하고, 구체적이고, 행동 지향적이고, (이상적인 경우) 열정을 불러일으킨다."[32] 목표는 BHAG 달성에 더 가까워지기 위해 정해진 기간에 이루어져야 하는 것이다.

핵심 결과는 "구체적이고, 시간제한적이며, 공격적이되, 현실적이다. 무엇보다도 이것은 측정 가능하고, 검증 또한 가능하다."[33]

전 구글 직원이자 야후(Yahoo)의 CEO인 마리사 메이어에 따르면 "숫자를 가지기 전까지는 핵심 결과가 아니다."[34] 핵심 결과를 보고 우리가 목표를 달성했는지를 알 수 있다.

목표와 핵심 결과를 합치면 이런 간단한 목표 공식이 만들어진다. "나는 '핵심 결과'로 측정 가능한 '목표'를 달성할 것이다." 해당 분기에 1-5개의 목표를 세우고, 각 목표에 대해 1-5개의 핵심 결과를 정해야 한다.[35]

OKR에 관한 구체적인 사례 두 가지를 살펴보자. 35세까지 CCO로 승진하겠다는 BHAG를 세운 그래픽 디자이너의 사례를 기억하는가? 이 디자이너가 승진하는 데 걸림돌 중 하나가 관리자 경험 부족이라고 해 보자. 이번 분기에 BHAG 달성에 가까워지기 위해 다음과 같은 OKR을 설정할 수 있다.

목표: CCO에 가까워지기 위해 필요한 관리자 경험을 쌓는다.
- ⊙ 핵심 결과 1: 내년에 직속 부하 직원을 영입할 수 있도록 상사를 설득한다.
- ⊙ 핵심 결과 2: 세 명의 CCO를 만나 이 역할에 필요한 조건을 갖추기 위한 조언을 구한다.
- ⊙ 핵심 결과 3: 창의적 인재 관리에 관한 온라인 코스를 수료한다.

보다시피 "목표와 핵심 결과는 목표 설정의 음과 양, 원칙과 실제, 비전과 실행이다. 목표는 열정을 불러일으키는 것, 중·장기적인 목표다. 핵심 결과는 더 즉각적이고 지표 중심적이다."[36]

　"열정을 불러일으키는" 목표와 "지표 중심적인" 핵심 결과를 둘 다 설정하는 것이 왜 그토록 중요한지를 알려 주는 또 다른 사례를 보자. 당신이 직장에 다니면서 부업으로 온라인 교육 사업을 한다고 해 보자. 온라인 교육 사업에 전념하고 싶지만 당장은 먹고살기 위해 그럴 수 없다. 당신이 이번 분기에 설정할 수 있는 OKR은 다음과 같을 수 있다.

> **목표: 온라인 교육 사업에 전념할 수 있는 재정 상태를 마련한다.**
> ⊙ 핵심 결과 1: 온라인 수업의 수강생 100명을 모집한다.
> ⊙ 핵심 결과 2: 세 명의 지난 수강생들과 연락을 유지하면서 어떤
> 　　수업을 듣고 싶은지에 관한 의견을 얻는다.
> ⊙ 핵심 결과 3: 수중에 있는 현금 25,000달러를 4만 달러로 늘린다.

　수강생을 100명 모집하는 것은 쉽지 않다. 이것이 이번 분기의 핵심 결과 중 하나라면 일이 고되게 느껴지는 날이 많을 것이다. 하지만 목표를 볼 때마다 당신이 그토록 열심히 노력하는 이유를 기억할 수 있다. 당신이 그토록 애쓰는 것은 그것이 더 의미 있는 목표를 위한 수단이기 때문이다. 그 의미 있는 목표는 하나님이 부르신 일이라고 확신하는 일에 전념하는 것이다.

이런 사례를 통해 '매력적인 목표'를 '측정 가능한 목표'와 결합하는 것이 중요한 이유를 이해했으리라 믿는다. 18세기의 한 교회 안에 새겨진 글귀는 이를 잘 설명해 준다. "과제가 없는 비전은 꿈이다. 비전이 없는 과제는 고역이다. 비전과 과제는 세상의 희망이다."[37]

이렇게 말하는 독자가 있을지 모르겠다. "OKR은 큰 회사들이나 하는 것 아닌가요? 나는 한낱 프리랜서라고요. 이게 나한테도 적용되나요?" 물론이다. OKR은 가장 중요한 것을 중심으로 할 일 목록을 정리하고 "크고 위험하고 대담한 목표"를 향해 실질적으로 나아가고 싶은 모든 이를 위한 것이다. 나는 규모가 큰 팀을 이끌 때 OKR 틀을 사용하기 시작했지만 저술 활동에 전념하기 위해 CEO 자리에서 내려온 뒤 1인 팀으로 일하면서도 계속해서 OKR 틀을 사용했다. 당신도 그럴 수 있다.

"하지만 이미 회사에서 정해 준 목표가 있는걸요. 그런데 왜 OKR을 정해야 하죠?" 그 이유는 현재 회사에서 도와주지 않는 당신의 커리어 목표와 인생의 목표가 있기 때문이다. 다른 사람이 경영하는 회사에서 일하고 있다면 첫 번째 직업적 우선 사항은 맡은 일을 훌륭하게 해내어 그를 섬기는 것이다(골 3:22-25). 하지만 그렇다고 해서 현재의 일 외에 커리어와 인생을 위한 개인적 목표를 정할 수 없다는 뜻은 아니다. 내 조언은 간단하다. 회사에서 준 목표를 훌륭하게 수행하고, 개인적인 시간을 계획하기 위한 OKR도 정해 보라.

내가 경험해 보니 남편과 아버지로서의 역할을 포함해서 내 모

든 소명에 대해 OKR을 설정하면 정말 큰 도움이 된다.[38]

실습 5 ° '프로젝트 목록'과 '행동 목록'을 다듬으라

이제 우리는 건물 1층으로 돌아왔다. 거기서 실질적인 할 일 목록을 다시 살펴보자. 이 목록은 우리가 할 일 추적 시스템(CTS)에서 만들어 낸 프로젝트 목록과 행동 목록이다.

2장에서 우리는 "시급하든 한참 남았든, 우리가 미래에 하기로 속으로 어느 정도라도 마음먹은 일"을 CTS에 추가했다. 우리 뇌가 열린 고리의 압박에서 벗어나기 위해서는 이 활동이 중요하다. 하지만 동시에 프로젝트 목록과 행동 목록이 '뇌의 밖에서 계속해서 추적하고 싶지만 당장 우선 사항은 아닌 것들'로 가득해진다는 아이러니가 발생한다. 그렇다면 나머지를 계속 잊지 않으면서도 가장 중요한 항목에 집중하려면 어떻게 해야 할까?

첫 번째 단계는 이번 분기에 하기로 한 프로젝트와 행동을 시각적으로 명확하게 하는 것이다. 종이에 쓴 할 일 목록 혹은 CTS 앱을 사용한다면 그 방법은 간단하다. 예를 들어, 프로젝트 목록과 행동 목록에서 이후 3개월간 집중할 항목에 밑줄을 긋는 것이다. 디지털 CTS를 사용한다면 분기 목표와 관련 있는 항목에 깃발이나 별 표시를 하거나 프로젝트 목록과 행동 목록을 하위 폴더로 나누는 식으로 우선 사항을 시각적으로 명확히 할 수 있다. 나는 후자 방식을 선호한다. 내 CTS에서 내가 이후 3개월 동안 집중할 프로젝트와 행동은 '이번 분기'라고 쓴 폴더에 들어 있다. 다른 모든 할 일은 어디에 저장돼 있는가? 나머지 항목은 삭제하지는 않았다. 나는 그 항목들을 별도의 물리적 공간에 모아 놓았다. 사실상 그것들을 내 마음의 지하실에 가둬 둔 것과도 같다. 이 중요한 습관이 이번 장의 마지막 실습 활동이다.

실습 6° 후순위 항목을 지하실에 가둬 두라

한번은 워렌 버핏이 직원 중 한 명인 마이크 플린트라는 사람에게 커리어에 관한 조언을 해 달라는 부탁을 받았다. 버핏은 플린트에게 가장 중요한 커리어 목표 스물다섯 개 목록을 만들라고 말했다. 플린트가 그 목록을 만들어서 보여 주자 버핏은 다시 다섯 개 항목으로 줄이라고 말했다. 플린트는 수정한 목록을 버핏에게 보여 주면서 동그라미를 친 다섯 개 목표에 집중하겠다고 말했다. 단, 나머지 스무 개의 항목도 중요했기에 시간이 날 때마다 그것들을 위해서도 노력하겠다고 말했다. 그러자 버핏은 이렇게 말했다. "틀렸네. 자네가 동그라미를 치지 않은 나머지는 반드시 피해야 하는 목록이네. 동그라미를 친 다섯 개 목표를 완성하기 전까지는 절대 관심을 딴 데로 빼앗기지 말아야 하네."[39]

플린트의 상위 다섯 개 목표는 '우선 사항' 항목이었다. 버핏이 그에게 반드시 피하라고 한 것들은 피터 드러커가 "후순위 항목"이라고 부른 것이다.[40]

세상에서 가장 생산적인 그리스도인과 100번 넘게 인터뷰를 한 결과, 나는 그들이 지닌 가장 중요한 기술 중 하나는 우선 사항을 완성하기 전까지 후순위 항목을 보류하는 능력이라는 결론에 이르렀다. 예수님처럼 이들은 맡아야 할 일은 과감하게 맡고 거절할 일은 단호하게 거절했다. 목사이자 황당할 정도로 생산적인 작가인 랜디 알콘은 이를 "계획된 무관심"(planned neglect)으로 부른다.[41] 나는 이것이 정말 필요하다고 생각한다.

개인적으로 내가 버겁다 여길 때는 대개 일을 적절히 위임하지 않았을 때가 아니다. 내 할 일 목록 중 거의 모든 항목은 내가 해야 하는 일이지만 할 시간이 충분하지 않은 것이 많다. 문제는 내가 '한 번에' 너무 많은 일을 하기로 결정했다는 것이다. 내가 너무 많은 우선순위를 정한 반면, 후순위 항목은 거의 정하지 않았다.

우리의 시간을 구속해서 하나님이 예비하신 일에 온전히 집중하려면 후순위 항목을 우리 마음의 지하실에 가둬 두는 습관을 길러야 한다. 이것이 내가 이번 장에서 5층짜리 건물을 그린 이유다. 이 가상 건물 안에서 살거나 일하는 사람들에게 이 건물은 5층짜리 건물이다. 누구도 이 건물을 6층 건물이라고 보지 않는다. 지하실은 우리 시야와 마음에서 멀어져 있기 때문이다. 후순위 항목 역시 이런 식으로 취급해야 한다.

그러면 구체적으로 어떻게 해야 할까? '실습 5'에서 나는 분기 목표의 우선 사항을 할 일 목록이나 CTS에서 시각적으로 명확하게 하는 법을 보여 주었다. '나머지 모든 것'을 별도의 물리적 공간에 두기를 바란다. 다시 말하지만, 종이에 적은 할 일 목록이나 CTS를 사용한다면 간단하게, 우선 사항에 밑줄을 긋고 후순위 항목은 그냥 두면 된다. 하지만 내 경우에는 그것만으로 충분치 않다. 나는 후순위 항목을 머릿속에서 지우기 위해 아예 눈에서 보이지 않게 해야 한다. 이것이 내가 내 프로젝트 목록과 행동 목록의 모든 우선 사항을 '이번 분기' 하위 폴더에 넣고, 나머지(후순위 항목)는 '언젠가' 폴더에 넣는 이유다.[42]

해야 할 일들을 어떤 식으로든 원하는 대로 정리하라. 단, 우리는 예수님처럼 가장 중요한 일에 집중하지 않고 너무 많은 일을 맡을 때가 너무도 많기에 무슨 수를 써서라도 후순위 항목을 당신의 마음과 할 일 목록의 지하실에 가둬 두기를 강권한다.

1분기가 끝나기 전에 OKR을 달성한다면 얼마든지 지하실에서 새로운 프로젝트를 꺼내 하나님의 영광과 다른 사람의 유익을 위해 선한 일을 해도 좋다. 하지만 그 목표를 달성하기 전까지는 후순위 항목을 가둬 두어야 한다.

내가 전에 운영하던 회사에서 사업 파트너와 나는 2주에 한 번씩 서로의 할 일 목록을 검토해서 우리의 OKR과 일치하지 않아 그만두어야 할 프로젝트를 지적해 주는 '그만두기' 회의를 열었다. 가장 중요한 일에 우리의 시간을 집중하는 데 더없이 좋은 방법이었다. 배우자나 친한 직장 동료, 사업 파트너가 있다면 비슷한 방법을 사용해 보길 바란다. 당신의 목표를 알려 주고서 당신의 할 일 목록에 있는 항목이 당신의 우선순위와 일치하는지 말해 달라고 부탁하라.

퍼즐 조각 모으기

불과 몇 장에 걸쳐서 많은 길을 걸어왔다. 이제 우리의 시간을 구속하기 위한 퍼즐 중 처음 네 조각을 모았다. 말씀으로 시작하고, 할 일을 모으고, 소음의 왕국에서 벗어나고, 할 일의 우선순위를 정했으니 퍼즐의 다섯 번째 조각을 모을 준비가 됐다. 다섯 번째 조각은 매일 우선 사항에 온전히 집중하기 위해 어떻게 해야 하는지를 배우는 것이다.

✓ **시간 관리 대원칙 5**

한 번에 한 가지
중요한 일에 집중한다

구주 예수를 본받아 내 시간을 구속하려면 내 불편재성
(unipresence)을 받아들이고 한 번에 한 가지 중요한 일
에 집중해야 한다.

유명한 작가 C. S. 루이스는 그야말로 괴짜였다. 예를 들어, 그는 자동차를 운전하거나 신문 읽기를 거부했다.[1] 보드게임 스크래블(Scrabble)을 할 때는 자신만의 규칙을 만들어 냈다.[2] 이 사랑받는 작가의 전기들을 읽다 보면 베네딕트 컴버배치가 열연한 셜록 홈즈와 참 닮았다는 생각이 든다. 둘 다 특이한 점이 꽤 많은 천재였다.

루이스 이야기에서 가장 별난 부분은 아마도 제니 무어라는 여성과의 관계일 것이다. 제1차 세계대전 당시 루이스는 무어의 아들인 패디와 우정을 쌓았다. 두 친구는 전쟁에 나가기 전에 누구라도 전사하면 생존자가 상대방 가족을 돌봐 주기로 약속했다.[3] 패디가 프랑스에서 전사하자 루이스는 바로 약속을 이행했다. 그는 부상으로 제대한 뒤 잉글랜드로 돌아와 (그가 "무어 부인"이라고 불렀던) 제니 무어와 그녀의 딸 모린이 있는 곳으로 이사했다.

루이스와 무어 부인의 관계는 복잡했다. 무어는 루이스가 겨우 아홉 살 때 어머니를 잃으면서 생긴 삶의 공백을 채워 주었던 게 분명하다. 하지만 루이스의 여러 전기 작가들은 루이스와 무어 부인 사이의 관계가 연애 관계였을지 모른다고 추정한다.[4] 두 사람이 남녀 관계였든 아니든 상관없이 무어가 수년 동안 루이스의 삶에서 중요한, 그리고 대체로 긍정적인 역할을 했다는 사실만큼은 분명하다. 루이스는 무어 가족을 너무 좋아해서 자신의 아버지가 엄연히 살아 있는데도 남들이 없을 때는 그들을 가족이라고 부를 정도였다.[5]

하지만 무어 가족과의 좋은 시절은 영원하지 않았다. 루이스에게 무어 부인은 기쁨보다 점점 짐으로 다가오기 시작했다. 그로 인해 루이스는 자신의 시간을 구속하기가 극도로 어려워졌다. 루이스의 의붓아들이자 전기 작가는 이렇게 말했다. 무어가 루이스에게 해 달라고 부탁한 "사소한 일거리가 매일 하루 종일 끊이지 않았다."[6] 루이스가 다음 책의 한 장을 쓸라치면 무어 부인이 다급하게 그를 불러 설거지나 마루에 걸레질을 해 달라고 부탁했다. 마치 관심을 끌려는 사람처럼 부인은 계속해서 소일거리를 만들어 냈다. 덕분에 루이스는 "그녀를 돌보기 위해 녹초가 될" 만큼 바삐 돌아다녀야 했다.[7] 그의 전기 작가는 계속해서 다음과 같이 말했다.

〔루이스는〕 자기 방에서 글을 쓰거나 공부를 하다가 갑자기 아래층 어딘가에서 요란한 소리를 들었다. 이어서 무어 부인의 애처로운 비명 소리가 들렸다. 그가 깜짝 놀라서 달려 내려가 보면 부인이 뭔가에 걸려 넘어져 있었다. 부인은 조금도 다치지 않았지만 매우 "놀라" 있었다. 〔루이스는〕 정신없이 모든 상황을 정리한 다음, 다시 일을 시작했지만 10분 만에 또 불려가서 뭔가를 사 오거나 그다지 필요 없는 사소한 작업을 해야 했다.[8]

루이스가 그 시기에 의미 있는 작업을 조금이라도 했다는 사실은 정말이지 기적 그 자체였다. 하지만 여러 전기 작가에 따르면 루이스는 단 한 번의 불평도 하지 않았다. 예수님을 향한 사랑으로 기꺼이 희생하며 자비를 베풀었다. 그는 무어 부인이 건강 문제로 마지못해 요양원에 들어간 직후에 세상을 떠나기까지 무려 '30년 이상' 자신의 의무를 묵묵히 감당했다.[9]

그 뒤에 루이스의 생산성은 '폭발했다.' 무어 부인이 떠나자 그는 "한 번에 몇 시간씩 방해받지 않고 충실하게 일할 수 있었다. 그리고 …… 루틴을 구축할 수 있었다. …… 이제 집에 방해 요소가 없었기에 일에 푹 빠져들 수 있었다."[10] 무어 부인이 떠난 뒤 6년 동안 루이스는 무려 '열 권'의 책을 썼다. 지금까지 그가 쓴 책 중 계속해서 가장 많이 판매되고 있는 《순전한 기독교》(Mere Christianity)와 《나니아 연대기》 시리즈의 일곱 권도 모두 그 시절에 쓴 것이다.

루이스는 작가로서의 커리어를 시작한 뒤 처음으로 매일 중요한 일에 집중하고 몰입해 일할 수 있었다. 조지타운대학교(Georgetown University) 컴퓨터 공학 교수인 칼 뉴포트는 자신의 책 《딥 워크》(Deep Work)에서 이 개념을 널리 알렸다. 뉴포트는 "딥 워크"를 "인지 능력을 극한까지 끌어내는, 방해받지 않고 고도로 집중한 상태에서 수행하는 직업적 활동"으로 정의했다.[11]

C. S. 루이스의 삶이 생생하게 보여 주듯, 일터에서 몰입해 일하는 능력은 값을 따질 수 없이 귀하다. 많은 비즈니스 서적을 쓴 한

저자는 이를 "21세기의 초능력"이라고 불렀다.[12] 과한 표현처럼 들리는가? 나는 그렇게 생각하지 않는다. 오히려 더없이 옳은 말이라고 생각한다. 나는 딥 워크야말로 탁월한 결과를 내기 위해서 매일 추구해야 하는 가장 중요한 습관이라고 믿는다. 또한 이 습관이 너무도 효과적이라는 사실도 발견했다. 그리하여 스레숄드 360의 CEO로 있을 때 이 개념을 우리의 핵심 가치에 포함해 "딥 워크는 꿈을 이루게 한다"라는 표현을 삽입했다.

딥 워크와 시간 구속은 어떤 관련이 있는가? 딥 워크는 모두에게 똑같이 주어진 24시간이란 시간제한 속에서 선한 일을 더 많이 하기 위한 열쇠다. 전설 같은 작가 피터 드러커는 다음과 같이 말했다.

> 한 번에 한 가지 일을 하는 것은 그 일을 빨리 한다는 뜻이다. 시간과 노력과 자원을 더 집중할수록 더 많고 더 다양한 일을 해낼 수 있다. …… 이것이 '수많은 일을 해내는' 사람들, 수많은 어려운 일을 해내는 사람들의 '비밀'이다. 그들은 한 번에 한 가지 일만 한다.[13]

집중. 몰입. 깊이. 이것이 엄청난 생산성의 비밀이다.

물론 깊이는 일터에서만 중요하지 않다. 가정에서도 똑같이 중요하다. 당신이 배우자나 자녀, 친구들과 마지막으로 진정으로 양질의 시간을 보낸 시간을 돌아보라. 필시 그 시간의 밑바탕에는 몰입이 있었을 것이다. 휴대폰을 다른 곳에 두었을 것이다. 적어도 휴대폰이 3분마다 징징거리지는 않았을 것이다. 텔레비전이 꺼져 있었을 것이다. 당신의 관심을 빼앗는 다른 사람들이 없었을 것이다. 눈앞에 있는 사람에게 온전히 집중했을 것이다. 다시 말해, 가장 중요한 한 사람과의 소통으로 깊숙이 들어갔을 것이다.

깊숙이 들어가는 능력이 일터와 가정 모두에 그토록 중요하기에 '딥 워크'에 관한 뉴포트의 정의를 확장해서 "깊이"(depth)에 관한 더 넓은 정의를 제시하고 싶다.

깊이 ─ 한 번에 한 가지 중요한 일에 강하게 집중하는 힘.

앞서 보았듯이 깊이는 '당신'에게 매우 중요하다. 하지만 무엇보다도 일터와 가정에서 몰입하는 당신의 능력은 '다른 사람에게' 중요하다. 회사를 잘 섬기려면 맡은 일에 온전히 집중해서 생산성 있는 결과를 만들어 내야 한다. 가족을 잘 섬기려면 몸만 집에 있는 게 아니라 온 마음으로 그들에게 온전히 집중해야 한다. 오늘날처럼 방해 요소가 가득한 세상에서는 온전한 집중이야말로 우리가 다른 사람에게 줄 수 있는 가장 귀한 선물 중 하나다.

저자이자 강연자인 마이클 하얏트는 이렇게 말했다. "우리가 〔영어에서〕'관심을 기울이다'를 표현할 때 'paying attention'(관심을 지불하다)이라고 말하는 데는 이유가 있다. 집중은 그야말로 값지다."**14**

나아가 나는 집중이 점점 '희소해지고' 있기에 '점점 더' 귀해지고 있다고 생각한다. 테일러 스위프트의 표현을 빌리자면 "중요하고 희소한 것은 값지다."[15] 음악만 그런 게 아니다. 우리 세대에 소멸할 위험이 가장 높은 자원은 물이나 석유가 아니라 집중력이다.

이 점을 증명해 보이려고 수만 가지 연구 결과를 제시할 필요도 없다. 우리 모두는 집중력이 매일 공격당하고 있다는 사실을 충분히 알고 있다. 하지만 우리가 이 문제의 중요성을 제대로 인식하는지는 매우 의심스럽다. 우리의 시간을 구속하고 4장에서 정한 목표를 이루는 데 방해 요소가 얼마나 큰 걸림돌이 되는지를 우리는 제대로 깨닫지 못하는 듯하다. 런던대학교(University of London) 심리학자들은 주의를 산만하게 하는 방해 요소가 우리 지능에 '마리화나보다 두 배나 큰' 악영향을 미친다고 진단했다.[16] 과학적 용어로 "주의 잔류"(attention residue)라는 현상이 발생한다는 것이다.[17]

당신이 블로그에 글을 쓰기 위해 자리에 앉았다고 해 보자. 30분쯤 한참 일에 몰두하고 있는데 갑자기 상사에게서 메시지가 온다. 다른 일이 잘 되고 있는지 확인하는 메시지다. 순간, 집중력과 생각의 흐름이 깨진다. 심지어 그 메시지에 답장하지 않아도 생각의 일부분은 여전히 상사의 메시지에 쏠려 있다. 온전히 블로그에 쓸 글에 집중하지 못하고 이런저런 생각이 들기 시작한다. '내가 이번 주에 그 일을 마칠 수 있도록 충분히 시간을 할애했나?' '그 일을 아직 끝내지 못했다고 상사가 화를 내지 않았으면 좋겠는데.'

이것이 주의 잔류물이다. 학자들은 이 주의 잔류 현상은 생산성을 크게 방해한다고 말한다. 글쓰기에 다시 집중하려면 시간이 걸릴 뿐 아니라, "다른 일로 업무 전환을 한 뒤에 주의 잔류를 경험하는 사람들은 그 전환한 일에서 나쁜 성과를 보일 가능성이 높다"고 하는 학자도 있다.[18] 다시 말해, 블로그 글쓰기를 끝내는 데 '더 오랜' 시간이 걸릴 뿐 아니라, 방해받지 않고 집중할 때만큼 높은 품질의 글이 탄생할 수 없다.

다시 말하지만, 이 문제는 일터에서만 적용되지 않는다. 당신이 토요일에 집에서 아이들과 놀다가 잠시 이메일을 훑어본다고 해보자. 그런데 다음 주 일정을 완전히 망쳐 놓을 이메일이 금요일 늦은 밤에 도착해 있다. 2장에서 살폈듯이 그 이메일이 의미하는 열린 고리를 일단 적기만 해도 도움이 된다. 하지만 그 이메일이 특히 불안을 낳는 메시지거나 흥분시키는 메시지라면 몸은 집에 있어도 주말 내내 정신은 딴 곳에 가 있을 것이다. 나는 여러 번의 뜻하지 않은 경험으로 이 사실을 톡톡히 배웠다.

인간의 뇌를 주의 잔류물로 가득 채우는 방해 요소를 어떻게 물리칠 수 있을까? 어떻게 하면 바쁜 현대 세상 속에서 예수님처럼 한 번에 중요한 일 한 가지에 집중한 상태를 유지할 수 있을까? 이런 질문에 답하기 전에 깊이를 얻기 위한 우리의 싸움에서 적들을 분명히 확인하고 넘어가야 한다. 우리는 이 적들의 실체를 생각만큼 분명하게 알고 있지 못하기 때문이다.

'깊이'를 얻기 위한 싸움의 적

외부의 방해 요소

진부한 표현 하나를 인용하겠다. "우리는 전에 없이 연결돼 있다." 달리 표현하면 우리는 전에 없이 '방해받고' 있다. 무슨 뜻인지 잘 알 것이다. 이메일, 문자 메시지, 소셜 미디어의 알림, 모바일 게임, 휴대폰, 사무실로 불쑥 찾아오는 상사, 화상 통화를 해야 하는데 소꿉장난을 하자는 딸.

분명 외부의 방해 요소는 깊이를 얻기 위한 시간 싸움에서 제일 큰 적이다. 하지만 좋은 소식은 5장에 나온 활동을 보면 알겠지만 이 적이 되레 가장 상대하기 쉬운 적일 때가 많다는 것이다. 하지만 이 적을 상대하기 전에 깊이 들어가지 못하도록 막는 네 가지 내부의 적을 확인해야 한다.

가짜 생산성

딥 워크의 반대는 "피상적 작업"(shallow work)이다. 칼 뉴포트는 이를 "크게 지적 수고를 요하지 않는 물적유통 스타일의 일, 조금 산만한 상태에서 수행하는 일"로 정의한다.[19]

피상적 작업에는 이메일, 행정 업무, 대부분의 회의가 해당된다. 피상적 작업 중 '일부'는 중요한 일이다. 상사를 잘 섬기려면 그가 보낸 이메일에 답장해야 한다. 경비 처리를 받으려면 재정 부서에 영수증을 제출해야 한다.

하지만 피상적 작업의 '대부분'은 중요하지 않다. 전혀 중요하지 않다. 그렇다면 우리는 그런 일을 왜 그토록 많이 하는가? 그것은 피상적 작업이 딥 워크보다 '훨씬' 쉽기 때문이다. 솔직히 말해 보자. 종일 회의에 참석하고 이메일을 확인하는 것이 2시간 동안 책상 앞에 앉아서 새로운 뭔가를 창출하기 위해 온 정신을 집중하는 것보다 훨씬 더 쉽고 덜 피곤하다. 피상적 작업은 큰 노력을 기울이지 않고도 생산적으로 보이게끔 해 준다. 피상적 작업에 하루 종일 시간을 보내면 '가짜 생산성'으로 이어진다. 마치 바쁜 것처럼 보이게 해 주지만 전혀 중요하지 않고 목표 달성에 아무런 도움도 되지 않는 일이다.

실질적인 생산성보다 가짜 생산성을 선호하기 쉽다. 죄로 인해 우리 모두는 게을러졌다. 바빠 '보이게' 만드는 쉬운 길과 실제로 결과를 만들어 내는 힘든 길 사이에서, 대부분의 사람은 쉬운 길을 선택한다. 하지만 당신과 나는 그러지 말아야 한다. 왜일까? 그리스도인으로서 하나님이 우리에게 할 일을 주셨다고 믿기 때문이다! 우리는 빈둥거리며 편하게 살기 위해 이 땅에 있지 않다. 우리는 다른 사람에게 최대한 많은 선을 끼침으로 하나님을 영화롭게 하는 사명을 위해 이 땅에 있다.

즉각적 쾌감

소셜 미디어 업체가 중독성 있는 서비스를 만드는 것은 공공연한 비밀이다. 페이스북의 초대 사장 숀 파커는 다음과 같이 말했다.

이런 앱들, 무엇보다도 페이스북 구축으로 이어진 사고 과정은 ······ 이렇다. "어떻게 하면 당신의 시간과 의식적인 관심을 최대한 많이 소비할 수 있을까?" 이는 누군가가 사진이나 포스트 등에 '좋아요'를 누르거나 댓글을 달아 당신 안에서 이따금씩 약간의 도파민이 분비되도록 만들어야 한다는 뜻이다.[20]

여기서 "도파민 분비"는 단순히 비유적으로 말한 게 아니다. 단순히 말이 그렇다는 게 아니다. 과학자들은 ('좋아요' 같은) 뜻밖의 보상이 담배를 피우거나 슬롯머신의 레버를 당기는 것과 마찬가지로 '실제로' 도파민을 분비시킨다는 사실을 증명해 보였다.[21] 코미디언 빌 마허는 특유의 과장된 말투로 이런 독백을 했다. "현실을 직시하자. '좋아요'를 확인하는 것은 새로운 종류의 흡연이야. ······ 필립 모리스는 단순히 우리의 폐를 원했지만 앱 스토어는 우리의 영혼을 원해."[22] 나아가, 앱 스토어는 일터와 집에서 깊이를 얻는 우리의 능력을 앗아 간다.

하지만 관심 경제의 대기업에 돌을 던지기 전에 우리가 이런 즉각적 쾌감을 하루 종일 '적극적으로 추구한다는' 점을 겸허히 인정해야 한다. 우리는 소셜 미디어 서비스만이 아니라 수많은 통로로 그런 쾌감을 찾는다. 하루에도 열 번씩 뉴스를 확인하는가? 수시로 휴대폰을 켜서 새로운 메시지가 오지 않았는지 확인하는가? 저자들은 인터넷 서점의 베스트셀러 순위를 끊임없이 확인한다고 한다(내가 그렇다는 게 아니고 다른 저자들이 그런다고 들었다). 현재 내 중독은 내 팟캐스트 다운로드 횟수를 확인하는 것이다. 심할 때는 그 횟수를 네다섯 번이나 확인한다.

이 행동이 '정말 어리석은' 이유는 이렇다. 내 팟캐스트 다운로드 횟수는 거의 완벽하게 예측 가능하다는 사실이다. 나는 확인하기도 전에 대충 어느 정도의 숫자가 나올지 이미 '알고' 있다. 설령 예상과 달리 다운로드 횟수가 급증한다 해도 그것이 내 프로젝트와 목표를 추구하는 데는 거의 아무런 영향도 미치지 못한다. 다운로드 횟수를 계속해서 확인하면 내 일을 하거나 아내 및 아이들과 시간을 보내는 데 방해만 될 뿐이다. 이것이 내가 이런 방해 요소를 "마약 통계"라 부르는 이유다. 이 통계는 중독만 시킬 뿐 중요하지도 않으며 진정한 만족감도 주지 못한다.

내가 아는 거의 모든 사람은 디지털 쾌감에 어느 정도 중독돼 있다. 일단 당신이 무엇에 중독돼 있는지 파악하라. 곧 이 적을 상대할 것이다.

구원자 콤플렉스

솔직히 인정하자. 우리 삶 속의 많은 방해 요소는 우리가 중요한 사람인 것처럼 느껴지게 한다. 우리는 하루에도 수백 통의 이메일을 받거나 쉴 새 없이 팀원이 찾아오거나 인스타그램 알림이 계속 울려대 불평하지만, 속으로는 은근히 이런 상황을 즐긴다. 이런 상황은 우리가 남들에게 필요한 존재라는 느낌을 준다. 중요한 존재인 것처럼 느껴지게 한다. 우리의 작은 세상에서 우리가 영웅이요 구원자가 된 기분을 선사한다. 그걸 내가 어떻게 아는지 궁금한가? 나도 그런 기분을 즐기기 때문이다. 내가 이메일이 너무 많이 와 힘들다고 불평할 때는 사실상 "내가 얼마나 중요한 존재인지를 봐!"라고 말하는 것이다.

구원자 콤플렉스는 깊이를 방해하는 것들에 중독되게 하는 강력한 요인이다. 명심하라. 그리스도의 제자로서 우리의 가치는 우리가 불평하는 척하면서 자랑하는 이메일 개수가 아니라 자격 없이 입양된 하나님의 자녀라는 사실에서 비롯한다. 그러니 더 이상 이런 방해 요소를 자존감을 끌어올리기 위한 수단으로 사용하지 말라. 당신이 그리스도 안에서 누구인지를 기억하고, 그분의 영광과 다른 사람의 유익을 위해 깊이를 회복하라.

일시적 편재

페이스북의 성장을 다룬 애런 소킨의 클래식 영화 〈소셜 네트 워크〉의 한 장면에서 마크 주커버그가 강제로 해임된다. 상대측 변호사는 주커버그가 집중하지 않는 것을 알고서 이렇게 묻는다. "주커버그 씨, 온전히 집중하는 것 맞나요?" 이에 주커버그는 이렇게 대답한다. "아뇨, …… 반만 집중하고 있어요. 아니, 최소한으로만 집중하고 있어요."[23]

오만한 말인가? 그렇다. 신선할 정도로 솔직한가? 그렇다. 그런데 우리는 이미 소개한 네 가지 적뿐 아니라 이 마지막 적 때문에 우리 삶에서 만나는 대부분의 사람과 프로젝트에 부분적인 관심만 쏟고 있다. 마지막 적은 바로 '한 번에 두 곳(혹은 서너 곳)에 있으려는 우리의 그릇된 시도'다.

한 번에 두 가지 일을 동시에 처리하려는 멀티태스킹이 착각이라는 사실이 과학적으로 증명되고 있다. 그렇다면 우리는 왜 계속해서 한꺼번에 일하려 할까? 왜 우리는 그것이 가능하다고 믿는 것일까?

첫째, "어마어마한 열정"을 쏟을 만한 일, 관심을 온전히 집중할 만한 일을 찾지 못했기 때문이다. 그렇다면 4장으로 돌아가 당신의 목표를 재정의하고 할 일의 우선순위를 정하는 작업부터 다시 시작하라. 관심의 반만 쏟을 일에 시간을 쓰기에는 우리 인생이 너무 짧다.

둘째, 자신의 삶과 일에 대해 분명하고도 매력적인 목표를 설정한 사람의 경우에는 멀티태스킹의 유혹이 에덴동산으로 거슬러 올라가는 근원적 욕구에서 비롯했다는 점을 알아야 한다. 바로 하나님처럼 되려는 욕구다. 이런 욕구는 젠 윌킨이 말하는 "일시적 편재"(makeshift omnipresence)로 이어진다.[24]

그 어느 때보다도 이 시대는 우리가 한 번에 한 곳 이상에 온전히 존재할 수 있다는 착각을 불러일으킨다. 하지만 그것은 말 그대로 착각이다. 왜 그런가? 우리는 하나님이 아니기 때문이다. 심지어 하나님도 인간의 몸을 입고 이 땅에 내려오실 때 신적 편재성을 버리고 당신과 나처럼 '항상 어디서나 동시에 있을 수 없음'을 받아들이셨다.

'인간의 시간'으로 들어오신 시간의 주인

오늘날 우리가 시간을 구속하려고 노력할 때 마주하는 많은 난관을 예수님도 다루셔야 했다. 예수님도 우리의 관심을 빼앗는 온갖 방해 요소를 경험하셨다.

예수님이 길을 걸어가시는데 한 남자가 느닷없이 달려와 그분의 발치에 꿇어 앉아 중대한 질문을 던졌다(막 10:17). 한 여자가 오랜 지병을 고침받고 싶은 마음에 묻지도 않고 예수님의 옷을 만져 그분을 멈춰 세웠다(5:27-30). 이건 또 어떤가. 한번은 네 사람이 한

중풍병자를 침상째로 들고 예수님이 설교하시는 집의 지붕을 뚫고 내려왔다(눅 5:17-19). 누군가가 당신이 일하고 있는 책상 위 지붕을 뚫고 내려온 적이 있는가? 그렇지 않다면 예수님보다 더 많은 방해를 받고 있다고 말하지 말라.

이런 방해 요소를 단호하게 거절하라고 말하는 세속의 지혜와 달리, 때로 예수님은 오히려 이런 방해 요소를 반기셨다(이에 관해서는 7장에서 더 이야기하자). 하지만 때로 예수님은 방해 요소를 제거하고 집중하기 위해 무척 애쓰셨다. 이에 관해 내가 가장 좋아하는 사례 중 하나는 마태복음 12장 46-50절에서 찾을 수 있다.

> 예수께서 무리에게 말씀하실 때에 그의 어머니와 동생들이 예수께
> 말하려고 밖에 섰더니 한 사람이 예수께 여짜오되 보소서 당신의
> 어머니와 동생들이 당신께 말하려고 밖에 서 있나이다 하니 말하던
> 사람에게 대답하여 이르시되 누가 내 어머니이며 내 동생들이냐
> 하시고 손을 내밀어 제자들을 가리켜 이르시되 나의 어머니와 나의
> 동생들을 보라 누구든지 하늘에 계신 내 아버지의 뜻대로 하는 자가
> 내 형제요 자매요 어머니이니라 하시더라.

이 구절의 요지는 누가 예수님의 가족이고 누가 그분의 가족이 아닌지에 관한 것이기에 흥미로운 '이면의 이야기'를 놓치기 쉽다. 여기서 예수님은 일하고 계셨다. 예수님은 "무리에게 말씀"하고 계

셨다. 예수님은 아버지께서 세상으로 보낼 때 주신 일을 하고 계셨다. 다시 말해, 하나님 나라의 복음을 전하고 계셨다. 그런데 어디선가 갑자기 그분의 가족이 나타났다. 밖에서 가족이 기다리고 있다는 말에 예수님은 "그래? 가족이 왔다고? 다들 규칙 알지? 하나님이 첫 번째고 가족이 두 번째며 일은 세 번째야!"라고 말씀하시지 않았다. 예수님은 무리에게 가르침을 계속해서 펼치셨다. 그 순간, 사역으로 부름받은 예수님은 눈앞의 사역에 온전히 집중한 상태를 유지하셨다.

한편 예수님은 가족 및 제자들과 함께 있을 때는 '그들'에게 온전히 집중하셨다. 마가복음 9장에서 우리는 제자들과 고된 하루를 마치신 예수님을 볼 수 있다. 30-31절은 이렇게 말한다. "그곳을 떠나 갈릴리 가운데로 지날새 예수께서 아무에게도 알리고자 아니하시니 이는 제자들을 가르치시며." 예수님은 일을 마친 후에는 가장 가까운 열두 명의 제자들에게 온전히 집중하셨다.

이외에도 사복음서의 많은 사건 속에서 예수님은 하나님이 편재하시지만 우리 인간은 그렇지 못하다는 사실을 상기시켜 주셨다. 편재하신 하나님으로서 "말씀이 육신이 되어" 이 땅에 오셨을 때(요 1:14) 예수님은 불편재성이라는 인간의 한계를 받아들이셨다. 예수님이 한 번에 두 곳에 계실 수 없었다면 우리 역시 당연히 그럴 수 없다. 예수님처럼 우리는 "우리의 부재를 선택하는" 법을 배워야 한다.[25] 이것이 우리의 시간을 구속하기 위한 다섯 번째 원칙이다.

구주 예수를 본받아 내 시간을 구속하려면 내 불편재성을 받아들이고 한 번에 한 가지 중요한 일에 집중해야 한다.

현대라는 시대적 배경에서 이 원칙을 실천하기 위한 활동을 살피기 전에, 집중력은 얼마든지 잃어버릴 수 있다는 것임을 경고하고 싶다. 에너지프로젝트(Energy Project)의 CEO 토니 슈워츠는 이 점을 이렇게 설명했다. "방해 요소를 허용할수록 집중력이 점점 줄어든다. 쓰지 않는 근육처럼 집중력은 사용하지 않으면 점점 약해지고 짧아진다."[26]

집중력은 정신 근육과도 같다. 사용할수록 계발되지만 방치하면 쇠퇴한다. 다시 말해, 우리는 주의 집중 기술을 사용하기로 선택할 수도 있고 그 기술을 잃기로 선택할 수도 있다. 앞서 보았듯이 예수님처럼 깊이를 기르려는 우리의 노력을 방해하는 강력한 적들이 있다. 이 적들을 쓰러뜨리려는 노력을 하지 않으면 집중력을 '영구적으로' 잃을 수도 있다. 그러니 함께 적들과 싸우자!

실습 1° 메시지 확인 시간을 통제하라

이런 상상을 해 보자. 우편집배원이 당신 집에 하루에 한 번이 아닌 하루에 '100번씩' 들르기 시작한다고 해 보자. 게다가 그는 문 앞에 우편물을 그냥 놓고 가지 않고 매번 초인종을 누른다. 그러면 당신은 매번 하던 일을 멈추고 문을 열어 우편물을 가져와 뜯어 본다(혹은 최소한 누가 보낸 우편물인지 확인한다). 이런 상황이 되면 미칠 지경이지 않을까? 하지만 이메일과 문자 메시지를 이런 식으로 취급하는 사람이 얼마나 많은지 모른다.

당신에게는 '메시지들을 언제 확인하고 답할지' 통제할 힘이 있다. 이 사실을 인정하기 전까지는 일터나 집에서 '절대' 깊이를 얻을 수 없다.

앞서 말했듯이 깊이를 얻기 위한 우리의 싸움에서 제일 큰 적은 외부의 방해 요소다. 더 구체적으로 말하면, 이메일, 문자 메시지, 소셜 미디어 알림이다. 요컨대, 우리의 즉각적 관심을 요구하는 수신 메시지들이다. 이런 메시지를 매일 미리 정한(약 한 번에서 세 번) 시각에 확인하기 위한 내 방식을 곧 보여 주도록 하겠다. 하지만 이 활동은 워낙 파격적이고 반문화적이어서 이 개념을 실천할 방법을 보여 주기 '전에' 이 개념에 대한 세 가지 흔한 반론을 다루고 싶다.

사람들은 내가 자신들의 메시지에 즉각적으로 응답해 주기를 기대한다? 그럴지도 모른다. 하지만 그렇다고 해서 그런 기대가 정상이라는 뜻은 아니다. 그리고 내 경험으로 볼 때 사람들이 즉각적 반응을 기대한다는 생각은 실제와 다른 경우가 많다.

내가 알림이 울릴 때마다 문자 메시지를 확인하는 습관을 멈추고, 문자 메시지를 확인하고 답장하는 시간을 하루에 몇 번으로 제한하자 어떤 일이 벌어졌는지 아는가? 아무 일도 벌어지지 않았다. 친구들과 동료들은 그에 관해 아무런 말도 안 했다. 개중에는 오히려 종일 자신들을 방해하던 문자 메시지 폭탄이 줄어든 것에 다행이라고 생각한 이도 있었을 것이다.

한 연구에 따르면 4분의 1에 해당하는 사람이 문자 메시지에 즉각 답변해야 한다고 생각한다.[27] 하지만 그런 생각은 현실과 다른 경우가 많다. 내 주변에는 상사를 포함해서 그런 기대를 아예 안 하는 사람이 더 '많다.' 명심하라. 당신의 상사에게도 상사가 있다. 당신의 상사가 CEO라 하더라도 이사회에 보고해야 한다. 대부분의 상사는 우리만큼이나 이메일의 노예가 되기를 원하지 않는다.

내가 우리 팀원들에게 요구하는 사항은 모든 메시지에 대해 그날 근무시간 안에만 답하라는 것이다. 얼마나 많은 사람을 이끌고 있든 그들의 일이 품질과 속도 면에서 '극적으로' 개선되기를 원한다면 비슷한 기대 사항을 분명히 밝히기를 바란다. 그런 의미에서 다음 글을 수정해서 사용해도 좋다.

여러분 중에 내가 이메일 같은 메시지에 거의 즉각적인 답변을 기대한다고 생각하는 분이 있다는 걸 알게 됐습니다. 여러분의 부담을 덜어 주고자 이 이메일을 보냅니다. 내 메시지에 그날 근무시간 안에만 답변하면 됩니다.

종일 이메일과 문자 메시지에 수시로 답변해야 한다면 일을 제대로 하기가 얼마나 어려울지 압니다. 새로운 정책을 분명하게 알리니 더 의미 있는 일을 더 집중해서 할 수 있도록 메시지 앱을 충분히 오랫동안 꺼 놓으면 좋겠습니다.

당신의 상사는 이런 메시지를 보내 줄 만한 위인이 못 되는가? 걱정하지 말라. 당신이 상사를 비롯한 다른 VIP에게 보낼 수 있는 메시지를 곧 알려 주겠다. 하지만 그러기 전에 수신 메시지에 응답할 시간을 통제한다는 개념에 대한 두 가지 반론에 더 맞서야 한다.

시급한 뭔가를 놓칠까 봐 걱정된다? 전쟁이 한창일 때 나폴레옹은 어떤 편지든 '3주' 뒤에 열어 보았다. 그는 마침내 편지를 개봉할 때마다 너털웃음을 터뜨리곤 했다. 시급하고 중요하게 보이던 일이 대개 저절로 해결되고 있었기 때문이다.[28]

많은 일이 시급해 보이지만 실제로 시급한 일은 거의 없다. 파워포인트 파일을 보내 달라고 요청하는 이메일? 십중팔구 몇 시간쯤 뒤에 보내도 상관없다. 내일 어디서 커피를 마실지 물어보는 친구의 문자 메시지? 천천히 답장해도 상관없다.

"하지만 내 상황을 몰라서 하는 말이에요. 나는 영업 사원이에요. 나는 고객 서비스 부서에서 일해요. 나는 목사예요. 재빨리 반응하는 게 내 일이라고요." 물론 더 빠른 반응을 요구하는 직업도 있다. 하지만 '끊임없는' 반응을 요구하는 직업은 사실상 없다. 일을 잘하려면 어느 정도 깊이가 필요하다. 중요한 보고서나 사업 계획서를 작성하기 위해 이메일 알림이나 휴대폰을 꺼 본 적이 있다면 내 말이 무슨 뜻인지 알 것이다.

몰입하기 위해 수신 메시지를 처리하는 시간을 반드시 줄여야 할 필요는 없다. 하지만 피상적 작업을 '언제' 할지 스스로 통제하는 일은 '반드시' 필요하다.

나는 판매원에게서 이런 반발을 가장 자주 듣는다. 내 커리어의 대부분은 주로 영업을 담당하는 CEO 역할이었다. 그 시절 내 일은 분기별로 50퍼센트의 매출 성장을 이루는 것이었다. 내가 그 일을 어떻게 해냈는지 아는가? 모든 이메일에 곧바로 답변하는 방식이 아니었다. 오히려 정반대로, 커뮤니케이션을 일부러 늦추었다. 그랬더니 도리어 모든 제안, 영업, 고객과의 소통에 온전히 집중할 수 있었다.

내 삶의 VIP들의 연락이 언제든 내게 닿을 수 있어야 한다? 이 말은 가장 납득이 가는 반론이다. 나 역시 이 말에 동의한다. 나도 아내, 부모, 투자자, 팀원들이 언제 어디서나 내게 연락이 닿을 수 있기를 바란다. 내가 곧 추천할 시스템으로 이것이 가능해진다. 그 시스템을 지금 바로 살펴보자.

1단계 · 확인 시간을 스스로 선택하기

이메일과 문자 메시지 등을 확인하는 시간을 통제하기 위한 첫 번째 단계는 간단하다. 첫 번째 단계는 단순히 그 시간을 선택하는 것이다. 여기서는 평일에 초점을 맞춰 보자.

현재 나는 하루에 한 번 메시지를 확인한다. 하지만 하루에 세 번까지 메시지를 확인하던 시절도 있었다. 대다수 역할에서 하루에 세 번까지 메시지를 확인하는 건 불필요하다고 생각한다. 하지만 당신은 예외라고 확신한다면 세 번 이상으로 정해도 괜찮다. 다시 말하지만, 메시지를 확인하는 '횟수'보다 더 중요한 것은 언제 확인할지를 '스스로 선택하는' 것이다.

언제 메시지를 확인해야 하는가? 최소한 한 번의 딥 워크를 마친 후에 확인하기를 '강력히' 권한다('실습 3'에서 이 부분에 관해 더 살펴보겠다). 왜일까? 메시지 확인은 딥 워크보다 훨씬 적은 에너지를 요구하기 때문이다. 따라서 에너지가 최고조에 달했을 때 메시지를 확인하는 것은 비효율적이다. 7장에서 이 점에 관해 더 자세히 살펴보고, 시간 예산표에 메시지 확인을 위한 칸을 직접 그려 볼 것이다. 일단 여기서는 언제 메시지를 확인할지 미리 그 시간을 정하라.

2단계 · VIP 목록 짜기

우리 모두에게는 항상 우리의 시간을 내주고 싶은 사람이 있다. 지금 잠시 시간을 내서 그 사람들 이름을 쭉 써 보라. 원한다면 그들을 VIP로 부르라. 내 VIP 목록에는 다음과 같은 사람이 포함돼 있다.

* **개인적 VIP**
  – 아내
  – 아이들 학교
  – 아버지, 어머니, 형제, 할아버지, 할머니, 친척
  – 가장 친한 친구 다섯 명

* **직업적 VIP**
  – 우리 직원
  – 에이전트
  – 나와 주로 협업하는 세 명의 팀원(이 목록은 새로운 프로젝트가 시작될 때마다 달라진다)
  – 투자자

VIP 목록을 작성한 뒤에는 그들이 시급할 때 연락할 가능성이 가장 높은 기기(휴대폰)로 아무 제한 없이 연락할 수 있기를 바란다. 안드로이드와 iOS 기기 모두 '방해 금지' 모드에서도 특정한 사람은 연락을 허용하는 목록에 VIP로 추가할 수 있는 기능이 있다. 당신의 VIP를 휴대폰의 해당 목록에 추가하라.[29]

모든 사람이 당신과 똑같은 방식으로 메시지에 반응할 거라고 생각하기 쉽지만, 물론 그렇지는 않다. 삶 속에 있는 사람들을 잘 섬기려면 메시지에 즉각 응답하던 방식에서 몇 시간에 한 번씩 응답하는 것으로 갑자기 바꿀 수는 없다. 일단 메시지 확인 시간을 정하고 VIP 목록을 짰다면, VIP들이 당신에게 언제 어떻게 연락할 수 있는지를 '주도적으로' 정해야 한다. 이를 위해 어떤 메시지를 보낼지는 상대방에 따라 약간 달라질 것이다.

다음은 VIP 동료와 팀원들에게 보낼 메시지의 한 예다.

당신을 더 잘 섬기고 제 일을 제대로 하기 위해 평일 오전 10시 30분, 오후 1시, 오후 4시 30분, 이렇게 하루 세 번만 이메일을 확인하기로 결정했습니다.

혹시 시급한 내용이 있다면 OOO-OOO-OOOO으로 연락 주시기 바랍니다.

양해해 주셔서 감사합니다!

VIP 친구와 가족들에게는 다음과 같은 식의 문자 메시지를 보낼 수 있다.

안녕! 일터와 가정에서 일과 사람들에게 더 집중하려고 해. 그래서 이제부터 내 휴대폰 방해 금지 모드를 사용할 거야. 그러면 문자 메시지를 하루에 몇 번밖에 확인할 수 없어. 그래도 널 내 휴대폰의 '언제든 연락 가능 목록'에 추가했으니 꼭 필요한 경우에는 전화를 해. 네 전화는 언제든 울릴 거야. 받을 수 있는 상황이면 받을게.

VIP 목록에 없는 사람들은 어떻게 하는가? 그들 메시지에 언제 반응할지에 관한 당신의 기대 사항을 어떻게 전달해야 할까? 개인적으로 나는 이에 대해서는 주도적일 필요가 없다고 생각한다. VIP 목록에 없는 사람들에게는 별다른 통보를 안 해도 되는 경우가 많다. 하지만 꼭 통보를 해야겠다면 앞의 문장을 적당히 손봐서 이메일 자동 응답 문구나 이메일 서명에 포함시키는 것을 추천한다.

물론 이런 문구를 보내는 자체가 부담스러울 수도 있다. 특히, 이런 메시지를 상사에게 보내려면 여간 부담스럽지 않다. 하지만 상사들도 5분마다 메시지에 응답하기를 원하지는 않는다. 그들이 그 정도 위치에 오른 것은 십중팔구 일에 집중할 방법을 찾았기 때문일 것이다. 도움이 될지 모르겠지만, 내가 팀원에게 위와 같은 이메일을 받는다면 몹시 기쁠 것이다. 깊이는 생산성의 열쇠이기 때문에 어떻게든 그 사람을 더 높은 자리로 승진시킬 것이다. 그래도 이런 변화를 추진하기가 아직 부담스러운가? 그렇다면 앞의 문구를 수정해서 한 주만 실험해 보라.

실습 2° 외부의 방해 요소를 제거하라

미리 정한 시간에만 메시지를 확인하기로 했으면 이제 외부의
방해 요소를 제거하기 시작할 준비가 된 셈이다. 다시 말하지만, 이
것들은 깊이를 얻기 위한 우리의 싸움에서 제일 막강한 적이다. 잠
언 4장 25절은 이렇게 말한다. "네 눈은 바로 보며." 이 활동을 통해
일터와 가정에서도 집중할 수 있다.

일터에서

전화 통화. 이제 휴대폰의 방해 금지 모드를 켤 차례다. 그러
면 VIP 목록에 있는 사람을 제외한 모든 통화가 음성 사서함으로 넘
어간다. 다시 말하지만, 이런 변화가 부담스럽다면 더도 말고 한 주
만 실험해 보라.

문자 메시지. 방해 금지 모드를 켜면 문자 메시지가 오는 즉시
울리지 않는다. 그렇다 해도 문자 메시지가 잠금 화면이나 알림 센
터에 나타나게 허용하면 막대한 주의 잔류가 발생해 집중력이 흐트
러질 수 있다. 그래서 나는 이마저도 허용하지 않는다. 나는 심지어
읽지 않은 문자 메시지가 얼마나 많은지를 보여 주는 알림 배지도
켜 놓지 않는다. 읽지 않은 문자 메시지가 몇 개인지 확인하려면 휴
대폰에서 문자 메시지 앱을 굳이 켜야만 한다. 이런 변화는 내게 가
장 강력한 게임 체인저 습관 중 하나가 됐다. 《슬로우 영성》에서 이

팁을 알려 준 존 마크 코머에게 감사한다![30]

데스크톱 프로그램. 컴퓨터에서 방해 요소를 만들어 내는 프로그램은 이메일만이 아니다. 현재 집중하기로 한 프로젝트에 필요하지 않은 프로그램은 '모두' 닫으라. 그리고 모든 데스크톱 프로그램의 알림을 끄라. 어떤 프로그램은 닫힌 상태에서도 알림을 '푸시할' 수 있기 때문이다.

일정 캘린더. 일정 캘린더는 사소해 보이지만 내게 말할 수 없이 큰 도움이 된다. 나는 일정 캘린더가 한 주 전체가 아닌 당일 하루만 보이게 한다. 그러면 내일 혹은 그 주의 후반에 해야 할 일에 방해받지 않는다. 예수님은 이렇게 말씀하셨다. "내일 일을 위하여 염려하지 말라 내일 일은 내일이 염려할 것이요 한 날의 괴로움은 그 날로 족하니라"(마 6:34). 일정 캘린더를 한 번에 하루만 보이게 하면 이 말씀을 매우 실질적인 의미에서 실천할 수 있다.

웹 브라우저. 제발, 정말 제발, 구글 크롬, 인터넷 익스플로러, 마이크로소프트 엣지 등 끝없이 열어 놓은 웹 브라우저 창들을 닫으라. 우리는 한 번에 하나의 프로젝트에만 집중할 수 있다. 그러니 여러 관심사에 자발적으로 방해받는 행동을 멈추라. 이 습관을 들인 사람과 대화를 나눈 결과, 나는 열린 인터넷 창들이 대개 열린 고리라는 사실을 배웠다. 그것들은 해야 할 일을 상기시켜 준다. 당신의 상황이 이러하다면 2장의 '실습 3'으로 돌아가 열어 놓은 온갖 인터넷 창에서 열린 고리를 찾아 완전히 닫으라.

스마트 워치. 스마트 워치를 사용하는가? 깊이를 기르고 싶다면 휴대폰을 사용하는 것처럼 똑같은 기능을 선택해 정리하라.

업무 공간. 물리적인 것이 우리의 관심을 흐트러뜨리면 한 번에 한 가지에 집중하기가 힘들다. 2장의 '실습 3'을 했다면 이미 이 문제를 다루었을 것이다. 그렇지 않다면 지금은 더 강한 동기(깊이를 추구하는 것)를 얻었을 테니 그 활동으로 돌아가라. 업무 공간에 있는 모든 것(포스트잇, 서류 모음, 책 등)이 "원래 자리"에 있게 하라.[31]

소음. 청각적인 방해 요소가 일터에서 중요할 수 있다. 남들과 한 공간에서 일할 때는 특히 더 그렇다. 내가 스레숄드 360 CEO로 있을 때 내 사무실 벽은 '종잇장'처럼 얇아서 양옆 사무실에서 하는 말을 단어 하나까지 또렷하게 들을 수 있었다. 그때가 내가 인생 최고의 구매 결정을 한 때다. 노이즈 캔슬링 헤드폰. 나는 "딥 워크는 꿈을 이루게 한다"라는 우리의 핵심 가치에 헌신한다는 점을 분명히 보여 주기 위해 직원들의 노이즈 캔슬링 헤드폰 구매를 지원해 주기까지 했다. 혹시 아는가? 당신의 고용주도 그렇게 할지 모른다.

집에서

오랫동안 나는 일터에서 외부의 방해 요소를 제거하는 데 혼신의 힘을 기울였다. 하지만 집에만 오면 상황이 달랐다. 집에만 오면 나는 방해 금지 모드를 풀고 저녁 내내 문자 메시지와 푸시 알람의 방해를 받았다. 다행히 하나님의 은혜로 내가 일터에서는 깊이를 추구하면서 집에서는 전혀 그렇지 않음이 얼마나 어리석은 짓인지를 깨달았다. 그리스도의 제자로서 우리는 '모든 소명'에서 최선을 추구해야 한다. 집에서 최선의 모습을 보이려면 시간, 관심, 집중이 필요하다. 다시 말해, 깊이가 필요하다. 예수님처럼 우리는 현재 어떤 일이나 사람에게 관심을 쏟기로 선택했으면 그 일이나 사람에게 온전히 집중해야 한다.

사무실에서 나와 집에 오는 순간, 노트북과 휴대폰을 물리적으로 눈과 마음에서 먼 곳으로(집에서 일하는 사람인 경우라면, 작업실 혹은 서재에서 제3의 공간으로) 치우기를 강권한다. 그 이유는 이렇다. 당신이 나와 같다면 일터에서 하루 종일 보낸 뒤에야 가족 및 친구들과 시간을 보낼 것이다. 그때는 유한한 의지력의 원천이 거의 고갈된 상태다. 그래서 디지털 기기의 유혹을 거부하기가 가장 힘든 상태다. 당신은 아이들이 그날 하루에 있었던 일을 이야기하는 동안 이메일이나 문자 메시지, 인스타그램을 확인하고 싶은 유혹을 잘 뿌리칠지 모르겠지만 창피하게도 나는 그렇지 못하다. 내가 가족들에게 온전히 집중할 수 있는 유일한 방법은 노트북과 휴대폰을 내 눈과 마음에서 완전히 벗어난 곳으로 치우는 것뿐이다.

오후 5시에 근무가 끝나면 노트북을 내 사무실에 두고 퇴근하며, 휴대폰은 꺼서 집 안방에 둔다. 목표는 오후 5시부터 오후 7시(좀 심하게 이른 우리 아이들 취침 시간)까지 휴대폰을 만지지 않는 것이다. 오후 7시에 마지막으로 (이메일이 아닌) 문자 메시지를 한 번 확인하고, 옴니포커스에서 개인적인 할 일 목록 중 몇 가지에 완료 표시를 하고, SNS 플랫폼인 타임홉(Timehop), 인스타그램, 하루를 마치기 전에 꼭 확인하고 싶은 여타 "마약 통계"를 간단히 훑어본다. 그러고 나서 내 휴대폰을 재우고, 아내에게 1시간에서 1시간 반 동안 온전히 집중한다.

이 습관이 불가능하다고 느끼는 사람도 있을 것이다. 상사나 팀원들이 저녁 시간에도 수시로 전화하는 경우는 특히 더 그렇다. 나도 스레숄드 360 CEO로 있을 때 같은 압박을 경험했다. 그래서 당시에는 이 습관을 조금 바꿔서 사용했다. 오후 5시에서 오후 7시까지 내 휴대폰을 안방에 놓되, 내 VIP들이 나와 반드시 통화해야 할 경우를 대비해서 끄지는 않고 무음으로 해 놓는다. 그렇게 내 휴대폰은 매일 2시간은 일반 전화로 전환됐다. 나를 꼭 필요로 하는 사람은 내게 연락을 취할 수 있었다. 그 외의 경우에는 방해받지 않도록 유혹을 차단했다.

실습 3 ° 딥 워크 일정을 '스스로' 정하라

대부분의 사람은 일정을 '다른 사람'과 의논해 정한다. 하지만 일터에서 깊이를 기르려면 특히 '자신'과 논의해 일정을 정하는 데 익숙해져야 한다. 왜일까? 4장에서 정의한 목표를 이루려면 꽤 긴 시간 동안 방해받지 않고 집중해서 일할 수 있어야 하기 때문이다.

깊이에는 집중과 시간, 두 가지 요소가 필요하다. 이전의 두 활동에서 우리는 외부의 방해 요소를 차단하고 '집중'하는 방법을 살펴보았다. 이제 두 번째 요소인 '시간'에 관해 더 자세히 살펴보자.

이번에도 피터 드러커의 말을 들어 보자. "모든 지식 노동자가 효과적으로 일하려면 …… 꽤 큰 덩어리의 시간을 자유롭게 사용할 수 있어야 한다. 마음대로 사용할 수 있는 시간이 작은 덩어리로만 생긴다면 설령 총합은 꽤 많은 시간이 있다 해도 늘 충분치 않다."[32] 당신도 이미 경험해 봐서 잘 알 것이다. 즉 의미 있는 일에 몰두하기까지는 시간이 걸린다.

수면 과학을 보면 이를 더 잘 이해할 수 있다. 수십 년 전부터 과학자들은 렘수면(REM sleep) 상태에 들어가기 위해서는 방해받지 않는 시간이 길게 유지돼야 한다는 점을 이해했다. 수면 사이클은 약 90분 동안 지속되고, 얕은 비렘수면에서 시작해 렘수면에 이르는 식으로 규칙적으로 반복된다. 수면 사이클의 한복판에서 잠이 깨면 우리 몸은 처음부터 다시 시작해야 한다. 일도 마찬가지다.

나의 전작 *Master of One*(한 분야의 대가)을 읽어 봤다면 말콤 글래드웰의 《아웃라이어》(*Outliers*)를 통해 널리 알려진 1만 시간 법칙에 관한 내용을 기억할 것이다. 이 법칙에서는 어떤 기술이든 1만 시간 동안 목적을 갖고 연습하면 그 기술을 터득하는 열쇠가 된다. 목적을 가진 연습은 단순한 연습과 많은 차이점이 있는데, 그 차이점 중 하나는 강한 집중이다.[33] 1만 시간 법칙을 유명하게 만든 연구에서 학자들은 가장 뛰어난 바이올리니스트와 평범한 바이올리니스트의 차이점을 이해하기 위해 여러 바이올리니스트들을 연구했다. 연구 결과는 두 가지 사실을 보여 준다. 최고의 바이올리니스트는 실력이 모자란 바이올리니스트보다 밤에 1시간 정도를 더 잤다는 사실과 그들은 "한 번에 90분 동안" 아무런 방해도 받지 않고 연습했다는 사실이다.[34]

잠에 깊이 빠져들기 위해 시간이 필요한 것처럼 일에 깊이 빠져들려면 긴 시간 동안 방해받지 않아야 한다. 일에 깊이 빠져들기 위한 시간을 찾는 것만으로는 부족하다. 시간을 적극적으로 '만들어 내야' 한다. 딥 워크를 위한 시간을 자신과 논의해 따로 정해야 한다.

얼마나 많은 시간을 내야 할까? 90분이 최적의 시간으로 보인다. 따라서 이를 목표로 삼으면 좋겠다. 하지만 모든 사람이 이만한 시간을 내기는 힘들 것이다. 아무것도 하지 않은 상태에서 시작한다면 하루에 30분만 몰입하는 시간을 가져도 목표를 이루는 데 큰 진전이 있을 것이다.

집중력이 마음의 근육임을 잊지 말라. 집중력을 기르려면 근육을 키우듯 시간이 걸린다. 작게 시작해서 '바에 점점 더 많은 바벨을 더하면서' 집중력 근육을 키우라. 하지만 조심하라. 이 근육을 키울수록 더 키우고 '싶어질' 테니. 깊이의 마법을 경험하고 나면 쉬이 중독된다. 몰입하기 위한 시간을 내고 집중력을 발휘하면 같은 시간에 훨씬 더 많은 일을 해내기 때문에 스스로도 놀라고 다른 사람들도 놀랄 것이다.

언제 딥 워크를 해야 하는가? 언제든 에너지가 최고조에 달할 때 하면 된다. 근육과 마찬가지로 집중력은 하루가 지나는 동안 점점 약해진다.[35] 이것이 비행기 사고의 3분의 1이 비행 마지막 단계 중에 일어나는 이유다.[36] 대부분 사람들의 에너지는 아침 시간대에 가장 높지만 모두가 그렇지는 않다(이에 관해서는 7장에서 더 살펴보자). 딥 워크를 에너지가 가장 많은 시간에 배치하라.

하루에 집중할 수 있는 일의 최대치가 존재할까? 그렇다. 다시 말하지만, 하루에 우리가 발휘할 수 있는 의지력의 크기는 유한하다. 따라서 우리가 책상 앞에서 강하게 집중할 수 있는 시간 역시 한계가 있다. 대부분의 과학자는 이 한계치가 24시간 중 4시간이라고 말한다.[37] 내 경험상 대충 그 정도 시간이 맞다. 7장에서 보겠지만 나는 딥 워크에 평일 중 5시간 30분을 할애한다. 하지만 회의를 비롯해서 내 시간을 잡아먹는 일들 때문에 실제로 그 시간을 채우는 경우는 드물다. 그 시간을 다 채울 때는 완전히 방전된다.

자, 평일에 집중할 수 있는 시간이 고작 4시간밖에 되지 않는다면 나머지 시간에는 뭘 해야 할까? 이 질문은 다음 활동으로 이어진다.

실습 4° 피상적 작업과 뜻밖의 기회를 위한 시간을 정하라

'실습 1'을 해 봤다면 이미 여러 유형의 피상적 작업(이메일과 문자 메시지를 비롯한 메시지 확인)을 할 만한 시간을 정했을 것이다. 집중해서 할 시간을 자신과 논의해 정했으면 남은 시간은 다른 피상적 작업을 할 시간으로 비워 두라. 회의, 전화 통화, "마약 통계" 확인, 딥 워크 중에 갑자기 나타나는 방해 요소를 다루는 것이 그런 일이다. 그런 방해 요소에 반응할 시간을 정하고 나면 몇 시간 동안은 거의 모든 것을 무시한 채 오로지 눈앞의 딥 워크에만 집중할 수 있다.

당신이 점심 식사 전에 4시간 동안 딥 워크를 한다는 훌륭한 목표를 세웠다고 해 보자. (7장에서 작성할) 당신의 시간 예산표는 다음과 같을 수 있다.

* 딥 워크: 8:00-9:30
* 휴식: 9:30-9:45
* 딥 워크: 9:45-11:15
* 메시지 확인: 11:15-:11:30
* 딥 워크: 11:30-12:30
* 점심 식사: 12:30-13:00
* 피상적 작업: 13:00-16:30

당신이 딥 워크를 시작한 직후인 오전 10시에 상사에게서 전화가 온다고 해 보자. 상사는 내일 회의에 관해 10분만 이야기를 나눌 수 있는지 묻는다. 당신의 시간 예산표에 따르면 오후 1시 이후에 피상적 작업을 하기 위한 시간은 4시간 이상 있다. 그렇게 시간을 정해 놓으면 상사에게 이렇게 말하기가 쉬워진다. "지금 이야기를 나누면 좋겠지만 사실 전에 요청하신 제안서를 한창 작성하는 중입니다. 지금 일을 멈추고 회의에 관한 이야기를 나눌까요? 아니면 제가 1시에 다시 전화를 드릴까요? 어떻게 하는 게 좋을까요?"

이렇게 말하는 것은 예의 바르고도 합리적이다. 그리고 이렇게 말해 두면 결정을 상사에게 맡길 수 있다. 대부분의 상사는 지금은 하던 중요한 일에 집중하고 나중에 전화하라고 말할 것이다. 모든 시간을 '딥 워크 시간'으로 삼지 않는다면, 가장 중요한 일에 집중하려고 할 때 필연적으로 뒤따르는 방해 요소를 처리할 시간을 낼 수 있다.

앞에 언급한 가상의 시간 예산표처럼 나는 거의 매일 점심 식사 전에 4시간 동안 딥 워크에 몰두한다. 내가 창출하는 가치의 80퍼센트 이상이 그 4시간 동안 창출된다. 내 하루의 나머지 절반은 훨씬 덜 규칙적이다. 모임, 전화 통화, 이메일, 많은 시간이나 에너지를 요하지 않는 일 같은 비교적 피상적 작업 사이를 오간다. 어제 내가 시간을 어떻게 보냈는지를 정리한 다음 일정표를 보라. 이 표는 내가 보낸 하루에서 딥 워크와 피상적 작업에 보낸 시간 차이를 한눈에 보여 준다.

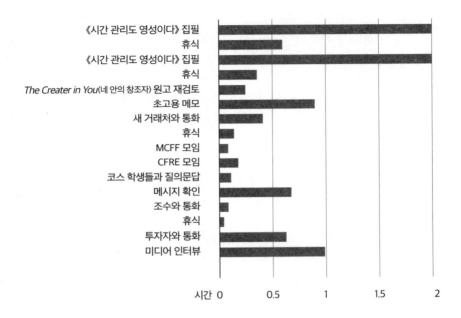

《시간 관리도 영성이다》 집필
휴식
《시간 관리도 영성이다》 집필
휴식
The Creater in You(네 안의 창조자) 원고 재검토
초고용 메모
새 거래처와 통화
휴식
MCFF 모임
CFRE 모임
코스 학생들과 질의문답
메시지 확인
조수와 통화
휴식
투자자와 통화
미디어 인터뷰

시간 0   0.5   1   1.5   2

　　내가 보낸 하루에서 첫 번째 절반의 시간은 매우 생산적이어서 나머지 절반이 들쑥날쑥해도 마음이 전혀 불편하지 않다. 점심 식사 전까지 가장 중요한 일을 이미 다 완료한 상태이기 때문이다. 게다가 어차피 할 수 있는 힘이 많이 남아 있지 않음을 알기 때문에 피상적 작업에 많은 시간을 사용해도 괜찮다.

　　내 하루의 나머지 절반은 뜻밖의 기회를 만나는 시간이기도 하다. 스레숄드 360에서는 이 시간에 사무실 문을 거의 열어 놓고 지냈다. 오전에는 헤드폰을 끼고 문을 닫은 채 지냈지만 오후에는 대부분 헤드폰을 벗고, 누구든 들어올 수 있도록 문을 열어 두었다.

여기까지 읽었는데도 깊이의 가치에 관해 아직 온전히 확신하지 못하는 독자라면 아마도 자연스럽게 오가는 상호작용의 가치를 알아서일 것이다. 실제로 나도 사무실에서 즉흥적으로 토론하거나 복도에서 잡담하던 중 최상의 아이디어를 얻은 적이 있다.

물론 이런 유형의 상호작용은 창의성에만 이로운 것은 아니다. 이러한 소통은 하나님이 우리에게 말씀하시는 방법 중 하나이기도 하다. C. S. 루이스는 딥 워크를 위한 시간을 원할 뿐 아니라 이 점도 이해하고 있었다. "우리가 할 수 있는 위대한 일은 모든 못마땅한 일을 '자신의' 삶 혹은 '진짜' 삶의 방해 요소로 그만 여기라는 것이다. 물론 진실은, 우리가 방해 요소로 부르는 것이야말로 진짜 삶, 하나님이 우리에게 매일 허락하시는 삶이라는 것이다."[38]

그리스도인으로서 우리는 어떤 방해도 우연이 아님을 알아야 한다. 하지만 동시에, 예수님조차 모든 방해 요소에 참여하시지는 않았음을 기억해야 한다. 하나님이 부르신 일을 하려면 막대한 집중력이 필요하다. 그러기 위해서는 방해 요소를 다루는 일을 일정표의 '특정' 시간으로 제한해야 한다.

이런다고 해서 우리가 하나님의 역사를 일정표의 특정한 시간 안에 묶어 둘 수 있다는 뜻일까? 물론 아니다. 우리의 관심을 끌려면 하나님은 어떻게든 방법을 찾아내실 것이다. 하지만 하나님이 그러시기 전까지 나는 그분이 맡기셨다고 믿는 일에 집중하기 위해 노력할 것이다. [39]

퍼즐 조각 모으기

이번 장의 활동을 통해 당신이 깊이를 얻기 위한 싸움에서 적들을 몰아내고 딥 워크에 집중해 큰 생산성을 이루기를 바란다. 하지만 세상 속에서 하나님의 목적을 이루는 일에서 최대한의 성과를 거두려면 하나님이 설계하신 세 가지 쉼의 리듬이 생산성을 얼마나 높여 주는지를 이해해야 한다. 이것이 우리가 6장에서 모을 시간의 구속을 위한 여섯 번째 퍼즐 조각이다.

✓ 시간 관리 대원칙 6

생산적인 쉼을 누린다

구주 예수를 본받아 내 시간을 구속하려면 하나님이 설계하신 쉼의 리듬, '생산적이지 않게 보이나 내 목표와 영혼에 더없이 생산적인' 쉼의 리듬을 받아들여야 한다.

셰이 코크레인은 좌절했다. 그녀가 운영하는 스톡 사진 업체인 소셜 스퀘어스(Social Squares)가 두 달 연속 실망스러운 실적을 보였기 때문이다. 그녀의 팀과 제품 라인은 오랫동안 탄탄해졌지만 마케팅 전략은 만족스럽지 못했다. 그녀는 이렇게 설명했다. "우리는 수년 전에 마련한 저비용 마케팅 전략을 여전히 사용하고 있었다. 그 전략이 더 이상 통하지 않음은 너무도 당연했다."[1]

코크레인의 머릿속에서 온갖 생각이 꼬리에 꼬리를 물었다. "새로운 웹 사이트의 트래픽을 늘려야 했다. 무료 서비스를 개선해야 했다. 사람들이 다른 곳에 다시 올릴 수 있는 콘텐츠를 제공해야 했다. 경쟁사가 성장하고 있었기에 우리 제품에 가치를 더해야 했다. 개선할 문제가 끝이 없었다."[2]

코크레인 눈에는 해결해야 할 회사의 문제점이 너무나 잘 보였다. 보이지 '않는' 건 그 모든 문제를 해결할 통합적인 전략이었다. 그녀의 할 일 목록은 성장을 위한 포괄적인 계획이라기보다는 개별적인 전술처럼 느껴졌다. "다양한 문제가 매일같이 머릿속에 떠올랐지만 펜을 들어 실질적인 계획을 종이에 쓰는 것조차 뜻대로 되지 않았다."[3]

그러던 어느 날 밤, 놀라운 일이 벌어졌다. "새벽 3시에 잠에서 깼다. 마치 잠을 자는 내내 이 모든 문제에 대한 해법을 고민한 것처럼 머릿속이 시속 100킬로미터로 돌고 있었다. 몇 분간을 그렇게 가만히 누워 있었다. 하나님을 믿지만 내일까지 기다리지 못하고 걱정하며 문제와 씨름한 탓에 머릿속이 복잡해졌다고만 생각했다. 그런데 갑자기, 머릿속에서 형성되는 게 매우 상세하고 정교한 전략임을 깨달았다. 지난 2개월 동안 우리 회사를 괴롭혔던 문제의 90퍼센트를 해결해 줄 수 있는 놀라운 전략이었다."[4]

코크레인은 머릿속에서 벌어지는 일을 믿을 수 없었다. 심지어 아무런 노력도 없이 '잠자는 도중' 모든 문제가 해결되고 있었다. "나는 남편이 깨지 않도록 조심하며 침대 옆 테이블 서랍에서 노트를 꺼내 침실을 몰래 빠져나와 어둡고 조용한 거실로 갔다. 불을 켜고 소파 가장자리에 앉아 노트를 펴고 펜을 손에 잡고 미친 듯이 써 내려갔다. 생각이 너무도 빠르고 정확한 순서로 쏟아져 나와, 최대한 빨리 받아쓰려고 애를 썼다. 30분간 세 페이지를 쓰고 나니 우리 회사의 거의 모든 문제를 해결해 줄 전략의 완벽한 틀이 간단하게 마련됐다."[5]

코크레인은 그렇게 계획을 쓰고 나서 슬그머니 침대로 올라와서는 곧바로 잠이 들었다. 그리고 그녀의 팀이 다음 한 달간 그 전략을 실행한 결과, 회사의 성장률은 700퍼센트나 증가했다.

그날 밤 그전에는 서로 관련 없어 보이는 10여 가지 문제들이 그녀의 머릿속에 쌓이고 맴돌았다. 하지만 해법은 그녀가 노트북 앞에서 씨름할 때 나타나지 않았다. 단지 그녀의 뇌가 문제들을 서로 연결해 창의적이고 종합적인 해법을 내놓기 위한 단잠이 필요했을 따름이었다.

코크레인의 이야기가 기적처럼 들릴 수 있다. 우리에게도 일어났으면 하고 바랄 수 있는 별난 사건처럼 보인다. 하지만 이번 장에서 보면 알겠지만 전혀 아니다. 우리의 이야기는 코크레인 이야기처럼 극적이지 않을지 몰라도, 우리도 그녀가 그날 밤 경험한 것과 같은 것을 얼마든지 경험할 수 있다. 쉼 자체가 이미 막대한 생산성의 반직관적인 열쇠임은 성경적·과학적으로 검증된 사실이다.

바쁜 현대인들은 이 사실을 무시하기 쉽다. 세상은 더 많은 일을 해내기 위해서는 무조건 더 열심히 일하라고 말한다. 세상은 죽으면 실컷 잘 수 있으니 밤을 새워 일하라고 말한다. 이번 장에서 나는 '정반대' 주장을 펼칠 것이다. 더 많은 일을 해내려면 오히려 '일을 덜하고, 더 많이 쉬어야' 한다.

단지 잠만 말하는 게 아니다. 과학자들은 2시간 단위로, 밤에, 일주일에 한 번 생산적인 쉼을 갖는 리듬이 하나님이 설계하신 DNA 안에 있다는 사실을 발견했다. 이런 리듬을 무시하면 방전, 불안, 비생산성으로 이어진다. 그러면 하나님의 영광과 다른 사람의 유익을 위해 우리의 일을 가장 훌륭하게 해낼 수 없다. 이번 장에서는 먼저 이 세 가지 생산적인 쉼의 리듬이 왜 필요한지를 설명할 것이다. 그러고 나서 이런 리듬을 갖추기 위한 다음 세 가지 활동을 제안할 것이다.

생산적인 쉼의 리듬

2시간 단위의 휴식

딥 워크 원칙을 처음 발견했을 때 나는 몹시 기뻤다. 방해받지 않고 일에 집중하면서 생산성이 크게 늘자 딥 워크를 최대한 많이 하고 싶었다. 그래서 이른 아침부터 늦은 오후까지 종일 노트북 앞에 앉아 있고, 점심시간이나 화장실에 갈 때만 쉬었다. 젊은 나이의 오만 탓에 나는 고도로 집중된 일을 하루에 4시간 정도밖에 할 수 없다는 과학적 사실을 무시했다. 또한 내 뇌와 눈과 영혼이 쉼을 달라고 '아우성치고' 있음을 깨닫지 못했다.

나는 내 날들을 단거리 경주처럼 대했다. 그러니까 오후에 끝내 무너지기 전까지 최대한 세게, 최대한 빨리 달렸다. 하지만 시간이 지나면서 숱한 경험과 연구를 통해 하나님이 우리를 단거리 선수로 설계하시지 않았음을 깨닫게 됐다. 하나님은 우리가 단거리 경주나 마라톤이 아니라, '근육 운동'을 하는 것처럼 살도록 창조하셨다.

5장에서 우리는 집중력이 우리가 헬스클럽에서 단련시키는 육체적 근육과 비슷하다는 점을 살펴보았다. 운동을 하는 사람은 누구나 알겠지만 운동을 지속적으로 할 수 있는 유일한 방법은 운동 사이사이에 충분히 휴식을 취하는 것이다. 운동을 끝까지 하기 위해 육체적 근육을 쉬게 하는 것처럼 우리의 집중력 근육도 하나님이 주신 일을 마치기 위해 적당한 쉼을 가져야 한다.

이 주제를 에너지프로젝트의 CEO 토니 슈워츠만큼 깊이 연구한 사람은 많지 않다. 슈워츠는 다음과 같이 말했다.

인간은 컴퓨터처럼 오랜 시간 동안 높은 속도로 지속적으로 가동되도록 설계되지 않았다. 인간은 리듬을 타도록 설계됐다.[6]

"설계됐다"는 정말로 완벽한 단어 선택이다. 그렇다. 과학적으로도 밝혀졌듯이, 하나님은 '울트라디안 주기'(ultradian cycles)에 따라 2시간의 리듬을 타도록 인간 뇌를 설계하셨다. 기본적으로 우리 뇌는 90분마다 높은 집중에서 낮은 집중으로 이동한다. 이 90분 주기 끝에서 우리 뇌는 휴식을 취해야 한다. 울트라디안 주기에서 우리 몸은 90분간 일하고 나서 15-30분간 쉬는 과정을 하루 종일 2시간 간격으로 반복하는 것이 가장 좋다.

울트라디안 주기에 관해 처음 읽었을 때 나는 반박할 수 없는 데이터에도 불구하고 그 현상을 받아들이기 어려웠다. 누구보다 열심히 일하는 사람으로서 2시간 단위로 긴 시간 휴식을 취한다는 사실이 황당하기까지 했다. 하지만 녹초가 된 채 하루를 마치기를 수

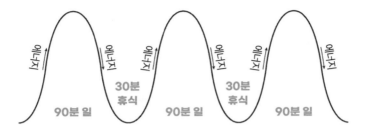

울트라디안 주기

에너지 ↑   에너지 ↓   에너지 ↑   에너지 ↓   에너지 ↑   에너지 ↓

90분 일   30분 휴식   90분 일   30분 휴식   90분 일

없이 반복하다가, 어쩌면 정말로 내 안에 하나님이 설계하신 내적 시계가 있고 그 시계에 맞춰 쉬어야 할지도 모른다는 생각이 들기 시작했다. 그래서 2시간 단위로 쉬는 습관을 시도해 보기로 결심했다. 90분마다 나는 책상에서 일어나 15-30분 동안 산책을 가거나 아내와 통화를 했다. 집에 있을 때는 설거지를 하거나 빨래를 갰다. 처음에는 이런 쉼이 지독한 시간 낭비 같았다. 하지만 이 휴식이 예상과 달리 내 하루의 생산성을 가장 끌어올리는 요인 중 하나라는 사실을 깨닫게 됐다. 왜일까? 2시간 단위의 휴식을 제대로 가지면 내 에너지가 거의 완벽하게 회복되기 때문이다. 아이러니하게도 이런 짧은 휴식은 일을 더 많이 하는 동시에 더 잘 하게 해 준다.

물론 이를 경험한 사람은 나만이 아니다. 레오나르도 다빈치는 500년도 더 전에 이런 쉼의 리듬에 따라 그림을 그리는 동안 자주 휴식을 취했다. 그는 이렇게 말했다. "계속해서 일하면 판단력이 떨

어진다. 어딘가 좀 멀리 가라. 그러면 일을 정확히 꿰뚫어 보고 어딘
가 어색한 부분을 더 잘 볼 수 있다."[7]

현대 사례 두 가지를 더 소개하자면, 소니(Sony) 직원 2천 명
중 90퍼센트 이상은 근무 중에 휴식을 취하고 나면 성과가 늘었다
고 보고했다.[8] 1만 시간 법칙을 탄생시킨 연구에서 바이올리니스트
들도 똑같은 발견을 했다. 5장에서 보았듯이 그 유명한 연구에서 최
고의 실력을 뽐내는 바이올리니스트들은 두 가지 공통점이 있었다.
첫째, 그들은 90분 동안 딥 워크를 할 때 더 열심히 '일했고', 쉴 때는
더 확실히 '쉬었다.' 둘째, 그들은 실력이 떨어지는 바이올리니스트
들보다 잠을 거의 1시간 더 잤다. 잠, 이것이 생산적인 쉼의 두 번째
리듬이다.[9]

밤잠

미국수면재단(National Sleep Foundation)에서는 미국 성인의 절
반 이상이 평일 밤에 추천 수면 시간인 7-9시간을 채우지 못한다
고 말한다.[10] 이 상황을 누가 가장 신경 쓸까? 우선, 세계보건기구
(WHO)가 신경 쓴다. 세계보건기구는 현대인의 수면 부족을 "새로운
글로벌 유행병"이라 부른다.[11]

캘리포니아대학교 버클리캠퍼스(University of California, Berkeley)
신경과학 및 심리학 교수로 세계 최고의 수면 전문가 중 한 명인 매
슈 워커 박사는 수면 부족이 그토록 심각한 문제인 이유를 설명했

다. 워커는 베스트셀러 《우리는 왜 잠을 자야 할까》(Why We Sleep)에서 잠과 생산성의 연관성을 파헤친 연구 결과를 정리했다. 그 책에서 그는 수면 부족이 "영양이나 운동 부족" 혹은 술 취한 채 출근하는 것보다도 성과에 더 악영향을 끼친다고 말한다.[12]

하지만 잠을 충분히 자지 않으면 성과만 나빠지는 게 아니다. 수면 부족은 건강에도 치명적이다. 워커는 데이터를 정리하면서 이렇게 말했다. "계속해서 밤에 6-7시간 이하로 자면 면역 체계가 무너져서 특정 암 발병 위험이 크게 높아진다. …… 그리고 우울증, 불안, 자살 경향성을 비롯한 모든 주요 정신 질환이 발생할 가능성이 높아진다."[13] 다시 말해, 잠을 적게 잘수록 하나님의 영광과 다른 사람의 유익을 위해 선한 일을 할 시간이 줄어든다.

하지만 수면 부족의 무서운 부작용 반대편에는 충분한 밤잠이 가져다주는 막대한 유익이 있다. 네 가지 유익만 소개해 보겠다.

첫째, 충분한 잠은 일터나 가정에 깊이 참여하려고 할 때 '집중력'을 높여 준다. 아마 당신도 경험해 봤을 것이다.[14]

둘째, 잠은 우리가 낮에 배운 기술을 '다듬는' 데 도움을 준다. 한 연구가는 이렇게 설명했다. "우리는 깨어 있을 때 새로운 기술을 배운다. 하지만 잠잘 때 그 기술을 매만진다."[15] "연습으로는 완성되지 않는 기술이 연습 후 밤에 잠을 잘 때 완성된다."[16]

셋째, 충분한 잠은 '더 많은 소득을 얻는' 능력과 관련 있는 것으로 알려져 왔다. 경제학자들인 매튜 깁슨과 제프리 슈레이더가 진행한 연구를 보면 "잠이 장기적으로 평균적 1시간 늘어나면 임금이 18퍼센트 증가한다"라고 나와 있다.[17]

마지막으로, 내가 볼 때 충분한 잠의 가장 놀라운 유익은 잠이 '창의적인 문제 해결 능력'을 높여 준다는 것이다. 바로 셰이 코크레인 사례에서 이를 확인할 수 있다. 물론 충분한 잠을 잔 뒤에 엄청난 창의적 아이디어를 얻은 사람은 코크레인만이 아니다. 스물두 살의 래리 페이지는 "모든 웹을 다운로드해서 링크들만 유지하는" 꿈에서 구글 창업의 아이디어를 얻었다.[18] 폴 매카트니는 잠자던 중에 비틀즈의 가장 유명한 두 곡인 〈렛잇비〉(Let It Be)와 〈예스터데이〉(Yesterday)를 썼다.[19] 영화 감독 제임스 카메론의 〈터미네이터〉(The Terminator)와 〈아바타〉(Avatar)도 같은 식으로 탄생했다.[20]

하지만 잠이 창조적인 문제 해결 능력을 향상시키는 것과 관련해서 내가 가장 좋아하는 이야기는 바로 토머스 에디슨 이야기다.

> 에디슨은 팔을 양쪽으로 축 늘어뜨리고 양손에 쇠공을 쥔 채
> 의자에서 낮잠을 자곤 했다. 의자의 양쪽 아래 바닥에는 쇠
> 프라이팬이 놓여 있었다. 그가 너무 깊은 잠에 빠져서 공이 굴러
> 떨어지면서 쨍그랑 소리를 내면 그는 즉시 깨어나 쓸모 있는 생각이
> 순식간에 인식의 증기 속으로 다시 사라지기 전에 붙잡았다.[21]

이 일화는 재미있는 이야기지만, 잠이 창의적인 문제 해결 능

력을 향상시킨다는 사실을 뒷받침해 주는 과학적 증거가 있을까? 물론, 있다. 그것도 아주 많이. 한 연구에서 수면 연구가인 울리히 바그너 박사는 실험 참가자들에게 한 번에 1시간 이상 동안 수백 개의 어려운 수학 문제를 풀게 했다.[22] 실험을 시작할 때 참가자들에게 문제 풀이를 위한 특정 규칙을 제시했다. 그들이 듣지 '못한' 사실은 연구가들이 "모든 문제에 숨은 규칙, 혹은 손쉬운 방법"을 숨겨 놓았다는 것이었다.[23] 이 손쉬운 방법을 찾아낸 참가자들은 훨씬 적은 시간에 훨씬 많은 문제를 풀 수 있었지만 그 해법을 찾으려면 창의적인 연상을 해야 했다.

참가자들은 문제를 푼 뒤 12시간의 휴식을 얻었다. 그중 일부는 12시간 내내 깨어 있도록 했고, 나머지는 8시간 동안 쭉 자도록 했다. 12시간의 휴식 후에 모든 참가자는 두 번째 문제 풀이 시간을 가졌다.

두 번째 테스트 후에 연구가들은 참가자들에게 숨은 해법을 찾았는지 물었다. 내내 깨어 있던 참가자 중 불과 오분의 일만 해법을 찾았다. 반면, 밤에 푹 잔 참가자 중에는 "거의 60퍼센트가 숨은 편법을 발견하는 '아하'의 순간을 경험했다. 이렇듯 수면은 창의적 해법 찾기에서 세 배나 되는 차이를 만들어 냈다!"[24]

놀랍지 않은가. "잠은 우리 뇌가 수많은 정보를 검증하고 서로 연결시키는 심야 극장을 제공해 준다." 워커는 그렇게 설명했다.[25] "이것은 지식(개별적인 사실의 보유)과 지혜(그 모든 사실을 하나로 종합해 그 의미를 아는 것) 사이의 차이다."[26] 그렇게 보면 "우리가 '문제에 관해 깨어서 생각해 봐'라고 하지 않고 '하룻밤 자면서 생각해 봐'(sleep on it)라고 말하는 것"은 지극히 합리적이다.[27]

우리가 해법을 쉬이 찾기 어려운 문제들을 해결하기 위해 하나님이 주신 창의성을 발휘할 때 다른 이들(그리고 우리 자신)을 위해 유익을 창출하는 것이다. 이 유익만으로도 잠은 우리가 시간을 구속하기 위해 할 수 있는 가장 생산적인 일 가운데 하나다. 마틴 루터 킹이 조용한 묵상을 위한 시간을 내는 것이 우리의 도덕적 의무라고 주장했던 것처럼, 신학자이자 가스펠코얼리션(TGC; The Gospel Coalition) 공동 설립자인 D. A. 카슨은 잠에 관해 그에 못지않게 강한 표현을 썼다. "때로 우주에서 가장 경건한 일은 밤에 잠을 푹 자는 것이다. 밤새 기도하는 것이 아니라, 잠을 자는 것."[28]

카슨은 왜 그렇게 강한 표현을 썼을까? 2시간 단위의 휴식과 마찬가지로 밤잠이 세상에서 하나님의 목적을 훨씬 더 생산적으로 수행하게 해 준다는 점을 이해하기 때문이다.

물론 매일 밤 7-8시간을 자는 것이 불가능하게 들릴 수 있다(기억하는가? 우리 집에는 여섯 살 아래 아이가 셋이나 있다). 하지만 이번 장의 실습 활동을 보면 알겠지만 누구나 할 수 있다. 내가 할 수 있다면 당신도 할 수 있다. 하지만 2시간 단위의 휴식과 충분한 밤잠을 습관으로 들이려는 실천 팁을 보기 전에 생산적 휴식의 리듬 중 세 번째이자 마지막 리듬을 살펴보자.

일주일에 한 번 안식일

1800년대 중반 미국인들은 황금과 더 좋은 삶을 찾아 서부로 몰려갔다. 1849년에 출간된 *The Emigrant's Guide to California*(이민자들의 캘리포니아 지침서)를 보면 황금을 좇는 사람 중에서 아이러니하게도 목적지에 가장 빨리 도착한 사람들은 '가장 많이 쉰'(구체적으로는, 안식일을 지킨) 사람들이었다. 이 지침서에는 이런 조언이 실려 있다. "7일 중 하루를 쉬면 그렇지 않은 사람보다 20일 빨리 캘리포니아에 도착할 것이다."[29]

안식일의 쉼은 우리의 예상과 달리 오히려 생산성을 높여 준다. 물론 이 사실을 발견한 사람들은 황금을 좇는 사람들만이 아니었다. 오늘날에도 이 사실에 관한 많은 증거를 발견할 수 있다. 비즈니스 세계에서 가장 유명한 사례는 아마도 칙필레일 것이다. 사업 초기에 거의 모든 칙필레는 쇼핑몰 안에 있었다. 당시 일요일마다 문을 닫는 이 레스토랑 체인의 주일 성수는 쇼핑몰 주인들을 '격노하게 했다.' 하지만 결국 "쇼핑몰 주인들이 목도한 사실은 다른 임차인이 7일 동안 만들어 내는 매출을 칙필레는 6일 만에 해낸다는 것이었다. 거의 모든 경우에 칙필레는 쇼핑몰 내 모든 식당에서 가장 높은 매출을 달성했다." 그로 인해 오늘날 칙필레는 임대인이 가장 선호하는 임차인 중 하나다.[30]

그런데 일주일에 한 번씩 쉬는 안식일의 리듬이 생산성에 그토록 도움이 된다면 왜 모두가 안식일을 지키지 않는 것일까? 우리 대부분 안식일에 관해 생각하더라도 기껏해야 안식일 지키기를 따분하고 율법주의적이고 생명을 좀먹는 고된 일로 보기 때문이다.

어릴 적에 나는 교회에 다니면서도 안식일에 관해 거의 아무생각이 없었다. 우리 가족 중 누구도 일요일을 주중 다른 날과 조금도 다르게 보지 않았다. 물론 가끔 네 번째 계명에 관한 이야기를 듣기는 했지만 마치 속도 제한처럼 누구나 쉽게 무시하는 규칙 중 하나처럼 보였다. 아주 가끔 안식일을 생각할 때도 내게 안식일은 즐거운 것을 '할 수 있는' 날이 아니라 온갖 것을 '할 수 없는' 날 같았다.

그러다 4년 전쯤, 특히 정신없이 바쁜 시기에 안식일에 관한 예수님의 말씀을 다시 읽고서 내 시각이 완전히 바뀌었다. 2천 년 전에도 예수님은 안식일이 율법주의적인 고역이라는 점에 동의하신 것처럼 보였다. 마가복음 3장 1-4절을 읽어 보라.

예수께서 다시 회당에 들어가시니 한쪽 손 마른 사람이 거기
있는지라 사람들이 예수를 고발하려 하여 안식일에 그 사람을
고치시는가 주시하고 있거늘 예수께서 손 마른 사람에게 이르시되
한가운데에 일어서라 하시고 그들에게 이르시되 안식일에 선을
행하는 것과 악을 행하는 것, 생명을 구하는 것과 죽이는 것, 어느
것이 옳으냐 하시니 그들이 잠잠하거늘.

율법주의는 말 그대로 생명을 갉아먹는다. 여기서 바리새인들은 예수님이 생명을 주는 일을 하셨는데도 그것이 안식일 율법의 문자적 내용에 맞지 않는다는 이유로 비판했다. 하지만 예수님이 율법이 불필요하다고 말씀하시지 않았다는 점에 주목해야 한다. 단지 예수님은 바리새인들이 율법의 요지를 놓치고 있다고 말씀하셨다. 바로 직전 구절에서 예수님은 이렇게 말씀하셨다. "안식일이 사람을 위하여 있는 것이요 사람이 안식일을 위하여 있는 것이 아니니"(막 2:27). 이말이 무슨 뜻일까? 이 질문에 답하기 위해 안식일의 역사를 짧게 훑어보자.

첫 안식일은 천지창조의 일곱 번째 날이었다. 창세기 2장 2-3절은 이렇게 말한다. "하나님이 그가 하시던 일을 일곱째 날에 마치시니 그가 하시던 모든 일을 그치고 일곱째 날에 안식하시니라 하나님이 그 일곱째 날을 복되게 하사 거룩하게 하셨으니 이는 하나님이 그 창조하시며 만드시던 모든 일을 마치시고 그날에 안식하셨음이니라." 흥미로운 사실은 안식일이 역사상 최초의 '거룩한 것'이었다는 점이다. 그 이전의 6일 동안 하나님은 지으신 모든 것을 보고 '좋게' 혹은 '매우 좋게' 여기셨다. 하지만 안식일은 하나님이 "거룩하다"라고 부르신 첫 번째 것이었다. 한 작가는 이렇게 말했다. "와이파이 증폭기가 교회 첨탑에 달려 있는 이 세상에 더 이상의 신성한 장소는 남아 있지 않다."[31] 하지만 신성한 '장소'는 남아 있지 않지만 안식일은 신성한 "시간의 성소"로 남아 있다.[32]

그렇다. 하나님은 휴식을 취하심으로써 최초의 안식일을 창조하셨다. 하지만 이스라엘 백성이 시내산에 이른 뒤에야 비로소 하나님은 6일간 일하고 하루를 쉬는 그분의 리듬을 따라하라는 명령을 그들에게 주셨다.

> 안식일을 기억하여 거룩하게 지키라 엿새 동안은 힘써 네 모든 일을
> 행할 것이나 일곱째 날은 네 하나님 여호와의 안식일인즉 너나 네
> 아들이나 네 딸이나 네 남종이나 네 여종이나 네 가축이나 네 문안에
> 머무는 객이라도 아무 일도 하지 말라 이는 엿새 동안에 나 여호와가
> 하늘과 땅과 바다와 그 가운데 모든 것을 만들고 일곱째 날에
> 쉬었음이라 그러므로 나 여호와가 안식일을 복되게 하여 그날을
> 거룩하게 하였느니라.
> 출애굽기 20장 8-11절

그렇다. 안식일은 일과 휴식에 관한 하나님의 리듬을 따르는 것이다. 안식일은 쉬면서 하나님과 그분이 우리의 일을 통해 주신 좋은 것을 누리는 것이다. 하지만 안식일에는 또 다른 의미가 있다. 모세가 십계명을 받게 된 배경을 생각해 보라. 이 계명들은 이스라엘 백성이 애굽에서 벗어난 지 불과 몇 주 뒤에 주어진 것이다. 이스라엘 백성은 애굽에서 400년 넘게 노예로 살았다. "너희의 노역이나 하라"(출 5:4)라고 소리 치고 그들의 "노동을 무겁게"(9절) 한 무자비한

노예 주인 밑에서 무려 4세기 동안 뼈 빠지게 일했다는 뜻이다.

그래서 안식일은 일을 손에서 놓고 뒤로 물러나 일한 성과와 우리의 삶을 보며 "좋다"라고 말하는 것인 동시에, 계속해서 더 많은 일을 요구하는 무자비를 거절하는 것을 의미한다. 안식일은 우리의 노예 상태에 자유를 선언하는 것이다. 안식일은 '멈추라는'(히브리어 단어 "샤바트"의 문자적 의미) 초대다. "일을 멈추라. 노력하기를 멈추라. 분주히 뛰어다니기를 멈추라. 그냥 멈추라." 정신없이 바쁜 현대 문화의 한복판에서 참으로 생명을 주는 말처럼 들리지 않는가?

그렇다. 하나님은 쉬셨고, 이스라엘 백성에게도 쉬라고 명령하셨다. 그런데 문제가 생긴다. 오랜 세월에 걸쳐서 하나님의 백성은 안식일이라는 좋은 선물에 연방 정부보다도 더 많은 규정을 추가했다. 그러다 보니 하나님의 거룩한 날에 사람이 할 수 있는 것과 할 수 없는 것에 관한 규칙이 무려 1,500개를 넘어갔다.[33] 이렇게 인간이 만든 규칙이 더해지니 하나님이 생명을 주려고 창조하신 안식일이 생명을 갉아먹는 요인으로 전락했다.

바로 이 내용이 우리가 방금 전에 읽은 예수님과 바리새인 사이의 대화 이면에 자리한 역사적 배경이다. 안식일이 "사람을 위하여 있는" 것이라는 예수님의 말씀은 안식일의 본질이 수많은 규칙을 지키는 시간이 아니라는 뜻이다. 안식일은 하나님과 그분의 좋은 선물을 즐기고 우리가 더 이상 죄, 애굽, 고용주, 고객, 마케터, 이메일, 스마트폰 등 끊임없이 더 많은 일을 요구하는 것의 노예가 아니라고 선포하는 것이다. 우리는 자유롭다.

안식이라는 좋은 선물을 열어서 즐기는 것이 실질적으로 어떤 의미인지를 곧 살펴볼 것이다. 하지만 일단 여기서는 한 가지만 짚고 넘어가자. 안식일은 우리 가족이 매주 할 수 있는 '가장 귀한 생명을 주는 것'이다. 이보다 더 생명을 주는 것이 없다. 안식일은 그저 내 해야 할 일 목록에 있는 항목 중 하나가 아니다. 안식일은 "의무들의 바닷속에 있는 기회의 섬"이다.[34]

합창단 지휘자를 본 적이 있는가? 합창단이 조용히 서 있을 때 지휘자는 팔을 내렸다가 안쪽으로 움직였다가 바깥쪽으로 내밀고 마지막으로 올린다. 이렇게 업 스윙해 팔이 올라갈 때 합창단은 숨을 돌린다. 바로 안식일이 이와 같다. 안식일은 우리 가족의 업 스윙의 시간이다. 그날 우리는 숨을 돌리면서 다음 주를 위한 힘을 얻는다.

쉼의 신비

사복음서 곳곳에서 우리는 이번 장에서 논한 생산적인 쉼의 세 가지 리듬을 실천하시는 예수님을 볼 수 있다. 예수님은 일하는 제자들에게 회복을 위한 쉼을 제시하셨고(막 6:30-32), 잠을 쟁취하셨으며(4:38-39), 앞서 본 것처럼 안식일의 선함을 재확인시켜 주셨다 (2:27).

물론 예수님은 창조주이시기에 이런 쉼의 리듬이 그분의 영광과 다른 사람의 유익을 위해 더 많은 성과를 거두기 위함임을 아셨다. 수 세기의 과학적 탐구 끝에 이제는 경험적으로 증명된 다음 사실을 예수님은 당시에 이미 아신 것이다. "우리의 목표를 달성하기 위한 분투에서 쉼은 생산적이다." 그뿐 아니라, 예수님은 과학적으로 증명할 수 없는 다음 사실도 아셨다. "쉼은 우리의 목표에만 아니라, 우리 '영혼'에도 생산적이다."

평일에 2시간 단위로 쉬는 것은 우리 영혼에 지극히 생산적이다. 그 쉼은 하나님이 우리가 없어도 우리의 할 일 목록을 완성하실 수 있다고 믿는 것이기 때문이다. 밤새 푹 자는 것은 우리 영혼에 생산적이다. 그 쉼은 하나님이 졸지도 주무시지도 않는 유일한 존재이며(시 121:4) 우리가 없어도 세상이 잘 돌아간다고 믿는 것이기 때문이다. 안식일은 우리 영혼에 지극히 생산적이다. 그것은 "모든 시간이 하나님께 속했으며 예수 그리스도의 새롭게 하시는 주 되심 아래에 있다는" 사실을 믿는 것이기 때문이다.[35]

이 모든 쉼의 리듬이 우리 영혼에 생산적인 궁극적 이유는 우리 자신과 주변 사람에게 복음을 전하기 위한 수단이기 때문이다. 쉼은 우리가 얼마나 생산적인지와 상관없이, 선한 일을 얼마나 많이 했는지 상관없이 하나님이 사랑하시고 기뻐하시는 자녀라는 사실을 우리 자신에게 선포하는 행위다. 이 모든 것에서 우리의 시간을 구속하기 위한 여섯 번째 원칙이 나온다.

예수의 원칙 #6 생산적인 쉼을 누린다
구주 예수를 본받아 내 시간을 구속하려면 하나님이 설계하신 쉼의 리듬, '생산적이지 않게 보이나 내 목표와 영혼에 더없이 생산적인' 쉼의 리듬을 받아들여야 한다.

2시간 단위의 쉼, 밤의 쉼, 일주일에 한 번의 쉼이라는 이 리듬을 현대인의 삶에서 실제로 어떻게 실천할 수 있을까? 다음 세 가지 실습을 제안한다.

실습 1° 2시간마다 잘 쉬라

앞서 말했듯이 하나님이 설계하신 울트라디안 주기에 따라 90분간 집중해 딥 워크를 하고 나면 고갈된 우리의 에너지는 회복을 요구한다. 하지만 무조건 쉰다고 해서 회복되는 건 아니다. 일하는 중에 잘 쉬는 기술을 배워야 한다.

진정한 회복을 가져오는 쉼에는 두 가지 요소가 있다. 시간의 충분한 '양'과 그 휴식 시간에 하는 활동의 '질'이 그것이다. 2시간마다 얼마나 오랫동안 쉬어야 할까? 15-30분을 추천하지만 시간의 양보다는 질이 더 중요하다. 내게는 10분간 설거지를 하는 것이 30분간 휴대폰을 갖고 노는 것보다 회복에 훨씬 더 도움이 된다. 하지만 설거지는 당신에게 맞지 않을 수도 있다. 그러니 어떤 종류의 휴식이 에너지와 집중력 향상에 도움이 되는지 각자 여러 가지 활동을 실험해 보길 바란다.

하지만 (내가 인터뷰한 수많은 사람도 동의한) 쉼에 관한 옛 사람들의 조언이 있다. 바로 머리를 쓰는 사람은 손으로 쉬고, 손으로 일하는 사람은 머리로 쉬라는 것이다. 예를 들어, 목수라면 장작을 패는 게 쉼이 되지 않을 가능성이 높다. 반대로, 종일 컴퓨터 앞에 앉아서 작업하는 프로그래머에게는 스크린으로 뉴스를 보는 게 쉼이 되기 어렵다.

더없이 생산적인 작가이자 정치인으로서 머리를 쓰며 일했던 윈스턴 처칠은 손으로 쉬는 것의 가치를 알았다. 처칠은 평생 550점의 그림을 그린 것으로 유명했다. 또한 그는 집 밖에 벽돌을 쌓는 일을 즐겼다. 그는 자신에게는 "200개의 벽돌과 2,000개의 단어"로 이루어진 하루가 이상적인 하루라고 말했다.[36] 그림 그리기와 벽돌 쌓기라는 '일'은 그의 에너지를 고갈시키지 않았다. 오히려 이런 종류의 쉼은 그에게 활력을 불어넣었다. 그는 "여가 시간에 그림 그리기"라는 에세이에서 그 이유를 다음과 같이 설명했다.

두뇌의 특정 부분을 계속해서 사용해 피로해지면 코트의 팔꿈치가 닳는 것처럼 그 부분이 닳을 수 있다. ⋯⋯ 피곤해진 두뇌의 부분은 그냥 쉬는 것이 아니라 다른 부분을 사용함으로써 회복되고 강해질 수 있다.[37]

씨월드(SeaWorld)의 전 CEO 조엘 맨비는 내 팟캐스트에 출연했을 때 처칠과 같은 맥락의 지혜를 소개했다. 그는 씨월드에 가기 전에 손을 움직여 피아노를 치면서 머리를 쉬었다. 하지만 다큐멘터리 〈블랙피시〉(Blackfish)로 한창 대중의 지탄을 받던 씨월드에 입성하면서 생산적인 쉼의 습관이 사라지기 시작했다. 그는 다음과 같이 회상한다.

씨월드에서 ⋯⋯ [쉬기를 그만둔 것은] 운동가 투자자에게서 ⋯⋯ 새벽 4시, 혹은 새벽 5시 30분에 전화를 받기 시작했기 때문입니다. 그는 새벽 2시에 이메일을 보내 답변 받기를 원했습니다. 그래서 저는 하루에 20시간을 일했죠. [씨월드를] 되살리기 위해 말 그대로 일주일에 7일을 일했어요. 그러다 보니 많은 면에서 건강하지 못하게 됐습니다. ⋯⋯ 끔찍한 시기였죠.[38]

건강하지 못한 그 상태로 가정이 무너졌고, 극도로 엄격한 이 사회를 제대로 다룰 수 없었다. 맨비는 당시를 회상하며 이렇게 말했다. "좋은 습관을 멀리한 결과, 지독히 어두운 시기가 찾아왔습니다. …… 그래서 당신이 말한 매일의 습관이 예수님이 우리에게서 원하시는 일을 제대로 하는 데 매우 중요하다고 생각합니다."[39]

그래서 내가 활력을 회복하기 위해 추천하고 싶은 습관은 무엇일까? 내가 즐기는 세 가지 습관을 소개한다. 달리기, 아이들과 점심 먹기, 설거지가 그것이다. 보다시피 나는 일석이조의 2시간 단위 휴식을 선호한다. 이 습관은 생산적인 동시에 남은 하루 동안 내 일을 하기 위한 활력을 불어넣는다. 달리기는 내 몸에 운동이 되는 동시에 내 에너지를 회복시킨다. 점심을 먹으면서 아이들과 양질의 시간을 보내는 동시에 내 정신이 쉰다. 설거지를 할 때 가족을 섬기는 동시에 내 두뇌가 꼭 필요한 쉼을 얻는다.

이것들은 모두 잘 쉬기 위한 활동이다. 하루 중에 활력을 회복하기 위한 2시간 단위 휴식을 다음과 같이 장소별로 정리해 보았다.

집에서
* 설거지를 하라.
* 빨래를 개라.
* 쓰레기를 내다 버리라.
* 악기를 연주하라.

* (당신 안의 처칠을 끌어내면서) 낙서를 하거나 그림을 그리라.

* 마당을 정리하라.

* 낮잠을 자라(J. R. R. 톨킨과 윈스턴 처칠은 낮잠을 즐겼다.[40] 나와는 맞지 않지만 당신에게는 맞을지 모른다).

사무실에서

* (딥 워크를 위해 노력하는 중이 아닐 때) 동료들과 개인적으로 친해지기 위해 "배 안을 걸어 다니라."[41]

* (스레숄드 360 같은 개방적인 신생 기업에 다니고 있다면) 축구를 하라.

어디서나

* 산책이나 달리기를 하라.

* 배우자나 친구에게 전화를 걸어 일 이야기가 아니라 잡담을 나누라.

* 커피나 차를 준비해 마시라.

* 책상이 아닌 다른 곳에서 점심 식사를 하라.

* 레고를 조립하라.

* 음악을 들으라(바흐의 〈무반주 첼로 모음곡 1번〉은 어떤가? 아니면 테일러 스위프트의 곡은?)

* 책을 읽으라(머리로 일하는 직업이라면 맞지 않을지도 모른다).

* 십자낱말풀이를 하라(손으로 일하는 직업이라면 맞지 않을지도 모른다).

이번 주에 이 중 한두 가지를 실험해 보라. 잘 쉴 때 새 힘이 솟아나는 경험을 해 보라.

실습 2° 매일 밤 8시간의 수면 기회를 만들라

이 말에 반대하는 목소리가 귓가에 선하다. "나는 8시간이나 잘 필요가 없어요. 5-6시간이면 충분해요." 나는 거짓말쟁이라고 말하고 싶지 않지만 과학자들은 그렇게 말할 것이다. 세계적인 수면 전문가 매슈 워커의 말을 다시 들어 보자. "60년간 과학적 연구를 한 사람으로서 '하루에 4-5시간만 자도 충분하다'라는 말을 결코 인정할 수 없다."[42]

"좋아요. 그래도 7시간이면 충분하지 않을까요?" 나도 예전에는 그렇게 생각했다. 실제로 오랫동안 나는 7시간만 자면서 생활했다. 하지만 7시간은 충분하지 않다. 데이터를 보면 "열흘간 7시간만 잔 뒤의 뇌는 24시간 자지 못한 만큼이나 제대로 기능하지 못한다."[43] 저런! 내가 그 시절 7시간만 자면서 섬겼던 모든 이에게 사과한다.

"하지만 나는 8시간보다 적게 자도 컨디션이 괜찮은데 무슨 상관이죠?" 가장 두려운 사실 하나를 알려 주겠다. 우리는 자신이 얼마나 잠을 잤고 수면 부족이 자신의 성과에 어떤 영향을 끼치는지를 제대로 모른다. 이는 과학적으로 계속해서 증명되고 있는 엄연한 사실이다. 〈아메리칸 저널 오브 에피디미올로지〉(*American Journal of Epidemiology*)에 나온 한 연구를 보면 대부분의 사람은 자신이 생각하는 것보다 20퍼센트 더 적게 잔다고 한다.[44] 그렇다면 당신이 7시간 잔다고 생각하면 실제로는 5시간 반밖에 자지 않았을 가능성이 높다!

우리는 자신이 '얼마나 많이' 자는지를 잘 모를 뿐 아니라, 수면 부족이 우리의 성과에 어떤 '영향'을 미치는지 너무나 모른다. 펜실베이니아대학교(University of Pennsylvania) 연구가들은 한 연구 결과를 다음과 같이 정리했다.

> 한두 주간 수면 부족을 경험한 뒤 실험 대상자들은 눈에 띄게 멍해지고 덜 기민해졌다. 하지만 주관적으로는 자신들이 약간만 잠이 모자란 것으로 답변했다. …… 이는 사람들이 잠 부족의 인지적 영향을 과소평가하고 잠이 부족할 때 자신들의 성과와 기민성을 과대평가하는 경우가 많다는 뜻이다.[45]

이는 술을 잔뜩 마시고도 아무 문제없이 운전할 수 있다고 자신 있게 말하는 것과도 같다. 친구라면 친구가 음주 운전을 하게 놔두지 않는 것처럼, 친구라면 시간을 구속하기 위해 노력하는 친구가 잠을 부족하게 자도록 놔두지 않는다. 8시간 수면 규칙에 예외가 있을까? 물론이다. 잠을 덜 자고도 활력 있게 살게 해 주는 유전적 변이가 존재한다. 하지만 당신이 그런 사람 중 하나라고 생각하기 전에 한 가지 사실을 들어 보라. 과학자들에 따르면 "이 변이는 극도로 드물어서, 400만 명 중 한 명꼴도 되지 않는다."[46] 당신이 이 희귀한 유전자를 갖고 있을 확률보다 올림픽 금메달을 딸 확률(확률 662,000명 중 1명)[47]이 여섯 배나 높다. 대다수 사람에게, "이웃을 내 몸과 같이" 사랑하는 일은 4시간 수면에서 시작된다.

마음에 들지 않아도 이는 엄연한 사실이다. 나도 이 주제에 관해 과학적으로 증명된 사실이 '지독히' 싫다. 그렇게 많이 자는 게 얼마나 힘든지 알기 때문이다. 앞서 말했듯이 아내와 내게는 여섯 살 아래의 딸 아이가 세 명이 있고, 그중 한 명은 겨우 한 살이다. 어린 자녀가 있다면 내가 충분히 자기 위해 '사투를 벌이고' 있음을 잘 알 것이다. 하지만 하나님의 은혜와 적지 않은 희생 덕분에 아내와 나는 '둘 다' 거의 매일 밤 7시간 반에서 8시간을 잔다. 어떻게 그럴 수 있을까? 우리 부부가 사용하는 다섯 가지 체크 리스트를 소개한다.

취침 시간 정해 놓기

내가 아는 거의 모든 사람은 아침에 기상 시간을 정해 놓고 산다. 하지만 규칙적인 시간에 잠자리에 드는 사람은 매우 드물다. 지인들은 보통 이런 식으로 말한다. "텔레비전에서 무엇을 보느냐에 따라 9시에서 11시 사이에 잠자리에 든다." 미안한 말이지만 잠자는 시간을 이런 식으로 관리하는 것은 '미친' 짓이다. 계산하고 말 것도 없다. 기상 시간이 고정돼 있다면 최소한 알람이 울리기 8시간 전에 잠자리에 들지 않으면 8시간 자는 것은 불가능하다.

이번 장을 쓰던 중 한 친구가 내게 〈월스트리트 저널〉(*Wall Street Journal*)에 실린 '좋은 잠을 위한 가이드'란 글을 보내 주었다.[48] 이 글은 수면의 질을 향상시켜 줄 수 있는 10여 가지 제품을 소개했는데, 그중에는 27달러짜리 양말,[49] 140달러짜리 꽃무늬 벽지,[50] 1,040달러짜리 루이뷔통 밍크 수면 마스크[51]가 있었다. 지어낸 게 아니다. 그럼 '공짜'인데 충분한 수면에 '훨씬 더 큰 영향'을 미치는 것이 무엇인지 아는가? 바로 수면 시간을 정하는 것이다.

하지만 잠자리에 드는 시간과 잠자는 시간이 동일하지 않다는 점을 기억해야 한다. 수면 과학자들이 말하는 "수면 효율성"(sleep efficiency)을 고려해야 한다. 이것은 침대에 누워 있는 동안 실제로 잠자는 시간의 비율이다.[52] 나이를 먹을수록 수면은 덜 효율적이게 된다. 건강한 10대 청소년은 약 95퍼센트의 수면 효율성을 자랑한다. 이는 8시간 동안 침대에 누워 있으면 실제로는 7시간 30분보다 약간 더 잔다는 뜻이다.[53] 60대가 되면 수면 효율성은 80퍼센트를 살짝 넘는 수준으로 떨어진다. 나머지는 그 사이다.[54]

그렇다면 8시간의 '잠'을 쟁취하려면 밤에 "최소한 8-9시간 잠자리에 누워 있는 시간"이라는 "충분한 수면 기회 시간"을 가져야 한다.[55] 당신은 어떤지 모르겠지만 나는 아무리 늦어도 '밤 9시' 전에 잠자리에 든다. 안 그러면 내가 매일 가정과 일터에서 모든 일을 제대로 해내는 것은 '절대' 불가능하다. 이것이 내가 8시간이 살짝 넘는 수면 기회를 유지하는 이유다. 거의 매일 밤 나는 8시 45분에서 8시 55분 사이에 베개에 머리를 누이고 항상 새벽 5시에 일어난다. 내 핏빗(Fitbit) 데이터를 보면 나는 매일 밤 거의 8시간의 '실제' 잠을 잔다. 효율적인 수면 유전자를 주신 하나님께 감사드린다!

최소한 잠자리에 들기 1시간 전부터 격렬한 활동 멈추기

우리 아이들이 저녁 7시에 잠자리에 든 뒤 나와 아내는 집에서 몇 분간 생산적인 일을 한다. 집 안을 치우고, 아이들이 다음 날 가져갈 점심 도시락을 싸고, 쓰레기 버리기 같은 일을 한다. 우리 부부의 목표는 7시 30분까지 모든 생산적인 일을 마치는 것이다. 그때부터 우리는 의식적으로 긴장을 풀기 시작한다. 3장에서 말했듯이 그때 우리는 휴대폰을 잠재우고 서로를 즐긴다. 앉아서 이야기를 나누고, 뭔가를 읽고, 텔레비전을 본다. 많은 생산성 전문가들이 '잠자기 전에 스크린은 금물'이라는 원칙을 고수하는 줄 안다. 하지만 그건 내 스타일이 아니다. 〈더 크라운〉(The Crown)이나 〈팍스 앤 레크리에이션〉, 〈웨스트 윙〉을 보며 하루를 마감하는 것이 아내와 내게는 잘 맞는다. 우리는 편안한 채로 잠자리에 든다. 뭐든 당신에게 맞는 방법을 찾으라.

늦은 오후부터 카페인 및 알코올 섭취 금지

카페인을 피하는 건 당연해 보이지만, 술은 수면에 도움이 된다고 생각하는 사람이 많다. 술이 잠에 '빠지는' 데 도움이 되는 건 사실이지만 그런 잠은 '몹시' 파편화된다. 핏빗 데이터를 보면 알 수 있다. 미국 수면재단 의사들은 "알코올은 진정제"로, "전반적인 수면 질을 떨어뜨리며, 수면 지속 시간을 줄이고 수면장애를 증가시키는 결과를 낳을 수 있다"고 경고한다.[56]

침실을 최대한 어둡게

빛은 수면을 방해한다. 그러니 좋은 커튼에 투자하고, 불을 끄고, 휴대폰을 다른 방에 두라(최소한 스크린이 바닥을 향하게 두라). 아내는 내가 잠을 잘 자겠다는 결심 때문에 기어이 그 1,000달러짜리 루이뷔통 수면 마스크를 사고야 말 거라는 농담을 한다(아직 수면 마스크를 살 정도는 아니지만, 만약 사게 된다면 가성비가 뛰어난 저가 브랜드일 것이다).

수면 과학자들은 18도를 추천한다. 내가 볼 때는 너무 심한 것 같다. 하지만 어쨌든 서늘해야 한다. 땀을 뻘뻘 흘리면서 잠을 잘 사람은 아무도 없다.

모든 실습 활동이 그렇듯 이 다섯 가지 수면 체크 리스트에 대해서도 엄격한 율법주의는 도움이 되지 않는다. 그렇다. 내가 8시 45분에 잠자리에 들지 않을 때도 있다. 하지만 내 시간을 구속하고 매일 훌륭한 일로 다른 사람을 섬기려고 노력하면서 좋은 수면이 얼마나 중요한지를 점점 더 실감하고 있기에 이런 예외는 계속해서 줄고 있다.

실습 3° 일주일에 한 번씩
일을 멈추고 축제를 열라

우리 아이들은 사실상 시간관념이 없다. 거의 매일 아침, 첫째 엘리슨과 둘째 케이트는 각자 방에서 튀어나오면서 묻는다. "아빠, 오늘이 안식일 주일이에요?" 우리 다섯 명은 일주일 내내 가족의 휴일을 손꼽아 기다린다. 우리 가족의 안식일은 구체적으로 어떤 모습일까? 우리는 생산적이지 않을 것 같지만 더없이 생산적인 쉼이라는 선물을 어떻게 받아들일까?

아이러니하게도 우리의 쉼은 일로 시작한다. 히브리서 4장 10-11절은 이렇게 말한다. "이미 그의 안식에 들어간 자는 하나님이 자기의 일을 쉬심과 같이 그도 자기의 일을 쉬느니라 그러므로 우리가 저 안식에 들어가기를 힘쓸지니." 종일 휴식을 취하든 8시간의 잠을 쟁취하든 안식일의 선물을 누리든 잘 쉬기 위해서는 노력해야 한다.

우리 가족은 주일에 안식일을 지킨다. 그래서 토요일 오후에 안식일을 준비하기 시작한다. 우리 가정의 목표는 잘 쉬는 데만 온전히 집중할 수 있도록 해야 할 일을 모두 처리하는 것이다. 우리 가족의 안식일 준비 목록에 늘 포함된 할 일(물론 내 할 일 추적 시스템에도 기록되는 일)은 다음과 같다.

* **안식일 주일을 위한 계획을 세운다.** 주일에 무엇을 먹고 무엇을 할지, 그리고 누구를 볼지 토요일에 미리 결정한다. 다른 가족이나 친구들과 어울리게 되면 언제 어디에서 만날지를 가능한 안식일 전에 조율한다. 그렇게 하면 주일 내내 문자를 주고받으며 계획을 세우느라 휴대폰을 붙들고 있게 되는 사태를 피할 수 있다.

* **교회에 갈 짐을 싼다.** 짐을 미리 챙기면 주일 아침에 정신없이 뛰어다니며 스트레스 받는 일이 줄어든다. 토요일에 우리는 다음 날 교회에 갈 때 필요한 모든 것(아이들을 위한 물이나 헌금 등)을 미리 차에 실어 놓는다.

* **집 안을 정리한다.** 대청소까지는 아니어도 눈에 보이는 모든 것을 제자리로 옮긴다. 눈에 보이는 곳만 깨끗하게 치워도 안식일에 하나님의 말씀과 서로에게 집중하는 데 도움이 된다.
* **빨래를 한다.** 우리는 주중 내내 빨래를 안 하고 토요일에 한꺼번에 몰아서 한다.[57] 우리의 목표는 안식일이 시작되기 전까지 모든 빨랫감을 빨아서 말리고 개서 넣는 것이다.
* **식기세척기를 돌린다.** 안식일은 싱크대에 신경 쓰이는 그릇이 하나도 없이 시작된다.
* **내 휴대폰을 24시간 휴가를 보낸다.** 지금까지 나열한 모든 것을 한 뒤에는 내 휴대폰을 비행기 모드로 바꿔 주일 저녁까지 놔둔다. 아내는 좀 더 쉬운 방식을 택해, 휴대폰을 켜 놓기는 하되 24시간 동안 신경 쓰이지 않도록 눈에 띄지 않는 곳에 둔다.

토요일에 이 짧은 체크 리스트를 완료하려면 2시간 정도 걸린다. 마지막 항목까지 체크한 뒤에는 우리 집 안의 모든 일이 멈춘다. 깜박 잊고 개지 않은 빨래가 있어도 월요일까지 그냥 둔다. 싱크대 안에 그릇이 남아 있어도 그냥 둔다.

우리가 멈추는 건 육체적인 일만이 아니다. 24시간 동안 생산적인 대화도 최대한 하지 않는다. 다시 말하지만 안식일은 하나님이 내일 무엇을 주실까 걱정하거나 바라는 것이 아니라, 하나님이 '이미' 주신 것을 즐기는 시간이다. 안식일에 우리 집에 온다면 하나님이 지난주에 우리의 일을 통해 행하신 역사에 감사하는 대화를 들을 수 있을 것이다. 하지만 우리는 다음 주에 해결할 문제나 화요일 밤에 어디로 가고 누가 운전할지에 관한 대화는 최대한 삼가려고 노력한다.

자, 이것들이 우리가 안식일에 하지 않는 것들이다. 하지만 이 쉼의 리듬은 뭔가를 '하지 않는' 것에만 있지 않다. 이 시간은 생명을 주는 것들을 '하는' 시간이기도 하다. 안식일은 일을 멈추는 동시에 축제를 즐기는 시간이다.

아름다운 식탁에 온갖 진귀한 음식이 가득 차려진 성대한 잔치를 상상해 보라. 식탁 중앙에는 예수님이 앉아 계시고, 당신과 나는 일주일 내내 분주히 뛰어다니며 예수님과 그분의 손님들을 맞이한다. 안식일은 먼저 이 일을 그만두라는 초대다. 음식 접시를 그만 내려놓고, 앞치마를 벗고, 숨을 돌리라는 초대다. 하지만 이 비유는 여기서 끝난다. 식당 직원들도 쉼의 자리로 초대받지만 주방이나 주차장에서 쉴 뿐, 손님들이 앉은 식탁으로 초대받지는 못한다. 하지만 당신과 나는 "그리스도와 함께한 상속자"다(롬 8:17). 우리는 하나님께 입양된 자녀다(엡 1:5). 우리는 일만 그만두는 것이 아니라 잔치에서 왕이신 예수님과 나란히 앉아 그분의 선하심과 선물을 누리도록 초대받았다. 바로 이것이 안식일의 진정한 의미다. 안식일은 영적으로, 육체적으로, 관계적으로 일하기를 멈추고 잔치를 즐길 기회다.

우리 가족의 안식일은 이렇다. 일단 안식일을 준비하고 모든 생산적인 일을 멈춘 뒤에는 쉼의 시간으로 이동했다는 사실을 시각적으로 표현하기 위해 촛불을 켠다. 우리 아이들의 표현을 빌리자면, 이렇게 하면 영광스러운 24시간 동안 "(호박 피칸 와플 냄새와 함께) 안식일의 향내가 난다." 촛불을 켠 뒤에는 단골 식당에서 포장해 온 음식으로 잔치를 즐기고 나서 화려한 디저트로 입을 즐겁게 한다.

주일 아침에 나는 평소처럼 일어나 말씀을 읽고 기도를 드린다. 아이들이 일어나면 오직 안식일에만 허락되는 호사를 누리게 해 준다. 영화 한 편이 그것이다. 아내는 내가 아이들과 〈라푼젤〉을 80번째 보는 동안 늦잠을 잔다.

그 뒤에는 대개 마을에 있는 단골 도넛 가게로 향한다. 거기까지 가는 짧은 시간 동안 차 안에서 우리는 내가 가장 좋아하는 가족 전통 중 하나를 진행한다. 바로 지난주에 가장 감사한 일을 나누는 전통이다. 도넛과 쿠바식 샌드위치를 손에 들고 집에 돌아오면 교회 갈 준비를 한다. 교회에 간 우리는 교회 식구들과 함께 말씀의 잔치를 즐긴다.

주일예배를 드리고 교회에 다녀온 뒤의 안식일 오후는 지극히 평범하고 한가롭다. 점심 식사를 하고 늘어지게 낮잠을 자거나 읽기 좋은 책에 푹 빠져든다. 낮잠을 자고 난 뒤에는 해변이나 공원으로 나가기도 한다. 혹은 아내와 단둘이 데이트를 즐기기도 한다. 하지만 대개는 그냥 집에서 뒹굴며 게임을 하거나 수영을 하거나 뒷마당을 뛰어다닌다. 주일 저녁 식사 후에는 촛불을 끄고 아이들의 다음 날 점심 도시락을 싸며 월요일을 준비한다. 우리의 영혼은 더할 나위 없이 충만해져서 다음 주를 맞을 준비가 돼 있다.

이 모습이 우리 가족이 안식일을 보내는 방식이다. 당신의 안식일은 어떤가? 당신은 어떤 식으로 일을 멈추고 하나님과 그분의 말씀, 그분이 이번 주에 당신과 당신 가족에게 이미 주신 좋은 선물로 축제를 열겠는가? 이 질문에 관해 정말로 깊이 생각하는 시간을 가져 보기를 바란다.

하지만 안식일이 궁극적으로는 무엇을 먹거나 어디에 가거나 아이들에게 영화 보기를 허락하느냐의 문제가 아니라는 점을 기억하기를 바란다. 안식일은 '예수님'이 우리의 궁극적인 안식일이라는 사실에 시선을 집중하는 거룩하고 신성한 날이다. 마태복음 11장 28절에서 예수님이 말씀하셨다. "내가 너희를 쉬게 하리라." 2시간 단위의 휴식을 갖든 밤에 필요한 만큼의 잠을 자든 매주 안식일의 선물을 받아들이든, 우리는 예수님의 십자가 역사로 인해 우리가 무엇을 하든 하지 않든 '상관없이' 그분의 사랑을 받는다는 사실로 인해 쉴 수 있다. 우리는 특정한 날이나 주에 얼마나 생산적인지와 상관없이 하나님의 "절대 멈추지 않고, 절대 포기하지 않고, 한시도 쉬지 않고, 항상 변함없이 영원한 사랑"을 확신한다.[58]

퍼즐 조각 모으기

이번 장에서 우리는 생산적인 쉼의 리듬을 배웠다. 이로써 시간을 구속하기 위한 퍼즐의 여섯 번째 조각을 모았다. 이제 우리에게 필요한 조각은 마지막 하나만 남았다. 이 조각만 있으면 하나의 전체 퍼즐을 완성해 예수님처럼 조금도 서두르지 않고 살 수 있을 것이다.

✓ 시간 관리 대원칙 7

모든 서두름을 제거한다

구주 예수를 본받아 내 시간을 구속하려면 생산적으로
바쁘게 살되 삶에서 서두름을 가차 없이 없애야 한다.

프레드 로저스는 더없이 생산적인 삶을 살았다. 〈로저스 아저씨의 이웃〉(Mister Rogers' Neighborhood)이 31회까지 제작되는 동안 로저스는 개인적으로 900편의 대본과 200곡의 노래와 13편의 오페라를 썼다.[1] 그는 이 프로그램에서 무려 주인공, 제작, 감독, 음악 연주, 인형 조작까지 모두 도맡아 했다. 그리고 방송실 밖에서는 책을 쓰고 강연을 하고 여행을 하고 행복한 가정을 꾸릴 시간을 만들어 냈다.

다시 말해 로저스는 몹시 '바빴다.' 그럼에도 불구하고 그는 놀라울 정도로 '서두르지 않았다.' 그의 전기 작가 맥스웰 킹은 내게 이런 말을 한 적이 있다. "〔로저스는〕 이 모든 일을 했지만 그를 만난 모든 사람은 똑같이 이야기했다. 그 앞에만 서면 모든 것이 느긋해졌다고 말이다."[2] 이렇게 말하는 사람이 너무 많아서 프로그램 제작진은 이 현상에 대해 "프레드 시간"이라는 별칭까지 달았다.[3] 킹은 이렇게 말했다. "〔로저스와〕 마주 앉을 때마다 다급함이 사라지는 듯했다. 대화가 놀랄 만큼 차분하게, 거의 다른 세상의 속도로 이루어졌다."[4]

이 "다른 세상의 속도"는 〈로저스 아저씨의 이웃〉의 트레이드마크가 됐다. 매 회가 시작할 때마다 시청자들이 로저스의 집 안에서 처음 보는 건 주인공이 아닌 깜박이는 노란 신호등이었다. 이 깜빡임 자체가 서두르지 말고 속도를 늦출 때가 됐음을 알리는 신호였다. 물론 프로그램이 진행되는 내내 이 주제가 그 밑바탕에 흘렀다. "프레드 로저스가 카메라에 대고 말하든, 가상(Make-Believe) 마을에서 인형 킹 프라이데이와 함께 놀든, 자신의 18번 노래를 부르든, 프로그램의 모든 프레임이 '서두르지 말라'라고 말하는 듯했다."[5]

로저스의 독실한 기독교 신앙은 전기 작가들과 그와 일했던 프로그램 제작진들에게서 확인됐다. 한때 〈로저스 아저씨의 이웃〉의 제작진이었던 피츠버그신학교(Pittsburgh Theological Seminary) 부총장은 로저스에 관해 이렇게 말했다. "그는 내 평생에 본 가장 진정한 그리스도인, 가장 그리스도를 닮은 사람 중 한 명이었다."[6]

그가 지닌 그리스도를 닮은 특성에는 분명 아이들을 향한 관심, 소외된 계층을 향한 사랑, 온유한 성품이 있을 것이다. 하지만 그 목록에는 "프레드 시간"도 반드시 있어야 한다. 그는 엄청나게 생산적이면서도 서두르지 않는 놀라운 능력이 있었다. 이런 능력은 프레드 로저스의 트레이드마크였을 뿐 아니라, 사복음서에서 그리는 우리 구주 예수 그리스도의 핵심 특징 중 하나이기도 하다.

바쁘지만 서두르지 않으신 분

마가복음에서 가장 많이 나오는 단어 하나는 "곧"(immediately) 이다. 마가는 이 단어를 "40번이나" 사용한다.[7] 바로, 예수님과 그분 제자들의 삶이 '바빴다는' 사실을 부인하기 어려움을 말해 준다.

한번은 제자들이 예수님께 하루를 마무리하자고 말하자 예수 님은 이렇게 대답하셨다. "낮이 열두 시간이 아니냐"(요 11:9). 케임 브리지 성경(Cambridge Bible) 주석에서는 예수님의 이 말씀을 다음 과 같이 번역한다. "사람이 실족할 걱정 없이 일할 수 있는 노동 시 간이 열두 시간이 있지 않느냐? 아직 내 노동 시간은 끝나지 않았 다. 그러니 내가 하기 위해 온 일을 안심하고 계속해서 할 수 있다. 더 이상 일할 수 없는 밤이 올 것이다. 하지만 아직은 오지 않았다."[8] 그 밤이 오자 예수님은 아버지께 이렇게 기도하셨다. "아버지께서 내게 하라고 주신 일을 내가 이루어 아버지를 이 세상에서 영화롭게 하였사오니"(요 17:4). 자신의 일을 마쳐 아버지를 영화롭게 하겠다 는 의지로 불타오르신 예수님은 엄청난 생산성으로 바빠 일하셨다.

이렇듯 예수님은 분명 쉴 새 없이 바쁘셨지만 사복음서 어디 에서도 그분이 허둥지둥 서두르시는 모습은 찾아보기 어렵다. 케빈 드영은 이렇게 말한다. "그분은 바쁘셨지만 그로 인해 다급하거나 불안해하거나 초조해하거나 교만하거나 시기하거나 사소한 것에 정신을 팔지 않으셨다."[9] 그렇다면 바쁨(busyness)과 서두름(hurry)의 차이는 무엇인가? 존 오트버그의 답변이 참으로 마음에 든다.

> 바쁨과 서두름은 천지 차이다. 바쁜 것은 외적 상태다. 몸의 상태다.
> 해야 할 일이 많은 것이 바쁜 것이다. 현대 문화에서 바쁨은 피할
> 수 없다. …… 바쁨 자체는 치명적이지 않다. 서두르는 것은 내적
> 상태다. 영혼의 상태다. 서두르는 것은 자기 자신과 자신의 삶에
> 온통 정신이 팔려, 하나님, 자기 자신, 다른 사람과 온전히 함께 있지
> 못하는 것을 의미한다. 서두르면 현재 순간에 집중하지 못한다.
> 바쁨으로 인해 우리 삶에서 하나님을 몰아내면 바쁨이 서두름으로
> 변한다.[10]

그 차이가 보이는가? 바쁨은 일정표에 모임이 많은 것이지만,
서두름은 그 모임이 앞뒤로 빽빽해서 생각을 정리할 시간도 없이 이
모임 저 모임 뛰어다니는 것이다. 바쁨은 처리해야 할 일이 많은 것
이지만, 서두름은 마트 계산대에서 자칫 잘못된 줄에 서서 30초를
잃을까 조바심을 낼 만큼 여유가 없는 것이다. 바쁨은 일주일에
성경 공부 모임 세 곳에 참석하는 것이지만, 서두름은 그 모임 사
이에서 조용히 하나님의 음성에 귀를 기울일 시간을 내지 못하는
것이다.

거의 대부분의 사람이 바쁜 동시에 서두른다. 이것이 문제인
것은 예수님의 길도 아니거니와 시간을 구속할 수 있는 길은 더더욱

아니기 때문이다. 철학자이자 작가인 달라스 윌라드는 이렇게 말했다. "우리 시대에 서두름은 영적 삶의 큰 적이다. 우리 삶에서 서두름을 가차 없이 없애야 한다."[11] 예수님의 삶의 본보기에서 볼 수 있듯이 서두름은 단순히 "영적 삶의 큰 적"일 뿐 아니라 '의미 있는 목적으로 충만하고 현재에 집중하며 더없이 생산적인 삶'의 큰 적이기도 하다. 이 사실은 이 책의 일곱 번째이자 마지막 원칙으로 이어진다.

예수의 원칙 #7 모든 서두름을 제거한다
구주 예수를 본받아 내 시간을 구속하려면 생산적으로 바쁘게 살되 삶에서 서두름을 가차 없이 없애야 한다.

이 원칙을 실천하려면 다음 질문에 답해야 한다. 애초에 우리는 왜 서두르는가? 이 질문에 대한 답은 많다. 외적인 답도 있고 내적인 답도 있다. 하지만 가장 현실적인 의미에서 우리는 시간 "비용을 계산하지" 않아서 서두르게 된다. 예수님은 누가복음에서 제자들에게 이 회계 용어를 사용하셨다.

> 너희 중의 누가 망대를 세우고자 할진대 자기의 가진 것이
> 준공하기까지에 족할는지 먼저 앉아 그 비용을 계산하지
> 아니하겠느냐 그렇게 아니하여 그 기초만 쌓고 능히 이루지 못하면
> 보는 자가 다 비웃어 이르되 이 사람이 공사를 시작하고 능히 이루지
> 못하였다 하리라.
>
> 누가복음 14장 28-30절

우리 대부분이 보내는 평일을 보여 주는 것 같지 않은가? 우리 대부분은 24시간 안에 해낼 양보다 훨씬 더 많은 일을 벌이곤 한다. 물론 이 성경 구절의 배경을 볼 때 여기서 예수님은 제자들에게 그분을 따르는 "비용을 계산"하라고 요구하신 것이다. 하지만 이 말씀은 시간을 구속하려는 우리의 노력에도 충분히 적용할 수 있다.

실제로 예수님은 마가복음에서 이를 적용하셨다. 그 기록은 이와 같다. "예수께서 예루살렘에 이르러 성전에 들어가사 모든 것을 둘러보시고 때가 이미 저물매 열두 제자를 데리시고 베다니에 나가시니라"(막 11:11). 그런데 바로 몇 구절 뒤에서 마가는 예수님이 원래 염두에 두신 것을 말해 준다. 15절을 보자. "그들이 예루살렘에 들어가니라 예수께서 성전에 들어가사 성전 안에서 매매하는 자들을 내쫓으시며 돈 바꾸는 자들의 상과 비둘기 파는 자들의 의자를 둘러엎으시며."

그렇다. 예수님의 계획은 원래부터 성전을 "강도의 소굴"(17절)

로 전락시키는 상인들의 탁자를 뒤엎어 그들을 쫓아내는 것이었다. 그렇다면 왜 예수님은 그 일을 전날 밤에 하시지 않았을까? 왜 다음 날까지 기다리셨을까? 물론 우리가 이 질문에 단정지어 답할 수는 없다. 하지만 예수님이 늘 바쁘면서도 서두르지 않는 모습을 보여 주신 것을 짐작하건대, 그분이 시간 비용을 계산하시지 않았을까 하는 생각이 든다. 11절을 다시 보라. 예수님은 "성전에 들어가사 모든 것을 둘러보시고 때가 이미 저물매" 이미 바쁠 대로 바쁜 하루에 또 다른 활동을 억지로 끼워 넣지 않기로 결정하셨다(1-10절).

이 시점에서 예수님의 혼잣말을 상상해 볼 수 있다. "천천히 해도 괜찮아." 예수님은 그날 밤 하루를 마치기 전에 탁자를 엎는 일까지 마치실 수 있었을까? 물론이다. 하지만 예수님은 그러지 않기로 선택하셨다. 그분은 시간 비용을 계산한 결과, 이미 바쁜 하루에 다른 활동을 더하면 바쁨이 서두름이 될 것임을 아셨다.

당신이 쓸 시간에 이름을 붙이라

데이브 램지는 수백만 명의 사람이 빚에서 벗어나 재정적 자유를 경험하도록 도와주었다. 어떻게 이것이 가능할까? 그는 믿을 수 없이 단순한 한 가지 도구로 소비 비용을 계산하는 법을 가르쳐 주었다. 그 도구는 다름아닌 예산이다. 재무 예산은 단순히 "모든 돈에게 어디로 가야 할지 〔말해 주는〕" 수단이다.[12] 예산을 세우는 것은 실제로 비용을 '쓰기' 전에 비용을 미리 '계산하는' 방식이다. 이것이 램지가 예산서에서 "모든 돈에 이름을 달아야 한다"고 주장하는 이유다.[13] 돈에 이름을 붙이는 것은 단순히 돈이 손에 들어오기 전에 모든 돈을 어디에 사용할지 미리 계획하는 것을 의미한다.

오늘날 이 단순한 개념은 재정 관리를 위한 유익한 습관으로 널리 받아들여지고 있다. 그런데 정말 이상한 것은 많은 사람이 램지 등이 말한 권유대로 돈에 관한 예산을 세우지만 '시간' 예산을 세우는 사람은 '거의 없다는' 사실이다. 그래서 우리는 하나님이 부르신 일에 집중하며 하루를 적극적으로 사는 대신, 그저 사무실에 들어오자마자 바로 이메일을 확인하고 나서 나머지 시간을 그때그때 주어진 일에 반응하는 식으로 보낸다. 그러면서 하루가 끝나갈 무렵 왜 가치 있는 일을 하나도 하지 않은 기분이 드는지 의아해한다.

매트 퍼먼은 이렇게 말했다. "자신이 가치 있게 여기는 것과 시간을 보낸 방식이 일치할 때 하루에 대한 만족을 느낀다."[14] 이런 수준의 만족을 꾸준히 느끼기 위한 유일한 방법은 사용할 시간을 수동적으로 받기 '전에' 그 시간을 가치 있는 데 사용할 수 있도록 시간 예산을 미리 짜는 것이다.

하나님의 은혜와 공급하심으로 우리 모두는 다른 사람보다 더 많은 돈을 벌 수 있다. 하지만 다른 사람보다 더 많은 시간을 얻을 수 있는 사람은 그 어디에도 없다. 그렇다면 돈보다 시간 예산을 짜는 것이 얼마나 더 필요한가! 오해하지는 말라. 재무 예산을 짜지 말라는 말이 아니다. 하지만 우리에게 주어진 가장 유한한 자원은 돈이 아닌 시간이다. 이것이 성경에서 우리에게 은행 잔고가 아니라, "세월을 아끼라[시간을 구속하라]"고 명령하는 이유다. '때가 악하고' 유한하기 때문이다(엡 5:16). 우리의 시간을 구속하려면 시간 예산을 적절히 짜는 것이 삶의 지혜다. 하나님이 새로운 아침을 주시기 전에 '매분'에 이름을 붙여야 한다.

좋다. '매분'까지는 좀 그럴 수 있다. 주말의 매초에 대해서까지, 심지어 화장실에 가는 시간까지 계산해서 예산을 세우라는 말은 아니다. 하지만 이렇게 예외를 말해도 여전히 반론을 펼치는 이들이 있을 것이다. "분마다 이름을 붙이라니! 이건 나를 자유롭게 하는 게 아니라 가둬 놓는 습관 아냐?" 이 말은 램지의 팀이 재무 예산에 관해 수없이 들은 동일한 반대의 목소리다. 하지만 그 팀의 조언을 열심히 따른 이들이 배운 바를 보면 "예산은 우리의 자유를 제한하지 않는다. 오히려 우리에게 자유를 준다."[15] 어째서 그런가? 한 번만 더 카드를 긁으면 감당할 수 없을 지경이 될까 봐 계속해서 걱정하지 않고 가치 있게 여기는 것에 자유롭게 돈을 쓸 수 있게 된다. 시간 예산도 마찬가지다. 시간 예산을 미리 짜 놓으면 많은 일로 바빠도 서두르지 않을 수 있다.

"하지만 나는 창의적인 사람이야. 영감이 떠오를 때 일하는 스타일이야. 일정에 갇혀서 일할 수 없어." 그러나 이 말이 틀렸음을

150명 이상의 세계 최고 예술가들이 보여 주었다.[16] 〈뉴욕 타임스〉 칼럼니스트 데이비드 브룩스는 이렇게 정리했다. "(창의적인 사람들은) 예술가처럼 생각하되 회계사처럼 일한다."[17]

자, 그렇다면 시간 예산을 실제로 어떻게 짜야 할까? 이번 장에 나온 다음 세 가지 실습 활동이 그 질문에 답해 줄 것이다. 프롤로그에서 나는 이 책의 일곱 가지 원칙이 시간을 구속하기 위한 하나하나의 퍼즐 조각이라고 말했다. 다음 세 가지 실습이 그 조각을 하나로 연결시키는 데 도움이 될 것이다. 준비됐는가? 이제 가 보자!

실습 1° 시간 예산표를 짜라

프레드 로저스가 서두르는 법이 없었던 비결 중 하나는 루틴을 적극적으로 사용한 결과였다. 매일 밤 로저스는 8시간 동안 푹 잤으며, 매일 새벽 5시에 일어나서 성경책을 읽고 기도했다.[18] 마치 정확한 시계처럼 매일 아침 7시만 되면 그는 피츠버그체육회에 가서 수영을 했다.[19] 그가 루틴을 워낙 철저히 지킨 덕분에 그의 몸무게는 한결같이 정확히 143파운드(약 65킬로그램)였다.[20] 일관성과 루틴을 사랑하는 사람답게 그의 이메일 주소는 ZZZ143@aol.com이었다.[21]

로저스는 오랫동안 자신의 루틴을 수정하고 다듬은 결과, 서두를 필요가 없었다. 항상 다음번 할 일이 무엇인지 알았으며 자신의 일정에 일부러 많은 여유 시간을 두었다. 나아가, 그의 루틴은 다른 면에서도 도움이 됐다. 그는 루틴이 하루 종일 에너지를 유지시켜 주는 힘이 됨을 알았다.

가만히 생각해 보면 시간 관리보다 에너지 관리가 더 정확한 표현일지 모른다. 진정한 의미에서 시간을 관리할 수는 없으니까 말이다. 우리가 시간 '안에서' 관리할 수 있는 것은 에너지뿐이며, 우리가 뭔가 결정할 때마다 에너지가 쓰인다.

이래서 루틴이 그토록 유용한 이유다. 《에센셜리즘》(Essentialism)의 저자 그렉 맥커운은 이렇게 말했다. "적절한 루틴은 에너지 환급과도 같은 효과를 낸다. 우리의 결정을 루틴으로 묶으면 쓸 수 있는 에너지를 같은 결정에 계속해서 사용하지 않고 다른 중요한 활동에 활용할 수 있다."[22]

이것이 애플(Apple) 공동 창립자 스티브 잡스가 매일 같은 복장을 한 이유다.[23] 이것이 조지 W. 부시 대통령이 매일 정오에 점심 식사를 한 이유다.[24] 이것이 내가 평일에 매일 아침과 점심에 거의 같은 음식을 먹는 이유다. 루틴은 수많은 미래의 결정을 하나로 묶어 에너지를 보존해 준다. "시간 예산"은 단순히 시간에 관한 계획된 루틴을 문서화하는 것이다. 이 새로운 용어를 간단하게 정의해 보면 다음과 같다.

시간 예산 ― 특정한 날에 시간을 어떻게 사용할지에 관한 계획.

간단해 보이는가? 실제로도 간단하다. 하지만 간단하다고 해서 이를 무시하지 말라. 시간 예산은 시간을 구속해 서두름을 없애기 위해 따로 따로 있는 퍼즐 조각을 하나로 연결해 주는 '열쇠'다. '실습 1'에서는 당신의 이상적인 평일을 위한 시간 예산표를 만들 것이다. '실습 2'에서는 당신의 계획과 필연적으로 부딪힐 수밖에 없는 일에 맞추어 시간 예산표를 조정하는 법을 살펴볼 것이다. 마지막으로 '실습 3'에서는 예수님의 거절법으로 시간 예산 지키는 법을 탐구할 것이다.

간단한 시간 예산은 시간을 구속하기 위해 개별적인 퍼즐 조각을 하나로 연결해 주는 열쇠가 된다.

지금쯤 시간 예산을 어디에 작성할지 궁금해하는 독자가 있을 것이다. 걱정하지 말라. 당신에게 다이어리를 팔 생각은 없으니. 시간 예산은 기존 일정표(구글 캘린더나 원래 쓰던 다이어리 등)에 작성하면 된다. 단, 한 가지만 강조하고 싶다. '시간 예산'을 '다른 사람과의 약속'과 시각적으로 구분하는 게 말할 수 없이 큰 도움이 된다. 즉하나의 일정표를 별도 두 개의 일정표처럼 보이게 할 것을 추천한다. 하나는 다른 사람과의 약속을 적은 일정표(우리가 원래 '일정표'라고 부르는 것)고, 다른 하나는 딥 워크, 피상적 작업과 뜻밖의 기회를 위한 시간을 표시한 일정표다. 이 '두 번째 일정표'가 당신의 시간 예산이다.

　이렇게 일정표를 시각적으로 두 가지로 구분하기 위한 가장 쉬운 방법은 각 일정표마다 색깔을 달리하는 것이다. 내 일정표에는 나와의 약속(내 시간 예산)은 초록으로, 다른 사람과의 약속은 빨강으로 칠했다. 예를 들어, 내 일정표에 내일 오후 4시에 "메리베스와 통화한다"라고 적혀 있는 약속은 빨강으로 칠해져 있다. 내 일정표에는 내일 오후 2시에 이 책의 원고를 쓴다는 나와의 약속도 적혀 있다. 이 항목은 초록으로 칠해져 있다. 이 두 종류의 약속을 시각적으로 구분하는 게 그토록 의미 있는 것은 언제든지 하루의 고정된 일정을 볼 수 있어야 하기 때문이다. '실습 2'를 보고 나면 그 이유를 더 분명히 이해할 수 있을 것이다.

　이번 장의 나머지 부분에서는 당신의 이상적인 평일에 대한 시간 예산표를 만들어 보자. 이 활동을 종이에 하고 싶다면 JordanRaynor.com/RYT에서 항목이 비어 있는 시간 예산표 워크시트를 다운로드해도 좋다. 이 활동을 디지털로 하고 싶다면 당신의 디지털 일정표에서 미래의 아무 날(평일)이나 골라 거기서 시간 예산표를 작성하라. 그날 일정이 이미 정해져 있다 해도 상관없다. 나중에 그런 부분까지 다 다룰 것이다. 이번 실습의 끝 무렵 예산표가 완성되면 각 항목이 매일의 루틴이 되도록 편집할 것이다.

　좋다. 당신의 시간 예산표에 어떤 내용을 넣을까? 우리가 이 책에서 살핀 거의 모든 내용을 써야 한다. 당신의 시간 예산표에 다음과 같은 항목을 순서대로 넣을 것을 추천한다.

말씀과 함께하는 시간

이 항목을 시간 예산을 세울 때 가장 먼저 넣으라. 1장에서 보았듯이 성경과 함께 보내는 시간은 시간을 구속하기 위한 핵심 습관이며, 3장에서 보았듯이 소음의 왕국 밖에서 하루를 시작하기에 이보다 더 좋은 방법은 없다. 다시 말하지만, 말씀과 함께하는 시간을 아침에 가질 것을 추천하지만 이를 '언제' 하느냐보다 말씀을 읽는다는 자체가 중요하다. 가장 꾸준히 할 수 있는 시간을 정해 시간 예산표에 추가하라. 내 경우에는 새벽 5-6시 사이로 정했다.

일

재정적으로 가장 지혜로운 사람이 고정된 예산 안에서 소비하는 것처럼, 일하는 시간도 같은 태도로 시간을 대하는 것이 지혜롭다. 1장에서 살폈듯이 새로운 할 일이 '계속해서' 나타난다. 어차피 우리 모두는 미완성 교향곡을 들고 죽을 것이다. 따라서 매일 직업적인 소명에 쏟을 시간의 한계를 분명하게 정해야 한다.

일에 시간을 어느 정도 배정해야 할까? 물론 이 또한 전적으로 당신의 스타일과 당신의 삶의 상황에 달려 있다. 하지만 '회복 중인 일 중독자'로서 한 가지 조언하고 싶다. 수많은 연구를 보면 일주일에 50시간 이상 일하면 '덜' 생산적이 된다고 한다. 스탠퍼드 교수인 존 펜카벨 박사는 한 연구 결과, 흥미로운 사실을 발견했다. "직원들의 성과는 주중 50시간 근무 후에 급격히 떨어지며, 55시간 이후에는 곤두박질친다. 그래서 70시간을 일해 봐야 추가된 15시간 동안 초과로 생산되는 게 아무것도 없을 정도다.[25] 이 데이터는 우리가 6장에서 이미 배운 사실을 뒷받침해 준다. 그 사실은 아이러니하게도 쉬는 것이 오히려 생산적이라는 것이다. 쉼은 최소한 '반'(反)생산적이지는 않다.

이제 근무를 언제 시작해서 언제 마칠지 정하라. 내 경우에는 오전 7시 30분에서 오후 5시로 정했다. 당신의 이상적인 시간이 무엇이든 그 시간을 '일'이라고 부르는 하나의 큰 칸으로 당신의 시간 예산표에 추가하라. 곧 이 칸을 일터에서의 시간에 관한 더 구체적인 칸들로 교체할 것이다. 하지만 일단은 이 하나의 칸만 추가하라.

아침 루틴

여기에는 샤워, 아이들 학교에 데려다 주기, 회사 출근이 포함된다. 각 항목에 대해 일일이 시간 예산을 다 짤 필요는 없다. 그냥 '일' 블록의 시작점까지 이어지는 '아침 루틴'이라는 하나의 항목을 더하라. 내 아침 루틴은 말씀 읽기를 마치는 오전 6시부터 근무 시간을 시작하는 오전 7시 30분까지다.

5 AM	말씀과 함께하는 시간 오전 5시-오전 6시
6 AM	아침 루틴 오전 6시-오전 7시 30분
7 AM	
8 AM	일 오전 7시 30분-오후 5시
9 AM	
10 AM	
11 AM	
12 AM	
1 PM	
2 PM	
3 PM	
4 PM	
5 PM	
6 PM	저녁 루틴 오후 5시-오후 8시 45분
7 PM	
8 PM	
9 PM	

저녁 루틴

이제 저녁 루틴을 위한 시간 예산을 짤 시간이다. 저녁 루틴은 근무 시간을 마치고 잠을 자기 전까지의 시간이다. 물론 이 칸의 끝 지점을 정하기 위해서는 꾸준히 목표로 할 취침 시간을 정해야 한다. 6장에서 살폈듯이, 8-9시간의 수면 기회 시간은 100퍼센트 컨디션으로 살기를 원하는 거의 모든 사람에게 타협 불가능한 시간이다. 따라서 당신의 시간 예산표를 보고 계산하라. 언제 하루를 시작할지 시간 예산을 이미 세웠을 것이다. 거기서 8-9시간을 뒤로 돌리면, 그 시간이 취침 시간이 돼야 한다. '일' 칸의 끝에서 잠자리에 들기 전까지가 '저녁 루틴' 칸이다.

딥 워크 1

앞서 말했듯이 시간 예산에서 '일' 칸은 보다 세분화할 것이다. 일, 아침과 저녁 루틴, 취침을 위한 시간 예산을 짰으니 이제 중간의 '일' 칸을 구체화할 차례다. 첫 번째 딥 워크로 시작해서 이상적인 평일을 위한 구체적 시간 예산으로 이 공간을 채울 것이다.

기억하는가? 한껏 몰입해 일할 수 있는 이상적인 시간의 양은 90분이다. 하지만 지금 당신에게는 그 시간이 힘들 수 있다. 그렇다면 매일 단 30분의 시간만 집중해도 아주 좋은 출발이다. 반대로, 수년간 집중력 근육을 단련시켜 왔다면 딥 워크를 90분보다 약간 더 해도 충분히 감당할 수 있을 것이다. 현재 내 개인적인 시간 예산표에서는 매일 아침 2시간씩 두 번의 딥 워크를 설정했다.

첫 번째 딥 워크는 언제 시작해야 할까? 5장에서 말했듯이, 첫 번째 딥 워크를 근무 시간에서도 최대한 가장 먼저 하도록 하라. 내 팟캐스트 〈순전한 그리스도인들〉(Mere Christians)을 들어 본 적이 있다면 내가 초대한 세계 최고의 게스트들은 '거의 한 명도 빠짐없이' 이 습관을 지니고 있다는 사실을 알 것이다. 왜일까? 이 대가들은 일터에서 처음 마주하는 시간이 에너지가 가장 충만한 시간임을 알기 때문이다. 다시 말하지만 시간 관리는 사실상 에너지 관리다. 따라서 에너지가 가장 넘칠 때(대부분의 사람에게는 하루의 첫 시간) 가장 많은 에너지를 요하는 일(딥 워크)을 하고, 에너지가 가장 적게 드는 작업(피상적 작업)은 에너지가 가장 낮을 때(하루의 끝 무렵) 하는 것이 가장 바람직하다.

보다시피 나는 '대부분의 사람에게' 에너지가 가장 넘치는 시간은 아침이라고 말했다. 그렇다. 모든 사람이 그렇지는 않다. 사실, 무려 30퍼센트의 사람이 "올빼미형"이다.[26] 주변 사람이 은근히 혹은 대놓고 하는 말과 달리, 올빼미형은 전혀 게으르지 않다. 단지 하나님은 각 사람마다 다른 내적 시계를 장착하셨다. 과학자들은 이를 "주로 유전자에 의해 결정되는 …… 크로노타입(chronotype)"이라고 부른다.[27] 문제는 현대의 일과 학교 일정이 아침형 인간 위주로 이루어져 있다는 것이다. 그래서 올빼미형이 불리한 경우가 많은 것도 사실이다.

그렇다면 올빼미형은 어찌해야 하는가? 스스로 일정을 조정할 수 있다면 내가 이 실습 활동에서 제안하는 것과 '정반대로' 하라. 정오는 돼야 에너지가 충만해진다면 첫 번째 딥 워크를 오후로 정하고, 피상적 작업과 모임을 오전에 배치하라.

이제 당신의 시간 예산표에서 어느 시간이든 당신에게 맞는 시간에 '딥 워크 1'을 배치하라.

휴식 1

6장에서 보았듯이 이제 과학자들은 하나님이 2시간 단위의 울트라디안 주기를 따르도록 우리 몸을 설계하셨다는 사실을 이해하고 있다. 당신의 시간 예산표에 90분의 딥 워크를 정했다면 이제 첫번째 '2시간 단위의 휴식'을 정할 차례다. 앞서 말했듯이 이 휴식 시간으로는 15-30분을 추천하지만 얼마든지 당신에게 맞는 시간을 정하라. 현재 나는 첫 번째 딥 워크를 마친 뒤에 45분간 쉬면서 달리기와 샤워를 한다.

6장의 '실습 1'에서 나는 이런 휴식에서 최대한의 에너지를 얻기 위한 방법을 소개했다. 딥 워크로 하루를 시작한다는 개념을 제시했으니 이제 한 가지 아이디어를 더 소개하고 싶다. 출퇴근을 한다면 남들이 교통 체증에 시달리는 동안 집에서 첫 번째 딥 워크를 하고 나서 사무실까지 운전해서 가는 시간을 첫 번째 휴식 시간으로 삼으면 어떨까? 이 방식도 내가 좋아하는 일석이조의 휴식 중 하나다. 교통 체증도 피하고, 사무실에 도착해서 다음에 할 일을 위한 배터리도 충전할 수 있다. 게다가 집에서는 팀원이나 상사, 동료가 당신의 딥 워크를 방해하기가 더 어렵다.

메시지 확인

5장에서 살폈듯이 일터와 집에서 현재에 온전히 집중하려면 수신 메시지에 반응할 시간을 우리가 생각한 것보다 훨씬 더 잘 통제할 수 있음을 알아야 한다. 이는 이메일 등의 메시지 확인을 하루에 몇 번 이내로 제한할 수 있다는 뜻이다. 그리고 앞서 말했듯이 메시지를 확인하는 '횟수'보다는 메시지 확인할 '시간'을 '스스로' 통제하는 게 더 중요하다.

그렇다면 메시지를 언제 확인해야 할까? 이번에도 답은 당신의 개인적인 에너지 수준에 달려 있다. 당신이 30퍼센트의 올빼미형에 해당한다면 아침에 가장 먼저 이메일, 문자 메시지 등을 확인하는 것이 좋을 수 있다. 나머지 사람들은 이메일 확인을 위한 첫 번째 시간을 상사와 고객, 동료들이 이해해 주는 만큼 최대한 뒤로 미루는 편이 좋다.

이제 당신의 시간 예산표로 가서 이메일과 문자 메시지를 처음 확인하고 싶은 그 시간에 '메시지 확인'이라는 칸을 추가하라. 그 시간을 할 일 추적 시스템에 있는 인박스 목록을 제로(0)로 줄이는 시간과 같게 하는 것이 가장 이상적이다. 하루에 두 번 이상 메시지를 확인할 텐가? 그럼 메시지 확인을 위한 다른 시간은 아직 생각하지 말라. 곧 그 시간을 다룰 것이다.

매일의 검토

매일의 검토는 내일 무엇을 할지 결정하는 시간이다. '실습 2'에서 이 시간이 정확히 어떤 시간인지를 보여 주도록 하겠다. 일단 여기서는 하루 중 15분을 정하라. 다른 사람들로 인해 내일 할 일이 바뀔 가능성이 많지 않도록 하루의 끝 무렵에 이 '매일의 검토'를 할 것을 추천한다.

피상적 작업과 뜻밖의 기회를 위한 시간

재무 예산에서 비상시를 위한 적금이 중요하다는 사실에 반박할 사람은 거의 없을 것이다. 시간 예산에서도 마찬가지의 비상 시간이 필요하다. 5장에서 보았듯이 딥 워크를 하기 위한 열쇠는 계획에 없는 상황에 대한 계획을 세우는 것이다. 즉 피상적 작업, 뜻밖의 기회, 여타 방해 요소와 응급 상황을 위한 여유 시간을 두어야 한다. 일부 피상적 작업 시간(메시지 확인)을 이미 정했으니 이제 평소에 예상할 수 있는 다른 유형의 피상적 작업(모임, 방해 요소, 고객의 긴급한 요청, 친구를 위한 배려 등)에 대한 시간 예산을 짤 차례다.

나는 근무 시간의 끝에 '피상적 작업, 뜻밖의 기회를 위한 시간'을 1시간 반 배정했다. 당신이 하는 일의 유형에 따라 훨씬 더 많은 시간이 필요하다면 시간을 늘려도 좋다. 이메일 확인과 마찬가지로 이번에도 요지는 얼마나 많은 시간을 피상적 작업에 사용할지가 아니라 언제 피상적 작업을 할지 스스로 통제하는 것이다.

딥 워크, 휴식, 메시지 확인을 위한 예산 추가

우리가 논한 모든 요소에 대해 시간 예산을 세웠다 해도 필시 시간 예산표에 빈 공간이 꽤 많이 남아 있을 것이다. 그 공간을 어떻게 할까? 뭐든 당신이 4장에서 정의한 소명, "크고 위험하고 대담한 목표"(BHAG), "목표와 핵심 결과"(OKR)에 가장 적합한 활동으로 채우라. 프로그래머나 작가라면 딥 워크를 위한 칸을 몇 개 더 추가할 수 있다. 고객 지원 부서나 판매 부서에서 일하고 있다면 메시지 확인을 위한 칸을 몇 개 더 추가해야 할 수도 있다. 뭐든 당신에게 맞는 활동으로 채우되, 빈 공간이 하나도 없게 만들기를 바란다. 이상적인 하루의 '매분에 이름을 붙이기' 위해 충분히 고민하라. 272페이지에서 내가 완성한 시간 예산표를 볼 수 있다.[28]

'실습 2'로 넘어가기 전에 해야 할 일이 두 가지 더 있다. 첫째, 이제 당신의 시간 예산표가 완성됐으니 앞으로 모든 근무일에 대해 이 표를 사용하라. 디지털 일정표를 사용하고 있다면 시간 예산표의 각 칸이 매일 반복되도록 편집하라.

마지막으로, 당신의 시간 예산표에 대해 반복적으로 발생하는 예외 상황을 충분히 고려하라. 예를 들어, 당신이 오전 8시 30분에

5 AM	말씀과 함께하는 시간 오전 5시-오전 6시
6 AM	아침 루틴 오전 6시-오전 7시 30분
7 AM	
8 AM	딥 워크 1 오전 7시 30분-오전 9시 30분
9 AM	
10 AM	휴식 1 오전 9시 30분-오전 10시 15분
11 AM	딥 워크 2 오전 10시 15분-오후 12시 15분
12 AM	휴식 2 오후 12시 15분-오후 12시 30분
1 PM	딥 워크 3 오후 12시 30분-오후 2시
2 PM	휴식 3 오후 2시-오후 2시 15분
	메시지 확인 오후 2시 15분-오후 3시 15분
3 PM	매일의 검토 오후 3시 15분-오후 3시 30분
4 PM	피상적 작업과 뜻밖의 기회를 위한 시간 오후 3시 30분-오후 5시
5 PM	저녁 루틴 오후 5시-오후 8시 45분
6 PM	
7 PM	
8 PM	
9 PM	

시작하는 딥 워크 시간을 정했다고 해 보자. 월요일부터 금요일까지는 그대로 유지되지만 화요일에는 성경 공부 모임이 있어서 그 시간을 미루어야 할 수 있다. 이제 이처럼 이미 알고 있는 반복적인 예외 상황을 고려하라. 내일 있을 잠재 고객과의 미팅이나 다음 주 생일 파티처럼 반복되지 않는 예외 상황은 어떻게 해야 하는가? '실습 2'에서 이 질문을 다룰 것이다.

실습 2° '매일의 검토' 시간에 예산을 조정하라

축하한다! 이제 당신은 근무를 위한 매분에 대한 이상적인 시간 예산을 세웠다. 이제 그 시간을 사용할 차례다. '실습 1'이 매달 식당에서 '얼마'를 소비할지 결정하는 것이라면 '실습 2'는 매주 '어느' 식당에서 먹을지를 결정하는 것이다. 이번 실습은 다음 두 가지 질문에 답하는 시간이다.

1. 계획과 맞지 않는 일은 반드시 발생할 수밖에 없는데, 그런 일에 따라 매일 시간 예산을 어떻게 조정할 것인가?
2. 딥 워크 시간에 무엇을 할지 어떻게 결정할 것인가?

간단한 매일의 검토 시간에 이런 질문에 답할 수 있다. 다음 네 단계를 사용해 15분 안에 검토를 완료할 수 있다.

1단계 · 기도하기

1장의 '실습 2'에서 소개한 생산성 기도를 기억하는가? 나는 일, 시간, 세상을 향한 하나님의 계획에서 내가 맡아야 할 역할에 관한 성경 말씀을 기억하기 위해 거의 매일의 검토 시간에 기도를 드린다. 당신도 그러기를 바란다.

2단계 · 내일의 고정 항목에 따라 시간 예산 조정하기

'실습 1'에서 시간 예산을 일반적인 일정표와 시각적으로 구분하는 것이 중요하다고 말했다. 이제 그 이유를 확인할 차례다.

내가 월요일 오후에 매일의 검토를 하면서 화요일을 계획한다고 해 보자. 내 시간 예산에서 '딥 워크 1'은 오전 7시 30분-오전 9시 30분으로 정해져 있다. 하지만 지금 보니 오전 7시 30분-오전 8시 30분에 '메네크세와 통화'도 잡혀 있다.

이 통화는 다른 사람과의 약속이어서 내 일정표에 빨강으로 칠해져 있는 반면, 딥 워크(나 자신과의 약속)는 초록으로 칠해져 있다. 빨강으로 칠해져 있는 항목은 모두 고정된 항목으로, 다른 사람과 한 약속이기에 반드시 해야 하는 일이다. 이 약속을 지키려면 다른 사람과의 약속(빨강)에 맞춰 나와의 약속(초록)을 조정해야 한다. 내일의 고정 항목에 따라 내 시간 예산을 조정하면 내 일정표는 다음 272페이지의 샘플처럼 된다.

3단계 · 프로젝트들을 시간 예산에 넣기

해야 할 일 목록, 그러니까 2장과 4장의 표현을 빌리자면, 프로젝트 목록과 행동 목록을 하기 위한 시간이 내일 얼마나 있는지를 정확히 알았다. 이 정보를 얻었으니 이제 구체적인 작업을 하기 위한 구체적인 시간을 정할 수 있다. 매일의 검토를 하는 이 단계가 바로 시간을 구체적으로 정하는 시간이다. 이 시간은 할 일 목록이 시간 예산과 만나는 아름다운 순간이다. 이 둘이 어떻게 만나는가? 내일 하고 싶은 프로젝트를 시간 예산표의 특정 칸에 삽입한 뒤 명칭을 구체적인 작업 명칭으로 바꾸면 된다.

예를 들어, 내가 내일을 위해 수정한 시간 예산에서 '딥 워크 1'은 이제 오전 8시 30분-오전 9시 30분으로 정해져 있다. 이제 이를 실제 프로젝트 명칭으로 바꿔야 할 차례다. 예를 들어, 내일 내가 해야 하는 가장 중요한 일은 이 책의 7장의 나머지 부분을 쓰는 것이

5 AM	
	말씀과 함께하는 시간 오전 6시-오전 6시
6 AM	
	아침 루틴 오전 6시-오전 7시 30분
7 AM	
	메네크세와 통화 오전 7시 30분-오전 8시 30분
8 AM	
	《시간 관리도 영성이다》집필 오전 8시 30분-오전 9시 30분
9 AM	
	휴식 1 오전 9시 30분-오전 10시 15분
10 AM	
	《시간 관리도 영성이다》홍보 문안 작성 오전 10시 15분-오후 12시 15분
11 AM	
12 AM	
	휴식 2　오후 12시 15분-오후 12시 30분
1 PM	예배 오후 12시 30분-오후 2시
2 PM	휴식 3　오후 2시-오후 2시 15분
	메시지 확인 오후 2시 15분-오후 3시 15분
3 PM	매일의 검토　오후 3시 15분-오후 3시 30분
	피상적 작업과 뜻밖의 기회를 위한 시간　오후 3시 30분-오후 5시
	존과 협업: 삽화 수정　오후 4시-오후 4시 30분
4 PM	DJ와 통화　오후 4시 30분-오후 5시
5 PM	저녁 루틴 오후 5시-오후 8시 45분
6 PM	
7 PM	
8 PM	
9 PM	

라고 해 보자. 그러면 '딥 워크 1'을 '《시간 관리도 영성이다》 집필'로 바꾸어야 한다. 내일의 각 칸에서 내 시간을 무엇에 쓸지 정하면 내 시간 예산은 272페이지 샘플처럼 될 것이다.

"하지만 잠깐, 2장에서 일정표를 해야 할 일 목록으로 삼지 말아야 한다고 했잖아요." 그렇다. 이것은 중요한 구분이다. '《시간 관리도 영성이다》 7장 집필'은 잘 정의된 행동을 쓴 것이 아니다. 이 문구는 내 행동 목록에서 시간을 사용하기로 예산을 세운 항목이 무엇인지를 기억하게 해 주는 '단서'일 뿐이다. 내일 아침이 오면 나는 일정표에서 이 항목을 볼 것이다. 그러면 이 일을 기억해 내고서 내 할 일 추적 시스템(CTS)을 열어 잘 정의된 행동을 수행할 것이다.

"하지만 어떤 작업을 내 시간 예산에 넣을지 어떻게 결정해야 하나요? 해당 날짜에 가장 집중할 것이 무엇인지 어떻게 판단하죠?" 대부분의 사람은 여기서 막힌다. 이 질문에 답할 때 내가 가장 유용하게 사용한 도구는 미국 대통령의 이름을 딴 아이젠하워 매트릭스(Eisenhower Matrix)다.[29]

4사분면의 항목(중요하지 않고 시급하지 않은 일)은 시간 예산에 추가하지 않을 것이다. 아니, 당신의 할 일 목록이나 CTS에 이런 항목이 하나라도 있다면 바로 삭제해야 한다. 자, 시간 예산을 세워야 하는 해야 할 일의 우선순위는 다음과 같다.

	시급한 일	시급하지 않은 일
중요한 일	1	2
중요하지 않은 일	3	4

1. 중요하면서 시급한 일

2. 중요하지만 시급하지 않은 일

3. 중요하지 않지만 시급한 일

아시시의 성 프란체스코의 말을 빌리자면 "필요한 일을 하기 시작한 다음, 가능한 일을 하면, 갑자기 불가능한 일을 하게 된다."[30] 2장 내용에 따라 당신의 CTS를 만들었다면 당신의 가장 중요한 일을 찾기 위해 이곳저곳을 뒤질 필요가 없다. 일정표와 CTS만 있으면 어떤 할 일이 아이젠하워 매트릭스의 사분면 어디에 해당하는지를 파악할 수 있다. 어떤 할 일이 이 세 범주 중 어디에 속하는지를 구체적으로 어떻게 판단할 수 있을까?

중요하면서 시급한 일. 2장에서 나는 CTS의 해야 할 일 목록에 대해 마감 기한을 매우 진지하게 여겨야 한다고 말했다. 따라서 매일의 검토를 할 때 내일 절대적으로 '해야만' 하는 일을 파악해야 한다. CTS의 해야 할 일이 '중요하고 내일까지 반드시 해야 하는 일'인가, 아니면 '이번 주 안에만 하면 되는 일'인가? 내일까지 반드시 해야 하는 일을 가장 먼저 내일의 시간 예산에 넣어야 한다. 이런 시급한 항목을 처리하고 나면 아이젠하워 매트릭스의 2사분면으로 넘어갈 수 있다.

중요하지만 시급하지 않은 일. 다음으로, CTS의 해야 할 일 목록에 있는 프로젝트 중에서 내일 남은 시간에 해야 할 가장 중요한 일이 무엇인지 최대한 잘 판단하라. 앞서 나누었던 사례에서 나는 이 책의 7장의 나머지 부분을 쓰는 것이 내일 해야 할 가장 중요한 일이라는 결론을 내렸다. 그 일은 시급하지는 않지만(지금은 마감 기한의 3개월 전이기 때문) 말할 수 없이 중요하다.

당신이 나와 같다면 할 일 목록에서 대부분의 항목은 중요하지만 시급하지 않은 일의 범주에 들어갈 것이다. 이 일은 당신이 4장에서 정의한 목표를 향해 나아가는 데 실질적인 도움이 되는 일이지만, 특정 날짜까지 이 일을 완성하라고 요구하는 사람은 아무도 없다. 따라서 이런 일은 우리의 관심을 끄는 시급한 일에 뒷전으로 밀려나는 경우가 많다.

하지만 아이러니하게도 중요하지만 시급하지 않은 일을 더 먼저 다루면 시급한 일이 훨씬 줄어드는 경우가 많다. 시급한 행정 업무로 계속해서 신경 쓰일 때 가장 도움이 되는 일은 조수를 고용하는 것일 수 있다. 하지만 '조수를 위한 직무 기술서 작정'은 시급한 일이 아니기에 자꾸만 뒤로 밀려 문제를 더 악화시키기 십상이다. 이런 문제를 안고 있다면 팀 켈러의 말을 귀담아듣기를 바란다. "자기통제는 '시급한 일'보다 '중요한 일'을 하는 능력이다."[31]

매일의 검토 시간에 할 일 목록에서 가장 중요한 일이 무엇인지 여전히 판단하지 못하겠다면 내가 자주 던지는 질문 중 하나를 스스로에게 던져 보길 바란다. "어떤 문제를 해결하면 다른 문제 대부분이 해결하기 쉬워지거나 아예 사라질까?"[32] 이 질문에 밑줄을 긋거나 형광펜으로 칠하거나 포스트잇에 써서 책상 근처에 붙이라. 이 질문만 던져도 일의 우선순위를 정하는 데 큰 도움이 되리라 장담한다.

좋다. 중요하면서 시급한 일과 중요하지만 시급하지 않은 일을 시간 예산에 더했다면 내일의 시간 예산을 위해 고려해야 할 일의 범주가 하나 더 남았다.

중요하지 않지만 시급한 일. 이런 일을 할 시간을 정하기 전에 이런 일을 하지 '않기' 위해 최대한 노력하라. 그 방법은 그 일을 다른 누군가에게 위임하거나[33] 그 일을 당신에게 맡긴 사람과 다시 이야기를 나누는 것이다. 하지만 상사의 시각에 동의할 수 없더라도 상사가 그 일이 중요하다고 말하면 중요한 것이다. 고용주를 잘 섬기는 것이 성경의 명령이기 때문이다(엡 6:5-8; 골 3:22-25).

할 일 목록에서 중요하지 않지만 시급한 일이 있다면 그런 일의 대부분은 시간이 매우 적게 걸리기 때문에 너무 걱정하지 말라. 몇 분밖에 걸리지 않는 이런 작은 일을 어떻게 다루어야 할까? 내 조언은 이렇다. 이런 일은 아예 일정을 짜지 말라. 애초에 이런 일을 시간 예산에 더하지 말라. 그냥 하루 중 몇 분의 시간이 나면 바로 그 일을 해치우라.

이제 시간 예산에서 모든 일반적인 명칭을, 내일 할 구체적인 행동을 상기시켜 주는 것들로 바꾸었다. 매일의 검토를 마무리하기까지 이제 한 단계만 남았다.

4단계 · 충분한 여유 시간 두기

예수님처럼 서두르지 않는 삶을 살려면 일정에 충분한 여유 시간을 두는 습관을 길러야 한다. 이것은 서두름을 제거하기 위한 '필수' 습관이다. 우리가 구주 예수님을 본받아 시간을 구속하려면 이 서두름을 반드시 제거해야 한다.

내일 사무실에서 차로 15분 정도 떨어진 커피숍에서 미팅이 있는가? 그렇다면 그곳에 가는 데 걸리는 시간을 30분으로 정하라. 이메일을 쓰는 데 45분 정도 걸릴 것 같은가? 그렇다면 60분을 배정하라. 우리 모두는 뭔가를 하는 데 걸리는 시간을 예상하는 능력이 아주 '형편없다.'[34] 이 문제를 머리로만 인식하지 말라. 이 문제를 다루기 위해 뭔가를 '하라.' 구체적으로는, 시간 계획에 충분한 여유 시간을 두라. 모든 것, 특히 '새로운 것'을 하는 데 걸리는 시간은 당신의 예상보다 더 잡으라.[35]

실습 3° 시간 예산을 지키기 위해 거절하는 법을 배우라

이번 장 내내 나는 시간 예산의 개념을 재정 예산과 비교했다. 이 비유를 마지막으로 한 번만 더 사용해 보자. 친구가 오늘 밤 저녁을 사 달라고 하는데 돈이 10원도 없다면 거절해야 한다. 그렇지 않으면 빚을 질 수밖에 없다. 마찬가지로, 시간 예산과 관련해서 우리를 서두르게 할 수 있는 일에 대한 시간 사용을 거절할 줄 알아야 한다. 시간 예산표를 만들어 매일 조정하는 것(⇨ '실습 1'과 '실습 2')만으로는 충분하지 않다. 서두름을 없애려면 "노"(No)라는 강력한 단어를 독특하게 사용해 우리의 시간 예산 '지키는' 법을 배워야 한다.

내가 왜 독특하다는 표현을 사용했을까? 이 주제에 관한 세속적인 시각은 사복음서에 나타나는 예수님의 본보기와 일치하지 않을 때가 있기 때문이다. 저자이자 TED 강사인 데렉 시버스는 "노"에 관한 현대의 시각을 이렇게 정리했다. "뭔가를 할지 결정할 때 '우아, 정말 놀라운 일이야! 굉장해!'라는 생각이 들지 않는다면 ……

'노'라고 말하라."³⁶ 무엇을 할지 결정할 때 이런 극단적인 기준을 사용하는 이유는 분명하다. 하지만 "놀라운 일이 아니면 거절하라"는 답이 못 된다. 이런 태도는 전적으로 자기중심적이어서 그리스도의 본보기와 일치하지 않기 때문이다.

마태복음에 기록된 한 장면이 이 점을 잘 보여 준다. 마태복음 14장 1-12절에서 예수님은 사랑하는 친구이자 사촌인 세례 요한이 참수형을 당했다는 소식을 들으셨다. 13절 전반부는 이렇게 말한다. "예수께서 들으시고 배를 타고 떠나사 따로 빈들에 가시니." 이해할 만하다. 그 순간 예수님이 가장 원하신 건 혼자 있는 시간이었을 것이다. 하지만 무리는 그분을 놔줄 생각이 없었다.

13절 후반부는 이렇게 말한다. "무리가 듣고 여러 고을로부터 걸어서 따라간지라." 예수님은 모두에게서 따로 있기 위해 배를 타고 나가셨다. 예수님은 인파 속에서 시간을 보내고 싶으신 마음이 '조금도' 없었다. 하지만 인기 때문에 사람들에게서 숨으실 수가 없었다. 수많은 무리가 해변을 따라 쫓아가며 그분께 손을 흔들었다. 예수님은 어떻게 하셨을까? 분명 그분은 무리의 끝없는 요구에 관해 '우아, 정말 놀라운 일이야! 굉장해!'라고 생각하시지 않았을 것이다. 그리고 이 상황에서 그분이 사람들의 요구에 "노"라고 말씀하셨어도 얼마든지 이해할 만하다. 하지만 놀랍게도 예수님은 "노"라고 말씀하시지 '않았다.' 14절을 보면 "예수께서 나오사 큰 무리를 보시고 불쌍히 여기사 그중에 있는 병자를 고쳐 주시니라."

4장에서 보았듯이 예수님은 이런 요청을 항상 받아 주시지는 않았다. 사복음서 곳곳에서 우리는 거절하시는 예수님을 볼 수 있다(눅 4:38-44; 5:15-16; 10:38-42; 요 6:23-27). 때로 예수님은 그분의 시간을 필요로 하는 사람의 부탁을 들어주셨지만, 때로는 "노"라고 말씀하셨다. 그렇다면 우리는 어떻게 해야 할까? 우리의 시간 예산을 지키기 위해 "노"라고 말할 때와 "예스"(Yes)라고 말할 때를 어떻게 분간할 수 있을까?

인생의 수많은 다른 질문과 마찬가지로 나는 이 질문에 대한 획일적이고 단순한 답은 없다고 생각한다. 우리의 시간을 구속하기 위해서는 많은 기도, 지혜, 하나님이 주신 선택의 자유를 발휘할 용기가 필요하다. 자, 내가 내 시간을 요구하는 일을 받아들일지 거절할지 결정할 때 더없이 유용하게 사용하는 몇 가지 질문이 있다. 이 질문이 당신에게도 도움이 되기를 바란다. 나는 이 질문들을 두 범주로 나누어 정리했다. 우리의 시간을 요구하는 거의 모든 일이 이 두 범주에 들어간다. '부탁'(주로 '다른 사람'에게 가치를 더해 주는 것들)과 '기회'(주로 '우리'에게 가치를 더해 주는 것들)가 그 범주들이다.

'부탁'을 들어주기 전에 던져야 할 네 가지 질문

내가 이 일을 할 최적임자인가? 솔직히 인정하자. 도와 달라는 요청을 받으면 기분이 좋다. 누군가가 시간을 내서 내 기술이나 지식을 발휘해 달라고 요청하는 것은 내가 그를 섬겨 줄 충분한 자격

이 있다고 인정하는 것이다. 하지만 우리가 특정한 부탁을 들어 줄 만한 '가장' 적합한 사람이 아닐 때가 많다. 그럴 때 그 부탁을 들어 주겠다고 약속하면 실제로는 상대방에게 피해가 갈 수 있다.

예를 들어, 당신이 내게 목재 건물 짓는 일을 도와 달라고 부탁하면 나는 거절할 수밖에 없다. 나는 손재주가 형편없기 때문이다. 그걸 알면서도 부탁을 수락하면 당신을 잘 섬길 수 없다. 혹은 당신이 다니는 교회의 장로가 당신에게 교회 재정 위원회로 섬겨 달라고 부탁한다고 해 보자. 하지만 당신은 숫자에 약하다. 그럴 경우 최선의 선택은 그 부탁을 거절하고 숫자에 재능이 있는 다른 사람을 추천해 주는 것이다.

상대방이 부탁한 그 일이 당신이 4장에서 확인한 소명과 잘 어울리는가? 그렇지 않다면 그 부탁을 거절할 것을 고려하라.

이 부탁 수락이 내 시간을 가장 후하게 사용하는 것인가? 얼핏 생각하면 시간을 요청한 일에 부탁을 들어주는 것이 후한 행위처럼 보인다. 하지만 부탁을 들어주는 게 보기보다 훨씬 덜 후한 행위인 경우가 많다. 하나의 부탁을 들어주면 그 시간에 섬길 수 있는 다른 많은 사람의 부탁을 들어줄 수 없기 때문이다.

내가 워싱턴 DC에 갔다가 베스트셀러를 쓴 저자인 마크 배터슨에게 커피숍에서 만나게 1시간만 시간을 내 달라고 부탁하는 이메일을 보낸다고 해 보자. 배터슨이 그 시간으로 할 수 있는 가장 후한 행위는 내 부탁을 들어주는 게 '아니다.' 가장 후한 행위는 내 부탁을 거절하고 나쁜 아니라 수천 명의 사람에게 도움이 될 다음 번 책의 집필에 집중하는 것이다. 실제로 배터슨도 그런 말을 했다. "책은 언제 어디서나 누구에게나 내 시간의 300분을 주기 위한 내 방식이다. …… 누군가를 일대일로 만나는 시간도 말할 수 없이 귀하지만, 그러면 내 시간은 한 사람만큼만 불어난다. 하지만 책을 통해 만나면 내 시간은 총 독자들 수만큼 더 불어난다."[37]

내 시간을 요구하는 이 비슷한 부탁을 100번 들어줄 수 있겠는가? 우리가 좋은 일이든 나쁜 일이든 해 주기로 할 때마다 그 일이 습관이 된다. 그래서 나중에 비슷한 부탁을 들어주기가 더 쉬워진다. 비슷한 부탁을 들어주는 게 점점 더 당연해진다. 커피 한잔을 하자는 누군가의 부탁을 들어줄지 고민하는 것은 사실상 '이번' 부탁만이 아니라 앞으로 이와 비슷한 수백 번의 부탁을 들어줄지 고민하는 것이다. 다시 말해, 이런 부탁을 들어주는 습관을 가질지 고민하는 것이다.

내 시간 예산에서 이 부탁을 들어줄 여유가 있는가? 5장에서 우리는 뜻밖의 일과 부탁을 일정표에서 미리 정한 구역에 몰아넣어야 하는 이유를 살펴보았다. 이번 장에서는 이런 종류의 활동을 위해 시간 예산표에 '피상적 작업과 뜻밖의 기회를 위한 시간'을 추가했다. 그렇게 하면 부탁의 범주에 들어가는 일을 받아들일지 거절할지 결정하기가 '훨씬 더' 쉬워진다. 앞선 세 질문에 "예"라고 답했다면 시간 예산을 보며 그 부탁을 들어줄 시간 여유가 있는지 확인하

라. 시간이 있다면 더없이 좋은 일이다! 그 시간에 그 사람을 잘 섬기라. 하지만 시간을 낼 수 없다면 '정중한 거절'로 당신의 시간 예산을 지키라.

곧 정중하고도 기술적으로 거절하기 위한 몇 가지 팁을 알려줄 것이다. 하지만 그러기에 앞서, 예상치 못한 '기회'에 어떻게 반응할지 결정하기 위한 질문도 살펴보자.

'기회'를 받아들이기 전에 던져야 할 네 가지 질문

이 기회가 내 목표들과 잘 어울리는가? 앞서 4장의 전체 목표는 목표를 세우는 것이었다. 목표를 세우면 어떤 일에 시간을 사용할지 우선순위를 정하는 데 도움이 된다. 예기치 못한 기회가 찾아오면 우리가 던져야 할 첫 번째 질문은, 그 기회가 인생의 시기마다 정한 목표들과 잘 어울리는가다. 그렇지 않다면 포기해야 한다. 물론 쉽지 않은 줄 안다. 정말 좋아 보이는 기회라면 '특히' 더 그렇다. 이것이 내가 다음 두 번째 질문을 꼭 던지는 이유다.

이것이 정말 좋은 기회인가? 그렇다면 무엇을 위한 기회인가? 이 중요한 질문을 내가 생각해 냈다고 말할 수 있으면 좋으련만 그럴 수 없다. 이 질문은 에밀리 P. 프리먼에게서 빌려 왔다. 그는 다음과 같이 말했다.

"좋은 기회다"라는 문장은 사실 완전한 문장이 아니다. …… 좋은 기회 …… 하지만 '무엇'을 위한 기회인가? '기회'의 문자적 정의는 '뭔가를 하는 것이 가능하게 만드는 상황의 집합'이다. 이것이 우리에게 정말로 좋은 기회라면 이 문장을 완성할 수 있어야 한다.[38]

의미 있는 목적과 연결되지 않은 기회는 사실상 기회가 아니다. 그냥 단순히 우리를 크게 흥분시키는 일일 뿐이다. 우리의 목표와 어울리지 않는 기회를 좇는 것은 우리의 시간을 잘 사용하는 것이 아니기 쉽다.

"하지만 이건 일생일대의 기회야!" 나도 예전에는 일생일대의 기회를 믿었다. 하지만 하나님은 은혜롭게도 이전 기회를 뛰어넘는 기회를 계속해서 보내 주셨다. 리처드 브랜슨 경은 "기회는 버스와도 같아서, 항상 또 다른 기회가 오고 있다!"라고 말했다.[39] 내 경험으로 볼 때 지극히 맞는 말이다.

이번 장을 쓰는 도중 나는 '놀라운' 행사에 초대받았다. 초대된 손님들의 이력은 실로 화려했다. 장소도 환상적이었다. 게다가 모든 경비가 공짜였다. 이런 기회를 누가 마다하겠는가! 나중에 이 행사에 관해 아내에게 설명할 때 흥분하며 말했다. "이건 정말로 좋은 기회예요!" 그러자 아내는 진짜 절호의 기회를 잡은 사람처럼 "근데 무엇을 위한 기회죠?"라고 물었다. 그 질문에 나는 아무런 답도 할 수 없었다. 깊이 고민한 끝에 내가 내 시간으로 좋은 일을 '하려는' 게 아니라 단지 나 자신이 좋게 '보이기를' 원하고 있음을 깨달았다.

바로 이것이 기회에 관한 다음 내 질문이다.

나는 선한 일을 '행하려' 하고 있는가, 아니면 나를 좋게 '보이려' 하고 있는가? 이 질문은 케빈 드영에게서 가져왔다. 우리가 왜 시간을 구속하려고 하는지 기억하는가? 이는 우리 자신을 좋게 보이기 위해서가 아니라 다른 사람을 위한 선한 일을 더 많이 하기 위해서다. 솔직히 말하면 우리 자신을 좋게 보이려고 기회를 받아들일 때가 많다. 내가 앞서 말한 행사 참여를 고려할 때가 그러했다. 나는 그 행사에 초대받은 손님들의 이력이 화려해서 그 행사에 참여하고 싶었다. 멋진 사람들과 나란히 앉고 싶었다. 지금 생각해도 참으로 한심한 동기다.

감사하게도 내게는 내 열등감을 순식간에 포착해 내고 내가 나보다 다른 사람에게 유익한 일에 집중할 수 있게 해 주는 아내가 있다. 명심하라. 우리는 하나님께 입양된 자녀라는 지위와 복음으로 인해 '좋게 보이려고' 애쓸 필요가 없다. 우리는 왕의 아들딸이며, 그분의 목적을 위해 우리의 시간을 지혜롭게 구속하는 일로 부름받았다.[40]

'무엇을' 포기할 것인가? 기회가 찾아올 때 우리가 던져야 할 질문은 "포기할 것인가?"가 아니라 "무엇을 포기할 것인가?"다. 내가 이 책을 집필하기로 한 것은 내가 고려하고 있던 다른 세 가지 주제 중 하나에 관한 책의 집필을 포기했다는 뜻이다. 애플의 전 최고 디자인 책임자 조니 아이브의 말을 빌리자면 "모든 예스에는 1,000개의 노가 딸려 있다"고 했다."[41]

3장에서 살폈듯이 우리는 시간에 대해 충분히 손익 분석 관점에서 생각하지 않는다. 우리는 "이 콘퍼런스에 참석하는 것이 과연 내 시간을 잘 사용하는 것인가?"라는 질문을 던진다. 이는 좋지 않은 질문이다. 기회비용을 포함해서 비용 '대비' 가치를 따지는 질문을 던져야 한다. 콘퍼런스 참석에 관해 더 좋은 질문은 "이 콘퍼런스에 참석하는 것이 내가 그 시간에 할 수 있는 다른 모든 일에 '비해' 내 시간을 잘 사용하는 것인가?"다. 제한된 시간과 선택의 법칙에 따라 우리는 항상 뭔가를 포기해야 한다.

이 질문이 당신의 시간을 요구하는 일을 받아들여야 할 때와 거절해야 할 때를 분간하는 데 도움이 됐으면 한다. 당신이 나와 같다면 "예스"라고 말하는 것보다 "노"라고 말하는 법에서 더 많은 도움이 필요할 것이다. 시간 예산을 지키고 서두름을 없애기 위해 "노"라고 말하기로 결정했다면 어떻게 하면 그 말을 가장 친절하게 전할 수 있을까? 세 가지 팁을 소개한다.

친절하게 거절하기 위한 세 가지 팁

대답 미루기. 방금 당신이 일생일대의 기회로 초대하는 문자 메시지를 받았다고 해 보자. 그 초대에 응하기 전에 그 문자 메시지를 놓고 24시간 내내 고민하는 것이 좋다. 우리는 뭔가를 하기로 했다가 시간이 지나면 후회하는 경우가 얼마나 많은가. 잠언 20장

25절은 이렇게 말한다. "함부로 이 물건은 거룩하다 하여 서원하고 그 후에 살피면 그것이 그 사람에게 덫이 되느니라." 모든 기회에 대답을 미루는 습관을 기르면 이런 실수를 피하는 데 도움이 된다. 게다가 과하게 분비되던 도파민이 잦아들고 나면 거의 모든 기회가 처음만큼 좋아 보이지 않는다.

이메일과 문자 메시지로 우리의 시간을 요구하는 초대가 오면 그나마 거절하기가 쉽지만, 상대방과 직접 통화할 때는 이야기가 달라진다. 그럴 때 나는 곧바로 대답하지 않으려고 최대한 노력한다. "일정표를 보고 다시 연락드릴게요" 혹은 모든 남편이 자주 써먹는 핑계를 댄다. "아내와 이야기해 볼게요."

단, 거절하기로 확실히 마음먹었다면 답변을 미룰 이유가 없다. 칙필레 사장 지미 콜린스의 말을 빌리자면 "어차피 거절할 생각이라면 즉시 거절하는 것이 상대방에 대한 배려다."[42] 이 경우에는 빨리 거절하는 게 친절의 일부다.

격려하고, 거절하고, 도와주기. 당신이 친구의 친구에게서 이메일을 한 통 받았다고 해 보자. 그는 당신이 한 번도 만난 적이 없는 사람이다. 이렇게 한 다리 건너서 아는 친구가 당신이 사는 도시로 이사할 예정이라고 한다. 그가 그 지역 일자리에 관해 의논하고 싶다고 한번 만나자고 한다. 당신의 시간을 요하는 이 요청은 부탁의 범주에 들어간다. 당신이 헤드헌터가 아니라면 당신은 이 사람을 도와줄 적임자가 아니기 쉽다. 그렇다면 그와의 만남은 당신의 시간을 가장 의미 있게 사용하는 게 아니다. 하지만 그 사람에게 도움이 되는 방향으로 친절하게 거절할 수 있는 방법이 있을까? 나는 있다고 생각한다! 나라면 다음과 같은 문자 메시지를 그에게 보낼 것이다.

> 우리 동네로 오신 걸 환영합니다! 정말 마음에 드실 거예요. 그런데 안타깝게도 제가 전념하고 있는 일이 있어서 선생님과 만나 커피를 마시기가 어렵습니다.
> 이 지역 회사에 관해 궁금한 것이 있으면 이메일로 보내 주세요.
> 성심껏 답변해 드리겠습니다!

이 문자 메시지는 세 가지 요소를 포함한다. 친절하게 거절하고 싶을 때마다 이 세 가지 요소를 포함시킬 것을 추천한다.

격려하고. 이 이메일의 처음 두 문장은 당신의 도시로 이사하기로 한 것이 잘한 결정이라고 격려하는 내용이다.

거절하고. 이 이메일의 두 번째 문장은 내가 가장 좋아하는 표현 중 하나인 "전념하고 있다"를 사용해 이 사람의 요청을 분명하게 거절하고 있다. 포시즌스(Four Seasons) 호텔은 투숙 가능한 남은 객실이 없을 때 "전념하고 있다"는 표현을 사용한다. 칙필레의 전 인재 부문 부사장인 디 앤 터너의 설명을 들어 보자.

〔포시즌스 호텔은〕 고객들에게 "빈방이 없습니다"나 "방이 다
나갔습니다"라고 말하지 않는다. 이 간단한 표현에서 고객은
포시즌스 호텔이 고객을 섬기는 데 전념하고 있으며, 빈방이 없는
경우에는 자신이 나중에 투숙할 때 자신에게 전념할 것임을 알게
된다.[43]

상대방 요청을 거절할 때 이 간단한 표현을 사용하면 이와 같
은 강력한 메시지를 상대방에게 전달할 수 있다.

이 이메일의 세 번째 요소로 넘어가기 전에 한 가지만 더 짚고
넘어가자. 이 문장 표현은 너무나 확고해서 재고의 여지를 남겨 두
지 않고 있다. "'지금 당장은' 만나기 힘들 것 같습니다"와 같은 말은
나중에 한 번 더 연락해 보라는 뜻이다. 그러면 이 요청에 관해 다시
생각하기 위해 에너지를 허비하게 된다.

도와주기. 내 답변에서 세 번째이자 마지막 문장은 상대방의
진짜 요청에 분명한 도움을 제시하고 있다. 이것이 이 답변이 그토
록 친절한 이유다. 누군가가 내 도움을 요청하면 나는 상대방이 요
청하는 시간을 다 내주지는 않을지 몰라도 언제나 그를 도울 다른 방
법을 찾으려고 노력한다. 앞에서 예로 든 상황 같은 경우 나는 주로
이메일로 답변해 준다. 커피를 마시려고 사무실 밖에서 1시간 30분
을 보내는 대신 이메일로 상대방의 구체적인 질문에 답해 주면 5분
밖에 걸리지 않는다. 나는 시간을 절약하고 상대방은 원하는 답변

을 얻는다. 그야말로 일석이조다.

오해를 받아들이기. '격려하고, 거절하고, 도와주기'라는 틀에
맞춰 친절하게 거절할지라도 오해받을 수 있음을 각오하라. 당신의
시간 예산을 지키다 보면 오해를 살 수 있다. 하지만 내 경험상 친절
한 거절에 실망감을 표현하는 사람보다 존경심을 보이는 사람이 '훨
씬' 더 많다. 왜일까? 그들도 '자신들의' 시간을 더 잘 지키고 싶기 때
문이다. 그들은 우리의 친절한 거절에서 그 방법을 배울 수 있다.

내 거절에 사람들이 실망감을 표현할 때가 있을까? 물론이다.
하지만 나는 그런 일에 그다지 신경 쓰지 않는 법을 배웠다. 우리는
항상 모든 곳으로 부름받지 않았기 때문이다. 심지어 우리는 절대
오해받지 않는 삶으로 부름받지 않았다. 예수님도 마찬가지였다.

그렇다면 우리는 무엇으로 부름받았는가? 우리는 예수님을 본
받아 시간 비용을 따지고 우리의 일정에서 서두름을 없애도록 부름
받았다. 우리는 다른 사람을 위한 선한 일로 아버지를 영화롭게 하
도록 부름받았다. 우리는 예수님을 닮아 목적으로 충만하고 현재에
집중하며 더없이 생산적인 삶을 살도록 부름받았다. 우리는 우리의
시간을 구속하도록 부름받았다.

퍼즐 조각 모으기

이 마지막 장과 함께 이제 당신이 이 책의 일곱 가지 성경적 원칙을 하나의 일관된 전체 그림으로 연결해, 일터와 가정에서 목적으로 충만하고 현재에 집중하며 더없이 생산적으로 살기 위한 실질적인 도구들을 얻었으리라 확신한다. 하지만 그거 아는가? 당신이 이 책 끝까지 참고 견디며 달려왔다면 필시 나처럼 의지와 절제력이 강한 사람일 것이다. 우리 하나님이 주신 절제력은 분명 복이다. 하지만 그것이 우상숭배적인 저주로 변질될 수도 있다. 그래서 이 책을 마치기 전에 이어지는 짧은 에필로그를 꼭 읽어 보기를 바란다.

절제력은 하나님의 선물,
우상으로 삼지 말 것

이 책의 일곱 가지 원칙과 서른두 가지 활동을 다 파악했다면 '와우, 조던은 꽤 절제력 있는 사람이군'이라고 생각할지도 모른다.

내가 시간에 있어서 꽤 절제력이 있는 것은 사실이며, 그에 대해 나도 자랑스럽게 생각한다. 왜일까? 이 책에서 계속해서 보았듯이 예수님 자신이 이 땅에 계실 때 그분의 시간을 놀랍도록 절제하며 사용하셨기 때문이다. 예수님은 "아버지께서 내게 하라고 주신 일을 내가 이루어" 냄으로써(요 17:4) 아버지를 영화롭게 하겠다는 열정으로 불타오르셨다.

예수님의 본보기는 절제력이 미덕이라는 사실을 보여 주며, 절제력은 많은 신약성경 기자들이 강조한 주제다. 예를 들어, 사도 바울은 다음과 같이 썼다.

운동장에서 달음질하는 자들이 다 달릴지라도 오직 상을 받는 사람은 한 사람인 줄을 너희가 알지 못하느냐 너희도 상을 받도록 이와 같이 달음질하라 이기기를 다투는 자마다 모든 일에 절제하나니 그들은 썩을 승리자의 관을 얻고자 하되 우리는 썩지 아니할 것을 얻고자 하노라 그러므로 나는 달음질하기를 향방 없는 것같이 아니하고 싸우기를 허공을 치는 것같이 아니하며 내가 내 몸을 쳐 복종하게 함은 내가 남에게 전파한 후에 자신이 도리어 버림을 당할까 두려워함이로다.

고린도전서 9장 24-27절

예수 그리스도의 제자로서 우리는 "향방 없는 것같이" 살지 않는다. 우리는 "모든 일에 절제", 즉 사도 바울이 성령의 열매 중 하나로도 꼽은 "절제"(갈 5:22-23)를 발휘하도록 부름받았다. 절제력은 성령 충만하고 그리스도를 닮은 삶의 부산물이다.

하지만 모든 좋은 것이 그렇듯 우리는 절제력을 '궁극적인 것'으로 삼아 결국 우상으로 변질시키기 쉽다. 절제력은 선물이지만 저주가 될 수도 있다. 이것이 내 문제점이다. 당신은 이 문제와 씨름하지 않기를 바란다. 그래서 시간을 구속하기 위해 절제력을 발휘해서 실천해야 할 활동으로 가득한 이 책을 마무리하기 전에, 절제력의 어두운 측면으로 넘어가 이 좋은 선물을 우상으로 변질시켰음을 경고해 주는 두 가지 신호를 늘 경계하기를 바란다.

첫째, '자기보다 절제력이 약한 사람들에게 은혜를 베풀지 못할 때' 우리의 절제력은 우상으로 변질된 것이다. 팀 켈러는 《탕부 하나님》(*The Prodigal God*)이라는 명저에서 많은 이들이 예수님의 탕자 비유에 나오는 형과 같다는 점을 보여 준다. 자유와 반항 중심으로 자아상을 구축하는 동생들과 달리 "형들은 자아상의 근거를 근면하고 도덕적인 것, 엘리트 집단 소속, 극도로 똑똑하고 박식한 것에 둔다."[1] 바로 내 이야기처럼 들린다. 그리고 "근면하고 …… 똑똑하고 박식한" 사람을 위한 이 책에 공감이 갔다면 당신 이야기처럼 들리기도 할 것이다. 하지만 문제가 있다. 형들은 "필연적으로 이와 같은 특성을 지니지 못한 이들에게 우월감을 느끼게 돼 있다."[2]

내가 잠깐만 솔직해져도 될까? 앞 문단 마지막 문장에 가슴이 뜨끔해진다. 어떤 날에는 내가 그렇기 때문이다. 누군가가 종일 이메일에 파묻혀 살거나 매일 하나님의 말씀과 함께할 시간을 내지 못하고 있다고 말하면 일단 도와주고 싶은 마음이 들면서도 내가 그 사람보다 더 절제력이 있고 더 낫다는 자만심이 은근히 올라온다. 누군가가 나만큼 잘 정리된 할 일 추적 시스템을 갖추지 못한 탓에 모임에 늦게 나타나거나 꼭 해야 할 뭔가를 까먹으면, 나도 똑같은 실수를 한 적이 있다는 사실을 감추려고 독선적인 분노가 속에서 끓어오른다.

내 말에 공감이 가는가? 나만 그렇지는 않으리라. 당신에게도 절제력에 대한 이런 어두운 측면이 있다면 다음 말을 명심하기를 바란다(물론 나도 명심해야 한다). 우리가 절제력이 부족한 주변 사람들에게 은혜를 베풀지 못하는 근본 원인은 복음을 망각해서다. 내가 가진 '모든 것'은(시간을 구속하기 위한 절제력까지도) 다 은혜로 받은 것임을 결코 잊지 말아야 한다. 야고보서 1장 17절은 이렇게 말한다. "온갖 좋은 은사와 온전한 선물이 다 위로부터 빛들의 아버지께로부터 내려오나니." 시간을 구속하기 위한 우리의 절제력 역시 구원처럼 은혜의 선물이다. "이는 누구든지 자랑하지 못하게 함이라"(엡 2:9).

내가 이 책에서 나눈 지혜는 내게서 나온 것이 아니다. 하나님은 그분의 영광을 위해 내 시간을 구속할 수 있도록 은혜를 부으사 내 삶에 많은 책과 멘토, 소프트웨어, 시스템을 보내 주셨다. 나는 그저 그 과정에 열심히 참여했을 뿐이다. 심지어 그 노력조차 내 공로가 아니다. 내가 매일 아침 눈을 떠서 이 일을 하게 해 주신 분은 어디까지나 하나님이시기 때문이다. 이 책의 글자 하나하나는 그분의 은혜 가운데 내게 주어진 것이다. 이제 은혜의 하나님은 나를 사용해 이 지식을 당신에게 나누어 주셨다. 당신과 내가 이 책에 나온 실습 활동을 직접 하며 시간을 구속하고, 나아가 우리가 받은 지식과 도구들을 아직 받지 못한 사람에게도 전해 주게 되기를 간절히 바란다.

물론 다른 사람에게 혹독하게 구는 것만이 우리가 절제력의 어두운 측면에 빠졌다는 증거가 아니다. 우리가 절제력을 우상으로 삼았다는 두 번째 신호는 '자신에게 은혜를 베풀지 못하는 것'이다. 내가 중요한 일에 몰입하는 딥 워크를 4시간이 아닌 2시간밖에 못 하면 나 자신에게 혹독하게 굴 수 있다. 아기가 밤새 잠을 자지 않아 내 소중한 8시간 잠을 사수하지 못하면 나 자신에게 화를 낼 수 있다. 내 분기 목표를 달성하지 못하면 심지어 우울증에 빠질 수도 있다.

여기서도 해법은 복음이다. 이것이 내가 처음 시작할 때와 같은 방식으로 이 책을 마치고 싶은 이유다. '복음'이 생산적이어야 한다는 의무감에서 우리를 해방시킨다는 사실을 기억해야 한다. 하나님은 우리의 할 일 목록을 완성하기 위해 우리를 꼭 필요로 하시지는 않는다. 하나님은 우리가 선한 일을 얼마나 하고 얼마나 생산적인지와 상관없이 우리를 사랑하고 받아 주신다.

고린도전서 9장 25절을 한 번 더 읽으라. "이기기를 다투는 자마다 모든 일에 절제하나니 그들은 썩을 승리자의 관을 얻고자 하되 우리는 썩지 아니할 것을 얻고자 하노라."

우리의 관은 "썩지 아니할" 관이다. 물론 우리가 이생을 어떻게 관리하느냐에 따라 관에 박힌 보석의 개수는 달라질지도 모른다. 그런 의미에서 바울처럼 우리는 시간을 구속하기 위해 애를 써야 한다. 하지만 우리가 하나님 나라에 들어간다는 사실, 우리의 지위가 왕자와 공주라는 사실은 영원히 확고하다. 이 확실함이 "모든 일에 절제"함으로 우리의 시간을 구속하려는 동기가 돼야 한다. 우리는 우리의 왕을 위해 예수님처럼 목적으로 충만하고 현재에 집중하며 더없이 생산적인 사람이 돼야 한다.

감사의 말

여러 사람이 이 책 표지에 나와 나란히 이름을 올려야 마땅하다. 하지만 출판사에서 그러면 표지 디자인이 어렵다고 해서 대신 이 지면을 빌려 그중 몇 사람에게 감사의 말을 전한다.

내 일에 관해 항상 나보다 열 배나 큰 확신을 갖는 아름다운 아내에게 말할 수 없이 고맙다. 나를 믿어 주고 나와 함께한 이 일을 진심으로 믿어 준 아내를 향한 고마움은 어떤 말로도 다 표현할 수 없다.

엘리슨, 케이트, 에머리…… 우리 세 딸들에게 고맙다. 이 아이들과 함께하는 시간은 일분일초가 더없이 소중하다. 이 책에 대해 여섯 살, 네 살, 한 살 아이가 보여 줄 수 있는 최대한의 기대감을 표현해 준 딸들에게 사랑을 전한다.

카일라 테일러, 제나 포티어, 크리스 페리, RJ 테일러, 홀리 스미스, 조한나 밴, 앨리 우드에게 고마움을 전한다. 조던레이너앤컴퍼니의 극단적인 '인재 밀도'는 생각할수록 놀랍다. 이들은 기업가가 상상할 수 있는 최고의 팀이다. 이들과 매일 협력하는 것은 큰 기쁨이다. 이 메시지를 세상에 전하기 위해 이들은 귀한 시간을 기꺼이 쏟아부어 주었다!

내 에이전트 DJ 스넬에게 감사를 표한다. 돌이켜 보면 그가 나처럼 책 한 권 내지 못한 무명 저자에게 베팅할 이유가 조금도 없었다. 이런 나에 대한 그의 신뢰를 평생 잊지 못하리라. 이 책 외에 모든 프로젝트에서 나와 협력해 준 그에게 감사한 마음을 전한다.

베키 네스비트에게 감사함을 전한다. 하나님이 허락하신다면 그와 함께 꼭 최소한 두 권의 책을 더 작업하고 싶다. '내가 좋다고 주장하던 고집들을 꺾어' 최상의 결과물을 이끌어 내 준 그에게 참으로 고맙다.

워터브룩 멀트노마(WaterBrook Multnomah) 출판사 팀 전체에 고마운 마음을 전한다. 하지만 특별히 캠벨 와튼, 티나 콘스테이블, 로라 바커, 더글러스 만, 브렛 벤슨, 로리 애디코트, 애비 드베네디티스, 카라 이버슨에게 감사하고 싶다. 이들은 그야말로 드림 팀이다. 이 책과 내 사명을 향한 이들의 열정에 감사함을 표한다.

제시 페닉, 조던 와이즈먼, 캐이시 케이스를 비롯한 유버전(YouVersion) 팀 전체에 고마움을 전한다. 이 책에 영감을 준 '하나님의 말씀에서 얻은 시간 관리 원칙'(Time Management Principles from God's Word)을 포함해서 이들이 자신들의 플랫폼을 우리 콘텐츠에 열어 주지 않았다면 이 책은 말 그대로 탄생하지 못했을 것이다. 교회가 매일 말씀으로 무장하는 일에 우리 팀과 협력해 주는 이들에게 감사함을 전한다.

크리스 바샴, 데이비드 블록, 메네크세 스튜어트, 한나 쉬플리트, 존 브랜든, 제이슨 스노우, 질리언 젠킨스, 그레그 케스터, 도나 부처, 제리 잉글런드, 샤론 저스티스, 멜로디 켈러, 래리 타일러, 셰리 화이트에게 정말 고맙다고 말하고 싶다. 이들의 초기 피드백 덕분에 훨씬 더 좋은 책이 탄생했다. 이들이 미래의 독자들도 잘 섬기도록 도와주리라 믿어 의심치 않는다!

우리 론칭 팀에게 고맙다. 이보다 더 열정적인 팀이 있다면 나와 보라! 이들은 진정 최고다. 모든 그리스도인이 하나님의 영광과 다른 사람의 유익을 위해 자신의 일을 가장 훌륭하게 해내도록 돕는 우리 사역에 열정적으로 참여해 주는 이들에게 감사함을 표한다.

오데사교회(The Church at Odessa)에 감사한 마음을 전한다. 이 교회 교인 모두를 깊이 사랑하며, 이들이 내 일을 지원해 주는 것에 깊이 감사드린다.

나와 같은 팬이 이 책을 읽으며 웃을 수 있도록 〈웨스트 윙〉과 〈해밀턴〉 부활절 계란을 끝없이 제공해 주는 애런 소킨과 린 마누엘 미란다에게 감사드린다.

내가 선한 일을 얼마나 많이 하고 나쁜 일을 얼마나 많이 하는지와 상관없이 나를 사랑해 주시는 내 구주 예수님께 감사드린다. 내 모든 것은 그분께 받은 것이다. 오직 주님께 영광을 돌린다.

프롤로그

1. Matt Perman, *What's Best Next: How the Gospel Transforms the Way You Get Things Done* (Grand Rapids, MI: Zondervan, 2014), 120.

2. 궁금한 사람을 위해 그 책 목록을 소개한다. 하나같이 훌륭한 책들이다. 시간이 허락되면 이 책들을 읽어 보길 권한다. 데이비드 앨런의 《쏟아지는 일 완벽하게 해내는 법》(*Getting Things Done*, 김영사 역간), 칼 뉴포트의 《딥 워크》(*Deep Work*, 민음사 역간), 토니 슈워츠 외의 *The Way We're Working Isn't Working*, 아브라함 요수아 헤셸의 《안식》(*The Sabbath*, 복있는사람 역간), 그렉 맥커운의 《에센셜리즘》(*Essentialism*, 알에이치코리아 역간), 칼 뉴포트의 《디지털 미니멀리즘》(*Digital Minimalism*, 세종 역간), 매트 퍼먼의 *What's Best Next*, 존 도어의 《OKR: 전설적인 벤처 투자자가 구글에 전해 준 성공 방식》(*Measure What Matters*, 세종 역간), 팀 페리스의 《나는 4시간만 일한다》(*The 4 Hour Work Week*, 다른상상 역간), 매슈 워커의 《우리는 왜 잠을 자야 할까》(*Why We Sleep*, 사람의집 역간), 존 마크 코머의 《슬로우 영성》(*The Ruthless Elimination of Hurry*, 두란노 역간).

3. 그렇다. 이것은 내가 가장 좋아하는 드라마 〈웨스트 윙〉(The West Wing)의 전작이라 할 수 있는 애런 소킨 각본의 〈대통령의 연인〉(The American President)에 나오는 명대사에 대한 경의의 표시(오마주)다.

4. "1805. exagorazóo," *Strong's Concordance*, Bible Hub, https://biblehub.com/greek/1805.htm.

5. Timothy Keller, "Wisdom and Sabbath Rest," Redeemer City to City, 2021년 7월 13일, https://redeemercitytocity.com/articles-stories/wisdom-and-sabbath-rest.

6. Jen Wilkin, *None Like Him: 10 Ways God Is Different from Us (and Why That's a Good Thing)* (Wheaton, IL: Crossway, 2016), 74.

1장.

1. "William Wilberforce," The Wilberforce School, www.wilberforceschool.org/updated-about-us/william-wilberforce.

2. Eric Metaxas, *Amazing Grace: William Wilberforce and the Heroic Campaign to End Slavery* (San Francisco: HarperCollins, 2007), xvii.

3. Metaxas, *Amazing Grace*, xvii.

4. Metaxas, *Amazing Grace*, xvi, 52.

5. William Wilberforce, Metaxas, *Amazing Grace*, 54에 인용됨.

6. Metaxas, *Amazing Grace*, 59-60.

7. Metaxas, *Amazing Grace*, xvi.

8. Wilberforce, Metaxas, *Amazing Grace*, 52에 인용됨.

9. Metaxas, *Amazing Grace*, 67.

10. Wilberforce, Metaxas, *Amazing Grace*, 64.

11. Metaxas, *Amazing Grace*, 67.

12. Metaxas, Amazing Grace, 65.

13. Os Guinness, *Carpe Diem Redeemed: Seizing the Day, Discerning the Times* (Downers Grove, IL: InterVarsity, 2019), 11. 오스 기니스, 《오늘을 사는 이유》(IVP 역간).

14. Guinness, *Carpe Diem Redeemed*, 9. 오스 기니스, 《오늘을 사는 이유》(IVP 역간).

15. 디즈니 영화에 관한 비유를 자주 사용하는 점에 대해 미리 양해를 구한다. 내가 이 글을 쓰는 지금, 우리 딸들은 여섯 살, 네 살, 한 살이다. 그래서 요즘 나는 이런 영화들만 본다.

16. Austin Burkhart, " 'Avodah': What It Means to Live a Seamless Life of Work, Worship, and Service," Institute for Faith, Work and Economics, 2015년 3월 31일, https://tifwe.org/avodah-a-life-of-work-worship-and-service/.

17. 이에 대해 더 궁금한가? 그렇다면 내 전작 *Master of One: Find and Focus on the Work You Were Created to Do*의 2장을 보라.

18. Arthur Miller, *Death of a Salesman, Viking Critical Library*, Gerald Weales 엮음 (New York: Penguin Books, 1996), 162.

19. Jen Wilkin, *None Like Him: 10 Ways God Is Different from Us (and Why That's a Good Thing)* (Wheaton, IL: Crossway, 2016), 72.

20. Leslie Odom Jr. 외, "The Room Where It Happens," Lin-Manuel Miranda, *Hamilton: An American Musical*, Atlantic Records, 2015.

21. Phillipa Soo 외, "That Would Be Enough," Lin-Manuel Miranda, *Hamilton: An American Musical*, Atlantic Records, 2015.

22. Karl Rahner, *Servants of the Lord* (New York: Herder and Herder, 1968), 152.

23. Metaxas, *Amazing Grace*, xix.

24. Metaxas, *Amazing Grace*, 280.

25. C. S. Lewis, *Mere Christianity* (New York: HarperCollins, 2015), 136-137. C. S. 루이스, 《순전한 기독교》(홍성사 역간).

26. Wilkin, *None Like Him*, 79.

27. Timothy Keller, *Walking with God Through Pain and Suffering* (New York: Penguin Books, 2013), 46. 팀 켈러, 《고통에 답하다》(두란노 역간).

28. Lisa Miller, "Pope's Book: A Lifetime of Learning," *Newsweek*, May 20, 2007, www.newsweek.com/popes-book-lifetime-learning-101009.

29. N. T. Wright, *God and the Pandemic: A Christian Reflection on the Coronavirus and Its Aftermath* (Grand Rapids, MI: Zondervan, 2020), 32. 톰 라이트, 《하나님과 팬데믹》(비아토르 역간).

30. 윌버포스에 관한 놀라운 이야기를 더 알고 싶다면 그의 삶을 토대로 한 내 신앙 글 시리즈를 읽어 보라. JordanRaynor.com/RYT에 링크를 걸어 놓았다.

31. Floyd Flake, Eric Metaxas, *Amazing Grace: William Wilberforce and the Heroic Campaign to End Slavery* (San Francisco: HarperCollins, 2007) 서문에서, x.

32. Wilkin, *None Like Him*, 80.

33. D. Martyn Lloyd-Jones, *Studies in the Sermon on the Mount* (Grand Rapids, MI:

Eerdmans, 2000), 96. 마틴 로이드 존스, 《산상설교》(베드로서원 역간).

34. Matt Perman, *What's Best Next: How the Gospel Transforms the Way You Get Things Done* (Grand Rapids, MI: Zondervan, 2014), 14.

35. "2041. ergon," *Strong's Concordance*, Bible Hub, https://biblehub.com/greek/2041.htm.

36. John Piper, *Don't Waste Your Life*, Group Study Edition (Wheaton, IL: Crossway, 2018), 138. 존 파이퍼, 《삶을 허비하지 말라》(생명의말씀사 역간).

37. Timothy Keller, *Encounters with Jesus: Unexpected Answers to Life's Biggest Questions* (New York: Penguin Books, 2013), 175. 팀 켈러, 《팀 켈러의 인생질문》(두란노 역간).

38. Kevin DeYoung, *Crazy Busy: A (Mercifully) Short Book About a (Really) Big Problem* (Wheaton, IL: Crossway, 2013), 54.

39. John Mark Comer, *The Ruthless Elimination of Hurry* (Colorado Springs, CO: WaterBrook, 2019), 103-104. 존 마크 코머, 《슬로우 영성》(두란노 역간).

40. John Mark Comer, *The Ruthless Elimination of Hurry*, 102. 존 마크 코머, 《슬로우 영성》(두란노 역간).

41. Emily P. Freeman, *The Next Right Thing: A Simple, Soulful Practice for Making Life Decisions* (Grand Rapids, MI: Revell, 2019), 85.

42. Matt Perman, *What's Best Next*, 51.

43. Charles Duhigg, *The Power of Habit: Why We Do What We Do in Life and Business* (New York: Random House, 2014), 100. 찰스 두히그, 《습관의 힘》(갤리온 역간).

44. Charles Duhigg, *The Power of Habit*, 100. 찰스 두히그, 《습관의 힘》(갤리온 역간).

45. Timothy Keller, *Prayer: Experiencing Awe and Intimacy with God* (New York: Penguin Books, 2016), 90-91. 팀 켈러, 《팀 켈러의 기도》(두란노 역간).

46. Bill Clinton, "The 1992 Campaign: Verbatim; Heckler Stirs Clinton Anger: Excerpts from the Exchange"에 인용됨, *New York Times*, 1992년 3월 28일, www.nytimes.com/1992/03/28/us/1992-campaign-verbatim-heckler-stirs-clinton-anger-excerpts-exchange.html.

47. John Mark Comer, *The Ruthless Elimination of Hurry*, 136. 존 마크 코머, 《슬로우 영성》(두란노 역간).

48. John Mark Comer, *The Ruthless Elimination of Hurry*, 136. 존 마크 코머, 《슬로우 영성》(두란노 역간).

49. Phil Knight, *Shoe Dog: A Memoir by the Creator of Nike* (New York: Scribner, 2018), 179. 필 나이트, 《슈독》(사회평론 역간).

50. 이 '생산성 기도'를 지니고 다니고 싶은가? JordanRaynor. com/RYT에서 〔원문을〕 프린트할 수 있다.

51. C. S. Lewis, *The Lion, the Witch and the Wardrobe* (New York: Harper-Collins, 2002), 87. C. S. 루이스, 《사자와 마녀와 옷장》(시공주니어 역간).

2장.

1. N. T. Wright, *Paul for Everyone: 1 Corinthians, New Testament for Everyone* (Louisville, KY: Westminster John Knox, 2004), 175-176. 톰 라이트, 《모든 사람을 위한 로마서》(IVP 역간).

2. Roy F. Baumeister, John Tierney, *Willpower: Rediscovering the Greatest Human Strength* (New York: Penguin Books, 2012), 로이 F. 바우마이스터, 존 티어니, 《의지력의 재발견》(에코리브르 역간).

3. Roy F. Baumeister, John Tierney, *Willpower*, 81. 로이 F. 바우마이스터, 존 티어니, 《의지력의 재발견》(에코리브르 역간).

4. Roy F. Baumeister, John Tierney, *Willpower*, 83. 로이 F. 바우마이스터, 존 티어니, 《의지력의 재발견》(에코리브르 역간).

5. Roy F. Baumeister, John Tierney, *Willpower*, 84. 로이 F. 바우마이스터, 존 티어니, 《의지력의 재발견》(에코리브르 역간).

6. David Allen, *Getting Things Done: The Art of Stress-Free Productivity* (New York: Penguin Books, 2015), 14. 데이비드 앨런, 《쏟아지는 일 완벽하게 해내는 법》(김영사 역간).

7. David Allen, *Getting Things Done*, 24-25. 데이비드 앨런, 《쏟아지는 일 완벽하게 해내는 법》(김영사 역간).

8. Daniel J. Levitin, *The Organized Mind: Thinking Straight in the Age of Information Overload* (New York: Dutton, 2014), 68-69. 대니얼 J. 레비틴, 《정리하는 뇌》(와이즈베리 역간).

9. David Allen, *Getting Things Done*, 25. 데이비드 앨런, 《쏟아지는 일 완벽하게 해내는 법》(김영사 역간).

10. "Man on Cusp of Having Fun Suddenly Remembers Every Single One of His Responsibilities," *Onion*, 2013년 5월 30일, https://local. the onion. com/man-on-

cusp-of-having-fun-suddenly-remembers-every-sing-1819575063.

11. Ryder Carroll, *The Bullet Journal Method: Track the Past, Order the Present, Design the Future* (New York: Portfolio, 2018), 37. 라이더 캐롤, 《불렛저널》(한빛비즈 역간).

12. David Allen, *Ready for Anything: 52 Productivity Principles for Getting Things Done* (New York: Penguin Books, 2004), 19. 데이비드 앨런, 《준비된 자가 성공한다》 (청림출판 역간).

13. Billy Joel, "A Matter of Trust," Billy Joel, *The Bridge*, Columbia, 1985.

14. Jen Wilkin, *In His Image: 10 Ways God Calls Us to Reflect His Character* (Wheaton, IL: Crossway, 2018), 107.

15. Daniel J. Levitin, *The Organized Mind*, 69. 대니얼 J. 레비틴, 《정리하는 뇌》(와이 즈베리 역간).

16. Matt Perman, *What's Best Next: How the Gospel Transforms the Way You Get Things Done* (Grand Rapids, MI: Zondervan, 2014), 119-120.

17. David Allen, *Getting Things Done*, 22. 데이비드 앨런, 《쏟아지는 일 완벽하게 해 내는 법》(김영사 역간).

18. Cal Newport, *Digital Minimalism: Choosing a Focused Life in a Noisy World* (New York: Portfolio, 2019), 126. 칼 뉴포트, 《디지털 미니멀리즘》(세종서적 역간)

19. 내가 CTS 도구로 가장 추천하고 싶은 것은 옴니포커스(OmniFocus)라는 iOS용 앱이 지만, 좋은 도구가 이것 하나만은 아니다. JordanRaynor.com/RYT에 개인적 CTS로 사용할 수 있는 많은 도구의 링크를 걸어 놓았다. 그 링크에서 내 개인적 CTS에 관 해 자세히 설명한 무료 동영상 시리즈도 찾을 수 있다. 다음 활동을 어떻게 할지 구 상할 때 이 동영상을 보면 큰 도움이 될 것이다.

20. 이메일에서 열린 고리를 닫기 위해 필요한 정보를 놓칠까 걱정된다면 걱정하지 말 라. 디지털 CTS 도구를 사용하면 이메일에 링크를 걸기가 쉽다. 내 개인적인 CTS 에서 이 작업을 어떻게 하는지 궁금하다면 JordanRaynor.com/RYT에서 무료 동영 상을 보라.

21. 이 활동으로 모든 곳의 '인박스 제로 상태'를 이루고 싶다면 JordanRaynor.com/ RYT로 가서 동영상을 보라. 그 동영상을 보면 모든 열린 고리를 먼저 인박스 목록 에 넣기 위한 단계별 과정을 자세히 볼 수 있을 것이다.

22. David Allen, *Getting Things Done*, 38. 데이비드 앨런, 《쏟아지는 일 완벽하게 해 내는 법》(김영사 역간).

23. David Allen, *Getting Things Done*, 42. 데이비드 앨런, 《쏟아지는 일 완벽하게 해 내는 법》(김영사 역간).

24. CTS에 프로젝트 숫자가 너무 많아졌는가? JordanRaynor.com/RYT의 동영상에서 내가 프로젝트를 어떻게 폴더들로 정리하는지 참고하라.

25. Kristen Bell, "The Next Right Thing," by Kristen Anderson-Lopez and Robert Lopez, *Frozen II*, Wonderland Music Company, 2019.

26. Martin Luther King Jr., Marian Wright Edelman, "Kids First!," *Mother Jones*, 5월/6월 1991년, 77에 인용됨.

27. 프로젝트와 행동을 같은 목록에 넣지 않는 이유가 궁금하다면 JordanRaynor.com/RYT에서 이번 장에 해당하는 무료 동영상을 보라. 거기서 보면 알겠지만 내가 사용하는 것 같은 디지털 도구를 사용하면 프로젝트 목록과 행동 목록을 별도로 혹은 함께 검토하기가 쉬워진다.

28. JordanRaynor.com/RYT에 올려 둔 이 흐름도를 무료로 다운로드해도 좋다.

29. 믿기지 않는가? 그렇다면 JordanRaynor.com/RYT에서 내가 내 개인적인 CTS의 일부 항목을 처리하는 과정을 보라.

30. David Allen, *Getting Things Done*, 260. 데이비드 앨런, 《쏟아지는 일 완벽하게 해내는 법》(김영사 역간).

31. David Allen, *Getting Things Done*, 107. 데이비드 앨런, 《쏟아지는 일 완벽하게 해내는 법》(김영사 역간).

32. 이 중요한 습관을 위한 자세한 단계별 지침을 원한다면 JordanRaynor.com/RYT에서 내가 매주 검토하는 법에 관해 녹화한 동영상을 보라.

3장.

1. Courtney Vinopal, "Activists Reflect on 1963 March on Washington Amid Renewed Calls to Address Racial Injustice," *PBS NewsHour*, 2020년 8월 31일, www.pbs.org/newshour/nation/activists-reflect-on-1963-march-on-washington-amid-renewed-calls-to-address-racial-injustice.

2. Martin Luther King Jr., *The Autobiography of Martin Luther King, Jr.*, Clayborne Carson 엮음 (New York: Grand Central Publishing, 2001), 73. 마틴 루터 킹, 《나에게는 꿈이 있습니다》(바다출판사 역간).

3. King Jr., *Autobiography*, 137. 마틴 루터 킹, 《나에게는 꿈이 있습니다》(바다출판사 역간).

4. King Jr., *Autobiography*, 137. 마틴 루터 킹, 《나에게는 꿈이 있습니다》(바다출판사 역간).

5. C. S. Lewis, *The Screwtape Letters* (New York: HarperCollins, 2001), 171. C. S. 루이스, 《스크루테이프의 편지》(홍성사 역간).

6. Kevin DeYoung, *Crazy Busy: A (Mercifully) Short Book About a (Really) Big Problem* (Wheaton, IL: Crossway, 2013), 82.

7. Ryan Holiday, *Stillness Is the Key* (New York: Portfolio, 2019), 33. 라이언 홀리데이, 《스틸니스》(흐름출판 역간).

8. James F. Hoge Jr., "Media Pervasiveness," *Foreign Affairs*, 7월/8월 1994년, www.foreignaffairs.com/articles/united-states/1994-07-01/media-pervasiveness.

9. Steven Livingston, "Clarifying the CNN Effect: An Examination of Media Effects According to Type of Military Intervention," Joan Shorenstein Center on the Press, Politics, and Public Policy, John F. Kennedy School of Government, Harvard University, 1997년 6월, 2, https://shorensteincenter.org/wp-content/uploads/2012/03/r18_livingston.pdf.

10. Herbert A. Simon, "Designing Organizations for an Information-Rich World," *Computers, Communications, and the Public Interest*, Martin Greenberger 엮음 (Baltimore: Johns Hopkins Press, 1971), 40, https://digitalcollections.library.cmu.edu/awweb/awarchive?type=file&item=33748.

11. Fred Rogers, Holiday, *Stillness Is the Key*, 47에 인용됨. 라이언 홀리데이, 《스틸니스》(흐름출판 역간).

12. Aaron Sorkin, Bill Simmons의 인터뷰, *The Bill Simmons Podcast*, episode 470, Ringer, 2019년 1월 18일, https://www.theringer.com/the-bill-simmons-podcast/2019/1/18/18188058/aaron-sorkin-a-potential-rams-pats-sequel-kyries-leadership-and-million-dollar-nfl-picks-with-house.

13. Douglas H. Gresham, *Jack's Life: The Life Story of C. S. Lewis* (Nashville: Broadman, Holman, 2005), 8.

14. Cal Newport, *Deep Work: Rules for Focused Success in a Distracted World* (New York: Grand Central Publishing, 2016), 157. 칼 뉴포트, 《딥 워크》(민음사 역간).

15. Shawn Sprague, "Below Trend: The U.S. Productivity Slowdown Since the Great Recession," *Beyond the Numbers* 6, no. 2 (2017년 1월), www.bls.gov/opub/btn/volume-6/below-trend-the-us-productivity-slowdown-since-the-great-recession.htm.

16. Jean M. Twenge, "Have Smartphones Destroyed a Generation?," *Atlantic*, 2017년 9월, www.theatlantic.com/magazine/archive/2017/09/has-the-smartphone-destroyed-a-generation/534198.

17. Twenge, "Smartphones."

18. Twenge, "Smartphones."

19. Markham Heid, "You Asked: Is It Bad for You to Read the News Constantly?," *Time*, 2020년 5월 19일, https://time.com/5125894/is-reading-news-bad-for-you.

20. Ron Dicker, "Hulk Hogan: 'Maybe We Don't Need a Vaccine' in Coronavirus Fight," *HuffPost*, 2020년 4월 7일, www.huffpost.com/entry/hulk-hogan-vaccine-coronavirus_n_5e8c9874c5b62459a92f9530.

21. Jennifer Henderson, "750,000 People in North Carolina Could Be Infected by June, Warns State Health Official," *CNN*, 2020년 4월 6일, www.cnn.com/world/live-news/coronavirus-pandemic-04-07-20/h_400666f1056e4ba9a175ffb1add29b 50.

22. John Mark Comer, *The Ruthless Elimination of Hurry* (Colorado Springs, CO: WaterBrook, 2019), 122. 존 마크 코머, 《슬로우 영성》(두란노 역간).

23. Timothy Keller, *Encounters with Jesus: Unexpected Answers to Life's Biggest Questions* (New York: Penguin Books, 2013), 154. 팀 켈러, 《팀 켈러의 인생 질문》(두란노 역간).

24. C. S. Lewis, *The Screwtape Letters*, 119-120. C. S. 루이스, 《스크루테이프의 편지》(홍성사 역간).

25. Emily P. Freeman, *The Next Right Thing: A Simple, Soulful Practice for Making Life Decisions* (Grand Rapids, MI: Revell, 2019), chap. 2, Kindle.

26. Timothy Keller, 저자와의 인터뷰, *Mere Christians*, 2020년 4월 14일, https://podcast.jordanraynor.com/episodes/tim-keller-founder-of-redeemer-presbyterian-church/transcript.

27. John Mark Comer, *Ruthless Elimination*, 118. 존 마크 코머, 《슬로우 영성》(두란노 역간).

28. John Mark Comer, *Ruthless Elimination*, 135. 존 마크 코머, 《슬로우 영성》(두란노 역간).

29. John Mark Comer, *Ruthless Elimination*, 125. 존 마크 코머, 《슬로우 영성》(두란노 역간).

30. Cal Newport, *Digital Minimalism: Choosing a Focused Life in a Noisy World* (New York: Portfolio, 2019), 9. 칼 뉴포트, 《디지털 미니멀리즘》(세종서적 역간).

31. Richard John Neuhaus, *Freedom for Ministry* (Grand Rapids, MI: Eerdmans, 1979), 227.

32. Kevin DeYoung, *Crazy Busy*, 82-83.

33. Pablo Picasso, "What Life Has Taught Me," *Music Journal* 20, no. 1 (1962): 35.

34. Ryan Holiday, *Stillness Is the Key*, 32. 라이언 홀리데이, 《스틸니스》(흐름출판 역간).

35. Jen Wilkin, *None Like Him: 10 Ways God Is Different from Us (and Why That's a Good Thing)* (Wheaton, IL: Crossway, 2016), 111-112.

36. Tim Ferriss, *The 4-Hour Workweek: Escape 9-5, Live Anywhere, and Join the New Rich* (New York: Harmony, 2009), 86. 팀 페리스, 《나는 4시간만 일한다》(다른상상 역간).

37. Ralph Waldo Emerson, "Demonology," *The Complete Works of Ralph Waldo Emerson: Lectures and Biographical Sketches* (Boston and New York: Houghton, Mifflin, 1904), 10:21.

38. Tim Ferriss, *4-Hour Workweek*, 86. 팀 페리스, 《나는 4시간만 일한다》(다른상상 역간).

39. Jack Knapp, John Zeratsky, *Make Time: How to Focus on What Matters Every Day* (New York: Currency, 2018), 4. 제이크 냅, 존 제라츠키, 《메이크 타임》(김영사 역간).

40. W. Joseph Campbell 교수, "Story of the Most Famous Seven Words in US Journalism," *BBC News*, 2012년 2월 10일, www.bbc.com/news/world-us-canada-16918787.

41. Abraham Joshua Heschel, *The Sabbath*, FSG Classics (New York: Farrar, Straus & Giroux, 2005), 28. 아브라함 요수아 헤셸, 《안식》(복있는사람 역간).

42. Adrian F. Ward 외, "Brain Drain: The Mere Presence of One's Own Smartphone Reduces Available Cognitive Capacity," *Journal of the Association for Consumer Research* 2, no. 2 (2017), www.journals.uchicago.edu/doi/abs/10.1086/691462.

43. Andy Crouch, *The Tech-Wise Family: Everyday Steps for Putting Technology in Its Proper Place* (Grand Rapids, MI: Baker, 2017), 34.

44. John Mark Comer, *Ruthless Elimination*, 227. 존 마크 코머, 《슬로우 영성》(두란노 역간).

45. JordanRaynor.com/RYT의 무료 동영상을 통해 그 방법을 배울 수 있다.

46. Mark Buchanan, *God Walk: Moving at the Speed of Your Soul* (Grand Rapids, MI: Zondervan, 2020), 18.

47. King Jr., *Autobiography*, 29. 마틴 루터 킹, 《나에게는 꿈이 있습니다》(바다출판사 역간).

48. Søren Kierkegaard, *Letters and Documents*, Henrik Rosenmeier 번역 (Princeton, NJ: Princeton University Press, 1978), 214.

49. Eric Metaxas, *Amazing Grace: William Wilberforce and the Heroic Campaign to End Slavery* (San Francisco: HarperCollins, 2007), 199.

50. Gresham, *Jack's Life*, 82.

51. Ryan Holiday, *Stillness Is the Key*, 197. 라이언 홀리데이, 《스틸니스》(흐름출판 역간).

52. Buchanan, *God Walk*, 126.

53. JordanRaynor.com/RYT에서 이 회 전체를 들을 수 있다.

54. Brad Stone, *The Everything Store: Jeff Bezos and the Age of Amazon* (Boston: Little, Brown, 2013), prologue, Kindle. 브래드 스톤, 《아마존, 세상의 모든 것을 팝니다》 (21세기북스 역간).

55. Raymond M. Kethledge, Michael S. Erwin, *Lead Yourself First: Inspiring Leadership Through Solitude* (New York: Bloomsbury, 2017), chap. 2, Kindle.

56. Julia Cameron, "Morning Pages," *Artist's Way* (blog), 2017년 4월 19일, https://juliacameronlive.com/2017/04/19/morning-pages-10.

4장.

1. Tamika Catchings, Ken Petersen, *Catch a Star: Shining Through Adversity to Become a Champion* (Grand Rapids, MI: Revell, 2016), 41.

2. Tamika Catchings, Ken Petersen, *Catch a Star*, 41.

3. Tamika Catchings, Ken Petersen, *Catch a Star*, 41.

4. Tamika Catchings, Ken Petersen, *Catch a Star*, 57.

5. Tamika Catchings, Ken Petersen, *Catch a Star*, 165.

6. "Tamika Catchings," WNBA, www.wnba.com/player/tamika-catchings.

7. Tamika Catchings, Ken Petersen, *Catch a Star*, 248.

8. Tamika Catchings, Ken Petersen, *Catch a Star*, 202.

9. Dorothy L. Sayers, *The Man Born to Be King* (San Francisco: Ignatius Press, 1990), 89.

10. Kevin DeYoung, *Crazy Busy: A (Mercifully) Short Book About a (Really) Big Problem* (Wheaton, IL: Crossway, 2013), 55, 60.

11. Richard Koch, *The 80/20 Principle: The Secret to Achieving More with Less*, 3rd ed. (New York: Currency, 2011), 4. 리처드 코치, 《80/20 법칙》(21세기북스 역간).

12. John Maxwell, *Developing the Leader Within You* (Nashville: Thomas Nelson, 2012), 28. 존 맥스웰, 《리더십의 법칙 2.0》(비전과리더십 역간).

13. 이 그림이 유용해 보인다면 JordanRaynor.com/RYT에서 '우선순위 5층'(5 Floors of Priority) 워크시트를 다운로드하길 바란다. 그 워크시트에는 이번 장을 읽으면서 이 질문에 답을 쓰는 공간이 있다.

14. Matt Perman, *What's Best Next: How the Gospel Transforms the Way You Get Things Done* (Grand Rapids, MI: Zondervan, 2014), 150.

15. Rick Warren, *The Purpose Driven Life: What on Earth Am I Here For?* (Grand Rapids, MI: Zondervan, 2002), 17-18. 릭 워렌, 《목적이 이끄는 삶》(디모데 역간).

16. *Mission: Impossible—Rogue Nation*, Christopher McQuarrie 감독 (Hollywood, CA: Paramount Pictures, 2015).

17. Timothy Keller, Kathy Keller, *God's Wisdom for Navigating Life: A Year of Daily Devotions in the Book of Proverbs* (New York: Viking, 2017), 223. 팀 켈러, 캐시 켈러, 《오늘을 사는 잠언》(두란노 역간).

18. JordanRaynor.com/RYT에서 이 워크시트를 다운로드할 수 있다. 소명을 선택하는 데 도움이 필요하다면 내 책 *Master of One*을 추천한다. 소명을 선택하는 것은 중요한 결정이다. 당신이 잘 선택하도록 돕고 싶다.

19. 인정할 건 인정하자. 〈인어공주〉의 OST, 〈Part of Your World〉는 역대 최고의 "나는 원한다" 노래다. 대배우 린 마누엘 미란다도 그렇게 말한다. : "Lin-Manuel Miranda on 'I Want' Songs, Going Method for 'Moana' and Fearing David Bowie," *Dinner Party*, 2017년 2월 10일, www.donnerpartydownload.org/lin-manuel-miranda.

20. John Doerr, *Measure What Matters: How Google, Bono, and the Gates Foundation Rock the World with OKRs* (New York: Portfolio, 2018), 10. 존 도어, 《OKR》(세종서적 역간).

21. Jim Collins, Jerry I. Porras, *Built to Last: Successful Habits of Visionary Companies* (New York: HarperCollins, 2011), 9. 짐 콜린스, 제리 포라스, 《성공하는 기업들의 8가지 습관》(김영사 역간).

22. John Doerr, *Measure What Matters*, 3. 존 도어, 《OKR》(세종 역간).

23. "Gates' Law: How Progress Compounds and Why It Matters," *Farnam Street* (blog), 2019년 5월, https://fs.blog/2019/05/gates-law.

24. Peter F. Drucker, *The Effective Executive: The Definitive Guide to Getting the Right Things Done* (New York: HarperCollins, 2006), 112. 피터 드러커, 《피터 드러커 자기경영노트》(한국경제신문 역간).

25. 한편, "전념하고 있다"는 표현은 내가 가장 좋아하는 표현 중 하나가 됐다. 자세한 이야기는 7장에서 하겠다.

26. David Brooks, "The Art of Focus," *New York Times*, 2014년 6월 2일, www.nytimes.com/2014/06/03/opinion/brooks-the-art-of-focus.html.

27. New Story (website), https://newstorycharity.org.

28. Brett Hagler, 저자와의 인터뷰, *Mere Christians*, 2020년 4월 21일, https://podcast.jordanraynor.com/episodes/brett-hagler-co-founder-of-new-story-

zA9N8iUX/transcript.

29. Steven Levy, "The Second Coming of Google's Larry Page," *Wired*, 2011년 3월 29일, www.wired.co.uk/article/the-second-coming-of-larry-page.

30. Eric Schmidt, Doerr, *Measure What Matters*, 15에 인용됨. 존 도어, 《OKR》(세종 역간).

31. 내 팟캐스트에서 위키미디어 재단(Wikimedia Foundation)의 COO(chief operations officer)인 재닌 우젤과 내가 OKR에 관해 열정적으로 나눈 이야기를 들을 수 있다. 이 방송 분 링크는 JordanRaynor.com/RYT에서 찾을 수 있다.

32. Doerr, *Measure What Matters*, 7. 존 도어, 《OKR》(세종 역간).

33. Doerr, *Measure What Matters*, 7. 존 도어, 《OKR》(세종 역간).

34. Marissa Mayer, Steven Levy, *In the Plex: How Google Thinks, Works, and Shapes Our Lives* (New York: Simon & Schuster, 2011), 163. 스티븐 레비, 《0과 1로 세상을 바꾸는 구글 그 모든 이야기》(에이콘출판 역간).

35. 왜 이런 제약을 둘까? 3개월 안에는 이 정도만 기억하고 해낼 수 있기 때문이다. 이에 관해서는 JordanRaynor.com/RYT에서 해당 주제의 무료 동영상을 보라.

36. Doerr, *Measure What Matters*, 50. 존 도어, 《OKR》(세종 역간).

37. David Allen, *Getting Things Done: The Art of Stress-Free Productivity* (New York: Penguin Books, 2015), 273. 데이비드 앨런, 《쏟아지는 일 완벽하게 해내는 법》(김영사 역간).

38. 내 개인적인 OKR에 관해서 알고 싶다면 JordanRaynor.com/RYT에서 해당 동영상을 찾아서 보라. 그 링크에서 당신 자신의 OKR을 처음으로 설정하도록 단계별 가이드를 제공해 주는 동영상도 볼 수 있을 것이다.

39. Warren Buffett, Jory MacKay, "This Brilliant Strategy Used by Warren Buffett Will Help You Prioritize Your Time"에 인용됨, *Inc.*, 2017년 11월 15일, www.inc.com/jory-mackay/warren-buffetts-personal-pilot-reveals-billionaires-brilliant-method-for-prioritizing.html.

40. Peter F. Drucker, *Effective Executive*, 111. 피터 드러커, 《피터 드러커 자기경영노트》(한국경제신문 역간).

41. Randy Alcorn, "Planned Neglect: Saying No to Good Things So We Can Say Yes to the Best," Eternal Perspective Ministries, 2008년 5월 18일, www.epm.org/blog/2008/May/18/planned-neglect-saying-no-to-good-things-so-we-can.

42. 내가 개인적인 CTS를 어떻게 정리하는지 더 자세히 보고 싶다면 JordanRaynor.com/RYT에서 이 주제에 관한 동영상을 보라.

5장

1. Alister McGrath, *C. S. Lewis—A Life: Eccentric Genius, Reluctant Prophet* (Carol Stream, IL: Tyndale, 2013), 166. 알리스터 맥그래스, 《C. S. Lewis》(복있는사람 역간).

2. Douglas H. Gresham, *Jack's Life: The Life Story of C. S. Lewis* (Nashville: Broadman, Holman, 2005), 149.

3. Alister McGrath, *C. S. Lewis—A Life*, 66. 알리스터 맥그래스, 《C. S. Lewis》(복있는사람 역간).

4. Alister McGrath, *C. S. Lewis—A Life*, 75. 알리스터 맥그래스, 《C. S. Lewis》(복있는사람 역간).

5. Alister McGrath, *C. S. Lewis—A Life*, 95. 알리스터 맥그래스, 《C. S. Lewis》(복있는사람 역간).

6. Gresham, *Jack's Life*, 74.

7. Gresham, *Jack's Life*, 75.

8. Gresham, *Jack's Life*, 75.

9. William O'Flaherty, "Lewis and Mrs. Moore Were Secret Lovers," *Essential C. S. Lewis*, 2017년 6월 10일, https://essentialcslewis.com/2017/06/10/cmcsl-3-lewis-and-mrs-moore-were-secret-lovers/.

10. Gresham, *Jack's Life*, 140, 142.

11. Cal Newport, *Deep Work: Rules for Focused Success in a Distracted World* (New York: Grand Central Publishing, 2016), 3. 칼 뉴포트, 《딥 워크》(민음사 역간).

12. Eric Barker, "Stay Focused: 5 Ways to Increase Your Attention Span," *Barking Up the Wrong Tree* (blog), 2013년 9월 18일, https://www.bakadesuyo.com/2013/09/stay-focused/.

13. Peter F. Drucker, *The Effective Executive: The Definitive Guide to Getting the Right Things Done* (New York: HarperCollins, 2006), 101-103. 피터 드러커, 《피터 드러커 자기경영노트》(한국경제신문 역간).

14. Michael Hyatt, *Free to Focus: A Total Productivity System to Achieve More by Doing Less* (Grand Rapids, MI: Baker, 2019), 206. 마이클 하얏트, 《초생산성》(로크미디어, 역간).

15. Taylor Swift, "For Taylor Swift, the Future of Music Is a Love Story," *Wall Street Journal*, 2014년 7월 7일, www.wsj.com/articles/for-taylor-swift-the-future-of-music-is-a-love-story-1404763219.

16. "'Infomania' Worse Than Marijuana," *BBC News*, 2005년 4월 22일, http://news.bbc.co.uk/2/hi/uk_news/4471607.stm.

17. Cal Newport, *Deep Work*, 41. 칼 뉴포트, 《딥 워크》(민음사 역간).

18. Sophie Leroy, "Why Is It So Hard to Do My Work? The Challenge of Attention Residue When Switching Between Work Tasks," *Organizational Behavior and Human Decision Processes* 109, no. 2 (2009년 7월): 168-181.

19. Cal Newport, *Deep Work*, 6. 칼 뉴포트, 《딥 워크》(민음사 역간).

20. Sean Parker, Mike Allen, "Sean Parker Unloads on Facebook: 'God Only Knows What It's Doing to Our Children's Brains'"에 인용됨, Axios, 2017년 11월 9일, www.axios.com/sean-parker-unloads-on-facebook-god-only-knows-what-its-doing-to-our-childrens-brains-1513306792-f855e7b4-4e99-4d60-8d51-2775559c2671.html.

21. "It's a Gamble: Dopamine Levels Tied to Uncertainty of Rewards," Vanderbilt News, May 7, 2004, https://news.vanderbilt.edu/2004/05/07/its-a-gamble-dopamine-levels-tied-to-uncertainty-of-rewards-59664.

22. Bill Maher, "New Rule: Social Media Is the New Nicotine | Real Time with Bill Maher (HBO)," video, 4:54, 2017년 5월 12일, www.youtube.com/watch?v=KDqoTDM7tio.

23. *The Social Network*, David Fincher 감독, Aaron Sorkin 각본 (Culver City, CA: Columbia Pictures, 2010).

24. Jen Wilkin, *None Like Him: 10 Ways God Is Different from Us (and Why That's a Good Thing)* (Wheaton, IL: Crossway, 2016), 99.

25. Kevin DeYoung, *Crazy Busy: A (Mercifully) Short Book About a (Really) Big Problem* (Wheaton, IL: Crossway, 2013), 88.

26. Tony Schwartz, Jean Tomes, Catherine McCarthy, *The Way We're Working Isn't Working: The Four Forgotten Needs That Energize Great Performance* (New York: Free Press, 2010), 190.

27. "Can We Chat? Instant Messaging Apps Invade the Workplace," ReportLinker, 2017년 6월 8일, www.reportlinker.com/insight/instant-messaging-apps-invade-workplace.html.

28. Ryan Holiday, *Stillness Is the Key* (New York: Portfolio, 2019), 30. 라이언 홀리데이, 《스틸니스》(흐름출판 역간).

29. 어떻게 하는지 모르겠는가? JordanRaynor.com/RYT의 '방해 금지 모드 사용법' 가이드를 보라.

30. John Mark Comer, *The Ruthless Elimination of Hurry* (Colorado Springs, CO: WaterBrook, 2019), 227. 존 마크 코머, 《슬로우 영성》(두란노 역간).

31. David Allen, *Getting Things Done: The Art of Stress-Free Productivity* (New York: Penguin Books, 2015), 108. 데이비드 앨런, 《쏟아지는 일 완벽하게 해내는 법》(김영사

역간).

32. Peter F. Drucker, *The Effective Executive*, 29. 피터 드러커, 《피터 드러커 자기경영노트》(한국경제신문 역간).

33. Malcolm Gladwell, *Outliers: The Story of Success* (Boston: Little, Brown, 2008), 39. 말콤 글래드웰, 《아웃라이어》(김영사 역간)

34. Schwartz, Tomes, McCarthy 공저, *Way We're Working*, 6.

35. Roy F. Baumeister와 John Tierney, *Willpower: Rediscovering the Greatest Human Strength* (New York: Penguin Books, 2012), 23. 로이 바우마이스터, 존 티어니, 《의지력의 재발견》(에코리브르, 역간).

36. Matthew Walker, *Why We Sleep: Unlocking the Power of Sleep and Dreams* (New York: Scribner, 2017), 143. 매슈 워커, 《우리는 왜 잠을 자야 할까》(열린책들 역간).

37. Cal Newport, *Deep Work*, 150. 칼 뉴포트, 《딥 워크》(민음사 역간).

38. C. S. Lewis, "[Letter to Arthur Greeves,] 1943년 12월 20일," *Yours, Jack: Spiritual Direction from C. S. Lewis*, Paul F. Ford 엮음 (San Francisco: HarperCollins, 2008), 97-98.

39. 이번 장에서 실습할 내용은 매일의 일정 속에서 딥 워크에 집중할 시간을 내기 위한 활동이다. 이 주제에 관해 더 깊이 파고들고 싶다면(내가 그렇게 해서 무엇을 해냈는지 기억하는가?) JordanRaynor.com/RYT에서 이번 장에 해당하는 동영상을 보라. 그 동영상은 일터와 가정에서 동시에 깊이를 기르기 위한 두 가지 활동을 보여 준다. '큰 제스처'(grand gesture)와 '큰 묶음'(mega-batching)이 그것이다.

6장.

1. Shay Cochrane (Social Squares의 CEO), 저자와의 토론, 2020년 9월.

2. Cochrane, 저자와의 토론.

3. Cochrane, 저자와의 토론.

4. Cochrane, 저자와의 토론.

5. Cochrane, 저자와의 토론.

6. Tony Schwartz, Jean Tomes, Catherine McCarthy, *The Way We're Working Isn't Working: The Four Forgotten Needs That Energize Great Performance* (New York:

Free Press, 2010), x.

7. Leonardo da Vinci, Heidi Foster, "Heidi Foster: Do Better at Work by Leaving It" 에 인용됨, *Reno Gazette Journal*, 2014년 7월 19일, www.rgj.com/story/money/ business/2014/07/19/heidi-foster-better-work-leaving/12898465.

8. Schwartz, Tomes, McCarthy, *The Way We're Working Isn't Working*, 111.

9. Schwartz, Tomes, McCarthy, *The Way We're Working Isn't Working*, 6.

10. "2013 International Bedroom Poll: Summary of Findings," National Sleep Foundation, 7, www.sleepfoundation.org/wp-content/uploads/2018/10/ RPT495a.pdf.

11. Saverio Stranges 외, "Sleep Problems: An Emerging Global Epidemic? Findings from the INDEPTH WHO-SAGE Study Among More Than 40,000 Older Adults from 8 Countries Across Africa and Asia," *Sleep* 35, no. 8 (2012년 8월 1일): 1173-1181, www.ncbi.nlm.nih.gov/pmc/articles/PMC3397790.

12. Matthew Walker, *Why We Sleep*, 7, 138. 매슈 워커, 《우리는 왜 잠을 자야 할까》(열린책들 역간).

13. Matthew Walker, *Why We Sleep*, 3. 매슈 워커, 《우리는 왜 잠을 자야 할까》(열린책들 역간).

14. National Institute of Neurological Disorders and Stroke, "Brain Basics: Understanding Sleep," National Institutes of Health, 2019년 8월 13일, www. ninds.nih.gov/Disorders/Patient-Caregiver-Education/Understanding-sleep.

15. Scott A. Cairney, Ana Sandoiu, "Can You Learn in Your Sleep? Yes, and Here's How"에 인용됨, Medical News Today, 2018년 3월 8일, www.medicalnewstoday. com/articles/321161.

16. Matthew Walker, *Why We Sleep*, 126. 매슈 워커, 《우리는 왜 잠을 자야 할까》(열린 책들 역간).

17. Matthew Gibson, Jeffrey Shrader, "Time Use and Productivity: The Wage Returns to Sleep," *Wall Street Journal*, 2014년 7월 10일, https://online.wsj.com/ public/resources/documents/091814sleep.pdf.

18. Rachel Gillett, "Larry Page Created Google in His Sleep—Here's Why 'Sleeping On It' Can Be Legitimately Productive," Yahoo! Finance, 2016년 5월 5일, https://finance.yahoo.com/news/productive-while-youre-sleeping-125100995. html?guccounter=1.

19. Matthew Walker, *Why We Sleep*, 221. 매슈 워커, 《우리는 왜 잠을 자야 할까》(열린 책들 역간).

20. Stacy Conradt, "Creative Breakthroughs That Came During Sleep," *Atlantic*, 2012년 10월 12일, www.theatlantic.com/health/archive/2012/10/creative-

breakthroughs-that-came-during-sleep/263562.

21. Jeffrey Kluger, "The Spark of Invention," *Time magazine*, 2013년 11월 14일, https://techland.time.com/2013/11/14/the-spark-of-invention.

22. Matthew Walker, *Why We Sleep*, 228. 매슈 워커, 《우리는 왜 잠을 자야 할까》(열린 책들 역간).

23. Matthew Walker, *Why We Sleep*, 228. 매슈 워커, 《우리는 왜 잠을 자야 할까》(열린 책들 역간).

24. Matthew Walker, *Why We Sleep*, 228. 매슈 워커, 《우리는 왜 잠을 자야 할까》(열린 책들 역간).

25. Matthew Walker, *Why We Sleep*, 132. 매슈 워커, 《우리는 왜 잠을 자야 할까》(열린 책들 역간).

26. Matthew Walker, *Why We Sleep*, 227. 매슈 워커, 《우리는 왜 잠을 자야 할까》(열린 책들 역간).

27. Matthew Walker, *Why We Sleep*, 229. 매슈 워커, 《우리는 왜 잠을 자야 할까》(열린 책들 역간).

28. D. A. Carson, *Scandalous: The Cross and the Resurrection of Jesus* (Wheaton, IL: Crossway, 2010), 147.

29. Joseph Ware, "The Emigrants' Guide to California, 1849," Donner Summit Historical Society, http://www.donnersummithistoricalsociety.org/pages/bookreviews/EmigrantsGuide.html.

30. Dee Ann Turner, *Bet on Talent: How to Create a Remarkable Culture That Wins the Hearts of Customers* (Grand Rapids, MI: Baker, 2019), 53.

31. Ryder Carroll, *The Bullet Journal Method: Track the Past, Order the Present, Design the Future* (New York: Portfolio, 2018), 43. 라이더 캐롤, 《불렛저널》(한빛비즈 역간).

32. Abraham Joshua Heschel, *The Sabbath*, FSG Classics (New York: Farrar, Straus & Giroux, 2005), 29. 아브라함 요수아 헤셸, 《안식》(복있는사람 역간).

33. "The Sabbath: God's Gift of Rest," Seventh-Day Adventist Church, www.adventist.org/the-sabbath/the-gift-of-sabbath-rest-the-sabbath-was-made-for-us.

34. Kevin DeYoung, *Crazy Busy*, 91.

35. N. T. Wright, *Surprised by Hope: Rethinking Heaven, the Resurrection, and the Mission of the Church* (New York: HarperCollins, 2018), 262.

36. Martin Gilbert, *Churchill: A Life* (New York: Henry Holt, 1991), 486.

37. Winston S. Churchill, *Thoughts and Adventures: Churchill Reflects on Spies, Cartoons, Flying, and the Future*, ed. James W. Muller 엮음 (Wilmington, DE:

Intercollegiate Studies Institute, 2009), 323. 윈스턴 처칠,《폭풍의 한가운데》(아침이슬 역간).

38. Joel Manby, 저자와의 인터뷰, *Mere Christians*, 2020년 5월 5일, https://podcast. jordanraynor.com/episodes/joel-manby-fmr-ceo-of-seaworld/transcript.

39. Manby, 저자와의 인터뷰.

40. Michael Hyatt, *Free to Focus: A Total Productivity System to Achieve More by Doing Less* (Grand Rapids, MI: Baker, 2019), 71. 마이클 하얏트,《초생산성》(로크미디어 역간).

41. 이 표현은 전 플로리다주 하원 대변인 윌 웨더포드(Will Weatherford)에게서 얻은 것이다. Will Weatherford, 저자와의 인터뷰, *Mere Christians*, 2020년 5월 12일, https://podcast .jordanraynor.com/episodes/will-weatherford-fmr-speaker-of-the-florida-house-TXOu_3H/transcript.

42. Matthew Walker, *Why We Sleep*, 137. 매슈 워커,《우리는 왜 잠을 자야 할까》(열린책들 역간).

43. Matthew Walker, *Why We Sleep*, 140. 매슈 워커,《우리는 왜 잠을 자야 할까》(열린책들 역간).

44. Diane S. Lauderdale 외, "Objectively Measured Sleep Characteristics Among Early-Middle-Aged Adults: The CARDIA Study," *American Journal of Epidemiology* 164, no. 1 (2006년 7월 1일): 5-16, https://academic.oup.com/aje/article/164/1/5/81104.

45. Siobhan Banks, David F. Dinges, "Behavioral and Physiological Consequences of Sleep Restriction," *Journal of Clinical Sleep Medicine* 3, no. 5 (2007년 8월 15일): 519-528, www.ncbi.nlm.nih.gov/pmc/articles/PMC1978335.

46. Jason Alvarez, "'Short Sleep' Gene Prevents Memory Deficits Associated with Sleep Deprivation," University of California San Francisco Health, 2019년 10월 16일, www.ucsf.edu/news/2019/10/415671/short-sleep-gene-prevents-memory-deficits-associated-sleep-deprivation.

47. Neil Herndon, "The Odds Are Against You: Things More Likely Than Winning the Powerball," *Forbes*, 2016년 1월 13일, www.forbes.com/sites/archenemy/2016/01/13/the-odds-are-against-you-things-more-likely-than-winning-the-powerball/?sh=2ea43ec44468.

48. "Sleep Better Now: 43 Tips We Need More Than Ever," *Wall Street Journal*, 2020년 3월 22일, https://graphics.wsj.com/image-grid/off-duty-50-spring-2020.

49. "Take Advantage of Toasty Toes," *Wall Street Journal*, 2020년 3월 22일, https://graphics.wsj.com/image-grid/off-duty-50-spring-2020/8534/take-advantage-of-toasty-toes.

50. "Hang Calming Botanical Wallpaper in Your Bedroom," *Wall Street Journal*, 2020년 3월 22일, https://graphics.wsj.com/image-grid/off-duty-50-spring-2020/8548/hang-calming-botanical-wallpaper-in-your-bedroom.

51. "Fantasize About a Ludicrously Extravagant Mink Sleep Mask," *Wall Street Journal*, 2020년 3월 22일, https://graphics.wsj.com/image-grid/off-duty-50-spring-2020/8536/fantasize-about-a-ludicrously-extravagant-mink-sleep-mask.

52. Maurice M. Ohayon 외, "Meta-Analysis of Quantitative Sleep Parameters from Childhood to Old Age in Healthy Individuals: Developing Normative Sleep Values Across the Human Lifespan," *Sleep* 27, no. 7 (2004년 10월): 1255-1273, https://academic.oup.com/sleep/article/27/7/1255/2696819.

53. Matthew Walker, *Why We Sleep*, 96. 매슈 워커, 《우리는 왜 잠을 자야 할까》(열린책들 역간).

54. Sophie Desjardins 외, "Factors Involved in Sleep Efficiency: A Population-Based Study of Community-Dwelling Elderly Persons," *Sleep* 42, no. 5 (2019년 5월), www.ncbi.nlm.nih.gov/pmc/articles/PMC6519908.

55. Matthew Walker, *Why We Sleep*, 35. 매슈 워커, 《우리는 왜 잠을 자야 할까》(열린책들 역간).

56. Danielle Pacheco, "Alcohol and Sleep," Sleep Foundation, 2020년 9월 4일, www.sleepfoundation.org/nutrition/alcohol-and-sleep.

57. 이것이 어떻게 해서 시간이 절약되는지 알고 싶다면 JordanRaynor.com/RYT에서 '큰 묶음'(mega-batching)에 관한 무료 동영상을 보라.

58. Sally Lloyd-Jones, *The Jesus Storybook Bible: Every Story Whispers His Name* (Grand Rapids, MI: Zondervan, 2007), 36. 샐리 로이드 존스, 《스토리 바이블》(두란노 역간).

7장.

1. Maxwell King, 저자와의 인터뷰, *Mere Christians*, 2020년 2월 18일, https://podcast.jordanraynor.com/episodes/maxwell-king-mister-rogers-biographer.

2. Maxwell King, 저자와의 인터뷰.

3. Maxwell King, *The Good Neighbor: The Life and Work of Fred Rogers* (New York:

Abrams, 2019), 8.

4. Maxwell King, *Good Neighbor*, 8.

5. Ryan Holiday, *Stillness Is the Key* (New York: Portfolio, 2019), 45. 라이언 홀리데이, 《스틸니스》(흐름출판 역간).

6. Lisa Dormire, King, *Good Neighbor*, 120에 인용됨.

7. Arthur W. Pink, *Why Four Gospels?* (Edinburgh, Scotland: CrossReach Publications, 2018), 36.

8. "John 11:9," *Cambridge Bible for Schools and Colleges*, Bible Hub, https://biblehub.com/commentaries/john/11-9.htm.

9. Kevin DeYoung, *Crazy Busy: A (Mercifully) Short Book About a (Really) Big Problem* (Wheaton, IL: Crossway, 2013), 54-55.

10. John Ortberg, *Soul Keeping: Caring for the Most Important Part of You* (Grand Rapids, MI: Zondervan, 2014), chap. 11, Kindle. 존 오트버그, 《내 영혼은 무엇을 갈망하는가》(국제제자훈련원 역간).

11. Dallas Willard, Ortberg, *Soul Keeping*, introduction, Kindle에 인용됨. 존 오트버그, 《내 영혼은 무엇을 갈망하는가》(국제제자훈련원 역간).

12. "How to Create a Zero-Based Budget," Ramsey Solutions, 2020년 12월 17일, www.daveramsey.com/blog/how-to-make-a-zero-based-budget.

13. "How to Create a Zero-Based Budget."

14. Matt Perman, *What's Best Next: How the Gospel Transforms the Way You Get Things Done* (Grand Rapids, MI: Zondervan, 2014), 52.

15. Rachel Cruze, "15 Practical Budgeting Tips," Ramsey Solutions, 2020년 12월 11일, www.daveramsey.com/blog/the-truth-about-budgeting.

16. Mason Currey, *Daily Rituals: How Artists Work* (New York: Knopf, 2013). 메이슨 커리, 《리추얼》(책읽는수요일 역간).

17. David Brooks, "The Good Order," *New York Times*, 2014년 9월 25일, www.nytimes.com/2014/09/26/opinion/david-brooks-routine-creativity-and-president-obamas-un-speech.html.

18. King, 저자와의 인터뷰.

19. King, 저자와의 인터뷰.

20. King, 저자와의 인터뷰.

21. Tom Junod, King, *Good Neighbor*, 312에 인용됨.

22. Greg McKeown, *Essentialism: The Disciplined Pursuit of Less* (New York: Currency, 2020), 207-208. 그렉 맥커운, 《에센셜리즘》(알에이치코리아 역간).

23. Vincent Carlos, "Why So Many Successful People Wear the Same Outfit Every

Day," *Thrive Global*, 2019년 5월 30일, https://thriveglobal.com/stories/why-successful-people-often-wear-the-same-outfit-every-day.

24. Bradley Blakeman (조지 W. 부시 대통령의 전 일정 담당자), 저자와의 토론, 2020년 6월.

25. John Pencavel, Bob Sullivan, "Memo to Work Martyrs: Long Hours Make You Less Productive"에 인용됨, CNBC, 2015년 1월 26일, www.cnbc.com/2015/01/26/working-more-than-50-hours-makes-you-less-productive.html.

26. Matthew Walker, *Why We Sleep: Unlocking the Power of Sleep and Dreams* (New York: Scribner, 2017), 19. 매슈 워커, 《우리는 왜 잠을 자야 할까》(열린책들 역간).

27. Matthew Walker, *Why We Sleep*, 20. 매슈 워커, 《우리는 왜 잠을 자야 할까》(열린책들 역간).

28. JordanRaynor.com/RYT에서 내 개인적인 시간 예산표를 PDF로 다운로드하거나 구글 캘린더 링크를 찾을 수 있다.

29. Laura Scroggs, "The Eisenhower Matrix," Todoist, https://todoist.com/productivity-methods/eisenhower-matrix.

30. Saint Francis of Assisi, *Reader's Digest* 130, no. 777-782 (1987), 33에 인용됨.

31. Timothy Keller (@timkellernyc), "Self-control is the ability to do the important thing rather than the urgent thing," Twitter, 2018년 6월 14일, 12:39 p.m., https://twitter.com/timkellernyc/status/1007331589800562688.

32. Greg McKeown, *Essentialism*, 190에서 발췌 수정. 이 글 이면의 개념은 전부 그에게서 빌려온 것이다. 그렉 맥커운, 《에센셜리즘》(알에이치코리아 역간).

33. 무엇을 위임해야 할지와 위임을 적절히 하는 법을 더 알고 싶다면 JordanRaynor.com/RYT에서 이 주제에 관한 동영상을 찾아서 보라.

34. 증거를 원하는가? Daniel Kahneman, Amos Tversky, *Intuitive Prediction: Biases and Correction Procedures* (Arlington, VA: Advanced Decision Technology, 1977), 2-2에서 "planning fallacy"를 읽으라, https://apps.dtic.mil/dtic/tr/fulltext/u2/a047747.pdf.

35. 프로젝트와 일을 하는 데 얼마나 걸릴지 예상하는 능력을 확실히 개선하고 싶은가? 그렇다면 JordanRaynor.com/RYT에서 내가 어떻게 내 시간을 추적하고 데이터를 사용해 내 시간 예산표를 업데이트하는지 보여 주는 동영상을 보라.

36. Derek Sivers, *Anything You Want: 40 Lessons for a New Kind of Entrepreneur* (New York: Portfolio, 2015), 13.

37. Mark Batterson, *Win the Day: 7 Daily Habits to Help You Stress Less and Accomplish More* (Colorado Springs, CO: Multnomah, 2020), 85-86.

38. Emily P. Freeman, *The Next Right Thing: A Simple, Soulful Practice for Making Life Decisions* (Grand Rapids, MI: Revell, 2019), chap. 16, Kindle.

39. Richard Branson (@richardbranson), "Opportunities are like buses—there's always

another one coming," Twitter, 2012년 11월 1일, 12:13 p.m., https://twitter.com/richardbranson/status/264067714266587136?lang=en.

40. Kevin DeYoung, *Crazy Busy*, 40-41에서 발췌 수정.

41. Jony Ive, Vlad Savov, "Watch This: Apple's Imperfect Video About Perfection"에 인용됨, Verge, 2013년 6월 11일, www.theverge.com/2013/6/11/4418242/apple-imperfect-video-about-perfection.

42. Jimmy Collins, Dee Ann Turner, *Bet on Talent: How to Create a Remarkable Culture That Wins the Hearts of Customers* (Grand Rapids, MI: Baker, 2019), 113.

43. Turner, *Bet on Talent*, 186.

에필로그.

1. Timothy Keller, *The Prodigal God: Recovering the Heart of the Christian Faith* (New York: Penguin Books, 2008), 61. 팀 켈러, 《팀 켈러의 탕부 하나님》(두란노 역간).

2. Timothy Keller, *The Prodigal God*, 61. 팀 켈러, 《팀 켈러의 탕부 하나님》(두란노 역간).